国家社会科学基金（教育学）重大项目（VDA200004）阶段性研究成果
北京外国语大学"双一流"建设标志性项目（BW202018）阶段性研究成果

"一带一路"国家文化教育大系　　　　　总主编　王定华

埃塞俄比亚
文化教育研究

በኢትዮጵያ
ባህልና ትምህርት ላይ የተደረገ ጥናት

张笑一　［美］Edmund Chang　著

外语教学与研究出版社
FOREIGN LANGUAGE TEACHING AND RESEARCH PRESS
北京 BEIJING

图书在版编目（CIP）数据

埃塞俄比亚文化教育研究／张笑一，（美）常爱德著．—— 北京：外语教学与研究
出版社，2022.5
（"一带一路"国家文化教育大系／王定华总主编）
ISBN 978-7-5213-1742-8

Ⅰ．①埃… Ⅱ．①张… ②常… Ⅲ．①教育研究-埃塞俄比亚 Ⅳ．①G542.1

中国版本图书馆 CIP 数据核字（2022）第 076873 号

出 版 人　王　芳
项目负责　孙凤兰　巢小倩
责任编辑　巢小倩
责任校对　孙凤兰
装帧设计　李　高
出版发行　外语教学与研究出版社
社　　址　北京市西三环北路 19 号（100089）
网　　址　http://www.fltrp.com
印　　刷　北京盛通印刷股份有限公司
开　　本　787×1092　1/16
印　　张　16
版　　次　2022 年 5 月第 1 版　2022 年 5 月第 1 次印刷
书　　号　ISBN 978-7-5213-1742-8
定　　价　120.00 元

购书咨询：（010）88819926　电子邮箱：club@fltrp.com
外研书店：https://waiyants.tmall.com
凡印刷、装订质量问题，请联系我社印制部
联系电话：（010）61207896　电子邮箱：zhijian@fltrp.com
凡侵权、盗版书籍线索，请联系我社法律事务部
举报电话：（010）88817519　电子邮箱：banquan@fltrp.com
物料号：317420001

记载人类文明
沟通世界文化
外研社　www.fltrp.com

"一带一路"国家文化教育大系编写委员会

"一带一路"国家文化教育大系编审委员会

塔纳湖

法西尔·盖比城堡

青尼罗河附近的牧民

阿克苏姆方尖碑

埃塞俄比亚民族博物馆

亚的斯亚贝巴市拉布火车站

埃塞俄比亚商业银行总部大楼

亚的斯亚贝巴市埃德娜购物中心

埃塞俄比亚传统主食英吉拉

埃塞俄比亚最后一位皇帝海尔·塞拉西一世的寝宫
（现为亚的斯亚贝巴大学埃塞俄比亚研究中心）

埃塞俄比亚中学生练习乒乓球

亚的斯亚贝巴大学主校区校门

亚的斯亚贝巴大学孔子学院师生参加文化讲座

亚的斯亚贝巴大学为残障学生开设的服务中心

中国留学生与亚的斯亚贝巴大学学生进行小组作业讨论

埃塞俄比亚职业教育孔子学院举办2019年欢乐春节游园会

埃塞俄比亚联邦教育部

季玛大学孔子课堂汉语教师为学生答疑

卧龙大学举行汉语水平考试

出版说明

2013 年 9 月 7 日，国家主席习近平提出共建"丝绸之路经济带"重大倡议。2013 年 10 月 3 日，习近平主席提出共建"21 世纪海上丝绸之路"重大倡议。两者合称"一带一路"倡议。以 2013 年金秋为起点，"一带一路"倡议作为构建人类命运共同体的伟大设想，在开拓和平、繁荣、开放、绿色、创新、文明之路的非凡征程中，孕育生机和活力，汇聚信心和期待，在世界范围内广受欢迎和响应。

文化交流、文明互鉴是构建人类命运共同体的人文基础。文化发展，教育先行。作为"共和国外交官的摇篮"、文化教育的主动践行者、"一带一路"倡议的踊跃响应者和构建人类命运共同体的积极参与者，北京外国语大学在党委书记王定华教授的带领下，放眼世界，找准坐标，勇于担当，主动作为，深耕文化教育相关领域，研究、策划并组织编写了"一带一路"国家文化教育大系（以下简称大系）。国内相关高校和研究机构的众多专家学者献计献策，踊跃参加，形成了一个范围广泛、交流互动、共同进步的"一带一路"国家文化教育学术研究共同体。大系旨在填补国内相关研究领域的学术空白，实现"一带一路"国家教育研究全覆盖，为中国教育"走出去"和相关国家先进教育理念"请进来"提供科学理论和实践指导，具有重要的学术价值。同时，大系服务国家重大战略，通过分期分批出版，形成规模和品牌，向中国共产党建党一百周年和"一带一路"倡议提出十周年献礼，具有深远的意义。

作为国家社会科学基金（教育学）重大项目"新时代提升中国参与全球教育治理的能力及策略研究"、北京外国语大学"双一流"建设标志性项目"'一带一路'国家文化教育研究"的课题研究成果和北京外国语大学党委的"奋进之举"，大系秉承学术性与可读性兼顾的原则，对"一带一路"国家文化教育理论与实践问题展开深入研究，从国情概览、文化传统、教育历史、学前教育、基础教育、高等教育、职业教育、成人教育、教师教育、教育政策、教育行政、教育交流等方面，全景擘画"一带一路"国家的教育风貌，帮助读者了解"一带一路"国家教育的历史与现状、经验与特点，为我国教育的发展和对外交流合作提供有益的借鉴、思考与启迪。

肆虐全球的新冠肺炎疫情严重影响了各国人民的生产生活，带来了二战以来人类面临的最严重的全球性危机，同时也再次阐述了人类命运共同体深刻内涵的世界性意义。在疫情防控常态化背景下，大系所有专家学者不畏困难，齐心协力，直面挑战，守望相助，化危为机，切实履行了响应和支持"一带一路"倡议的承诺。在此，特别感谢大系总策划、总主编王定华教授，以及所有顾问、编委和作者的心血倾注、智慧贡献和努力付出。

外语教学与研究出版社对大系的编写和出版工作给予了高度重视。自2019年项目启动以来，外研社抽调精锐力量成立大系工作组，多次组织相关部门和人员召开选题论证会，商建编委会，召开全体作者大会，制订周密、科学的出版计划，以保证项目的顺利开展和图书的优质出版。目前，大系的出版工作已取得阶段性成果，预计在2023年"一带一路"倡议提出十周年之前，将分期分批推出数量和规模可观的、具有相当科研价值和学术价值的系列专著。期望大系的编写和出版能为"一带一路"建设、中外教育交流及我国文化教育发展发挥基础性、服务性、广远性的作用。

外语教学与研究出版社

2021 年 4 月

总　序

王定华

改革开放以来，中国各项事业取得了巨大成就。中国经济和世界经济高度关联，中国一以贯之地坚持对外开放的基本国策，构建全方位开放新格局，深度融入世界经济体系。2013 年 9 月和 10 月，习近平主席在出访中亚和东南亚国家期间，先后提出共建"丝绸之路经济带"和"21 世纪海上丝绸之路"的重大倡议（以下简称"一带一路"倡议），得到国际社会的高度关注。其中，"丝绸之路经济带"东边牵着亚太经济圈，西边系着发达的欧洲经济圈，是世界上最长、最具发展潜力的经济大走廊；"21 世纪海上丝绸之路"串起连通东盟、南亚、西亚、北非、欧洲等各大经济板块的市场链，发展面向南海、太平洋和印度洋的战略合作经济带，以亚欧非经济贸易一体化为发展的长期目标。

一、精准把握"一带一路"倡议的时代意蕴

"经济带"概念是对地区经济合作模式的创新。其中经济走廊涵盖中蒙

俄经济走廊、新亚欧大陆桥、中国–中亚–西亚经济走廊、孟中印缅经济走廊、中国–中南半岛经济走廊等，以经济增长极辐射周边，超越了传统发展经济学理论。"丝绸之路经济带"概念不同于历史上所出现的各类"经济区"与"经济联盟"，同后两者相比，经济带具有灵活性高、适用性广以及可操作性强的特点，各国都是平等的参与者，本着自愿参与、协同推进的原则，发扬古丝绸之路兼容并包的精神。

"一带一路"倡议是我国在新时代推进全方位对外开放的重要举措，为当今世界提供了一个充满东方智慧、实现共同发展的中国方案，也是对历史文化传统的高度尊重，凝聚了世界各国利益的最大公约数。丝绸之路是起始于古代中国，连接亚洲、非洲和欧洲的古代陆上商业贸易路线，最初的作用是运输古代中国出产的丝绸、瓷器等商品，后来成为东方与西方之间在经济、政治、文化等方面进行交流的主要通道。1877 年，德国地质、地理学家李希霍芬（F. P. W. Richthofen）在其著作《中国》一书中，把公元前 114 年至公元 127 年，中国与中亚、中国与印度间以丝绸贸易为媒介的这条西域交通道路命名为"丝绸之路"，这一名词很快为学术界和大众所接受，并正式运用。其后，德国历史学家赫尔曼（A. Herrmann）在 20 世纪初出版的《中国与叙利亚之间的古代丝绸之路》一书中，根据新发现的文物考古资料，进一步把丝绸之路延伸到地中海西岸和小亚细亚，并确定了丝绸之路的基本内涵，即它是中国古代与中亚、南亚、西亚以及欧洲、北非的陆上贸易交往通道。进入 21 世纪，海上丝绸之路也被纳入丝绸之路的涵盖范围，即从中国沿海港口过南海到印度洋并延伸至欧洲，从中国沿海港口过南海到南太平洋。随着时代的发展，"丝绸之路"成为古代中国与西方所有政治经济文化往来通道的统称。

推进"一带一路"建设既是中国扩大和深化对外开放的需要，也是加强和世界各国互利合作的需要，中国愿意承担更多责任和义务，为人类和平发展做出更大的贡献。文明交流互鉴是构建人类命运共同体的重要途径，是推动人类文明共同进步、实现世界和平发展的重要动力。共建"一带一路"要顺应世界多极化、经济全球化、文化多样化、社会信息化的潮流，秉持开放的区域合作精神，致力于推动"一带一路"各国实现经济政策协调，开展更大范围、更高水平、更深层次的区域合作，共同打造开放、包容、均衡、普惠的区域经济合作架构，维护全球自由贸易体系和开放型世界经济格局。

"一带一路"贯穿亚欧非大陆，一头是活跃的东亚经济圈，一头是发达的欧洲经济圈，中间广大腹地国家经济发展潜力巨大。根据"一带一路"走向，陆上依托国际大通道，以中心城市为支撑，以重点经贸产业园区为合作平台，共同打造新亚欧大陆桥以及中蒙俄、中国-中亚-西亚、中国-中南半岛等国际经济合作走廊；海上以重点港口为基点，共同建设通畅安全高效的运输大通道。

"一带一路"建设是有关国家开放合作的宏大经济愿景，需要各国携手努力，朝着互利互惠、共同安全的目标相向而行：努力实现区域基础设施更加完善，安全高效的陆海空通道网络基本形成，互联互通达到新水平；投资贸易便利化水平进一步提升，高标准自由贸易区网络基本形成，经济联系更加紧密，政治互信更加深入；人文交流更加广泛深入，不同文明互鉴共荣，各国人民相知相交、和平友好。

"一带一路"倡议是具有开放性和包容性的友好建议。当今世界是一个开放的世界，开放带来进步，封闭导致落后。中国认为，只有开放才能发现机遇、抓住并用好机遇、主动创造机遇，才能实现国家的奋斗目标。"一带一路"倡议就是要把世界的机遇转变为中国的机遇，把中国的机遇转变为世界的机遇。正是基于这种认知与愿景，"一带一路"倡议以开放为导向，冀望通过加强交通、能源和网络等基础设施的互联互通建设，促进经济要素有序自由流动、资源高效配置和市场深度融合，开展更大范围、更高水平、更深层次的区域合作，打造开放、包容、均衡、普惠的区域经济合作架构，以此来解决经济增长和平衡问题。"一带一路"倡议的开放包容性是区别于其他区域性经济倡议的一个突出特点。

"一带一路"倡议是超越地缘政治的务实合作的广阔平台。"和平合作、开放包容、互学互鉴、互利共赢"的丝路精神是人类共有的历史财富，"一带一路"倡议就是秉承这一精神与原则提出的新时代重要倡议，通过加强相关国家间的全方位多层面交流合作，充分发掘与发挥各国的发展潜力与比较优势，形成互利共赢的区域利益共同体、命运共同体和责任共同体。在这一机制中，各国是平等的参与者、贡献者、受益者。因此，"一带一路"倡议从一开始就具有平等性、和平性特征。平等是中国坚持的重要国际准则，也是"一带一路"建设的关键基础。只有建立在平等基础上的合作才能是持久的合作，也才会是互利的合作。"一带一路"倡议平等包容的合作特征为其推进减轻了阻力，提升了共建效率，有助于国际合作真正"落地生根"。同时，"一带一路"建设离不开和平安宁的国际环境和地区环境，和平是"一带一路"建设的本质属性，也是保障其顺利推进所不可或缺的重要因素。这些就决定了"一带一路"倡议不应该也不可能沦为大国政治较量的工具，更不会重复地缘博弈的老路。

"一带一路"倡议是政府、企业、团体共同发力的项目载体。"一带一路"建设是在双边或多边联动基础上通过具体项目加以推进的，是在进行充分政策沟通、战略对接以及市场运作后形成的发展倡议与规划。2017年5月发布的《"一带一路"国际合作高峰论坛圆桌峰会联合公报》强调了建设"一带一路"的合作原则，其中就包括市场运作原则，即充分认识市场作用和企业主体地位，确保政府发挥适当作用，政府采购程序应开放、透明、非歧视。可见，"一带一路"建设的核心主体与支撑力量并不是政府，而是企业，根本方法是遵循市场规律，并通过市场化运作模式来实现参与各方的利益诉求，政府在其中发挥构建平台、创立机制、政策引导等指向性、服务性功能。

"一带一路"倡议是与现有相关机制对接互补的有益渠道。参与"一带一路"建设的国家要素禀赋各异，比较优势差异明显，互补性很强。有的国家能源资源富集但开发力度不够，有的国家劳动力充裕但就业岗位不足，有的国家市场空间广阔但产业基础薄弱，有的国家基础设施建设需求旺盛但资金紧缺。我国目前经济总量居全球第二，外汇储备居全球第一，优势产业越来越多，基础设施建设经验丰富，装备制造能力强、质量好、性价比高，具备资金、技术、人才、管理等综合优势。这就为我国与其他"一带一路"建设参与方实现产业对接与优势互补提供了现实可能与重大机遇。因而，"一带一路"倡议的核心内容就是要加强基础设施建设和促进互联互通，对接各国政策和发展战略，以便深化务实合作，促进协调联动发展，实现共同繁荣。由此可见，"一带一路"倡议不是对现有地区合作机制的替代，而是与现有机制互为助力、相互补充。实际上，"一带一路"建设已经与俄罗斯主导的欧亚经济联盟、印尼全球海洋支点发展规划、哈萨克斯坦光明之路经济发展战略、蒙古国草原之路倡议、欧盟欧洲投资计划、埃及苏伊士运河走廊开发计划等实现了对接与合作，并形成了一批标志性项目，如中哈（连云港）物流合作基地。作为新亚欧大陆桥经济走廊建设成果之一，中哈（连云港）物流合作基地初步实现了深水大港、远洋干线、中欧班列、物流场站的无缝对接。该项目与哈萨克斯坦光明之路经济发展战略高度契合。

"一带一路"倡议是促进人文交流的沟通桥梁。"一带一路"倡议跨越不同区域、不同文化、不同宗教信仰，但它带来的不是文明冲突，而是各文明间的交流互鉴。"一带一路"倡议在推进基础设施建设、加强产能合作与发展战略对接的同时，也将"民心相通"作为工作重心之一。民心相通是"一带一路"建设的社会根基。民心相通就是要传承和弘扬丝绸之路友好合作精神，广泛进行文化交流、学术交流、人才交流往来、媒体合作、青年和妇女交往、志愿者服务等，为深化双边和多边合作奠定坚实的民意基础。一是扩大相互间留学生规模，开展合作办学；国家间互办文化年、艺术节、电影节、电视周和图书展等活动，深化国家间人才交流合作。二是加强旅游合作，扩大旅游规模，联合打造具有丝绸之路特色的国际精品旅游线路和旅游产品。三是强化与周边国家在传染病疫情信息沟通、防治技术交流、专业人才培养等方面的合作，提高合作处理突发公共卫生事件的能力。四是加强科技合作，共建联合实验室（研究中心）、国际技术转移中心、海上合作中心，促进科技人员交流，合作开展重大科技攻关，共同提升科技创新能力。五是整合现有资源，开拓和推进参与国家在青年就业、创业培训、职业技能开发、社会保障管理服务、公共行政管理等共同关心领域的务实合作。六是充分发挥政党、议会交往的桥梁作用，加强国家之间立法机构、主要党派和政治组织的友好往来，互结友好城市。七是加强各国民间组织的交流合作，重点面向基层民众，广泛开展教育、医疗、减贫开发、生物多样性和生态环保等主题的各类公益慈善活动，改善贫困地区生产生活条件；加强文化传媒领域的国际交流合作，积极利用网络平台，运用新媒体工具，塑造和谐友好的文化生态和舆论环境；通过强化民心相通，弘扬丝绸之路精神，开展智力丝绸之路、健康丝绸之路等建设，在科学、教育、文化、卫生、民间交往等领域广泛合作，使"一带一路"建设的民意基础更为坚实，社会根基更加牢固。"一带一路"建设就是要以文明交流超越文明隔阂，以文明互鉴超越文明冲突，以文明共存超越文明优越，为相关国家人民加强交流、增进理解搭起新的桥梁，为不同文化和文明加强对话、交流互鉴织就新的纽带，推动各国相互理解、相互尊重、相互信任。

"一带一路"是促进共同发展、实现共同繁荣的友谊之路。共建"一带一路"旨在促进各国发展战略的对接和耦合，有利于发掘区域市场的潜力，推动经济要素有序自由流动、资源高效配置和市场深度融合，促进投资和消费，创造需求和就业，增进各国人民的人文交流与文明互鉴，从而让各国人民相逢相知、互信互敬，共享和谐、安宁、富裕的生活。共建"一带一路"符合国际社会的根本利益，彰显了人类社会的共同理想和美好追求，是国际合作及全球治理新模式的积极探索，将为世界和平发展增添新的正能量。中国政府倡议秉持和平合作、开放包容、互学互鉴、互利共赢的理念，全方位推进务实合作，打造政治互信、经济融合、文化包容的利益共同体、命运共同体和责任共同体。

"一带一路"倡议已经得到世界上众多国家和地区的积极响应，成为维护全球自由贸易体系和开放型世界经济的重要支撑。截至 2021 年 1 月 30 日，中国已经同 171 个国家和国际组织签署 205 份共建"一带一路"合作文件。[1] 特别是 2017 年 5 月第一届"一带一路"国际合作高峰论坛、2019 年 4 月第二届"一带一路"国际合作高峰论坛和 2019 年 5 月亚洲文明对话大会的成功举办，充分彰显了我国开放、包容的大国外交风范。在此背景下，我们一方面应致力于向世界介绍中国，推动中国文化"走出去"，讲好中国故事；另一方面也应加强对"一带一路"国家的历史、文化、语言、教育、艺术等方面的介绍和研究，让中国人民更多地了解"一带一路"国家的具体国情，特别是文化传统和教育体系。

"一带一路"倡议合作范围不断扩大，合作领域愈加广阔。它不仅给参与各方带来了实实在在的合作红利，也为世界贡献了应对挑战、创造机遇、强化信心的智慧与力量。

当今世界，新冠肺炎疫情带来诸多挑战，局部战争风险依然存在，经济增长动能不足，"逆全球化"思潮涌动，地区动荡持续，恐怖主义蔓延。和平赤字、发展赤字、治理赤字带来的严峻问题，已摆在全人类面前。这充分说明现有的全球治理体系面临结构性问题，亟须找到新的破解之策与应对方略。作为一个新兴大国，中国有能力、有意愿同时也有责任为完善全球治理体系贡献智慧与力量。面对新挑战、新问题、新情况，中国给出

---

[1] 中国一带一路网. 我国已签署共建"一带一路"合作文件 205 份 [EB/OL].（2021-01-30）[2021-02-23]. https://www.yidaiyilu.gov.cn/xwzx/gnxw/163241.htm.

的全球治理方案是：构建人类命运共同体，实现共赢共享。"一带一路"倡议正是朝着这个目标努力的具体实践。"一带一路"倡议强调各国的平等参与、包容普惠，主张携手应对世界经济面临的挑战，开创发展新机遇，谋求发展新动力，拓展发展新空间，共同朝着人类命运共同体方向迈进。正是本着这样的原则与理念，"一带一路"倡议针对各国发展的现实问题和治理体系的短板，创立了亚洲基础设施投资银行、丝路基金等新型国际机制，构建了多形式、多渠道的交流合作平台。这既能缓解当今全球治理机制代表性、有效性、及时性难以适应现实需求的困境，在一定程度上扭转公共产品供应不足的局面，提振国际社会参与全球治理的士气与信心，又能满足发展中国家尤其是新兴市场国家变革全球治理机制的现实要求，大大增强了新兴国家和发展中国家的话语权，是推进全球治理体系朝着更加公正合理方向发展的重大突破。

"一带一路"倡议涵盖了发展中国家与发达国家，实现了"南南合作"与"南北合作"的统一，有助于推动全球均衡可持续发展。"一带一路"建设以基础设施建设为着眼点，促进经济要素有序自由流动，推动中国与相关国家的宏观政策的对接与协调。对于参与"一带一路"建设的发展中国家来说，这是一次搭中国经济发展"快车""便车"，实现自身工业化、现代化的历史性机遇，有利于推动"南南合作"的广泛展开，同时也有助于增进"南北对话"，促进"南北合作"的深度发展。不仅如此，"一带一路"倡议的理念和方向同联合国《2030 年可持续发展议程》也高度契合，完全能够加强对接，实现相互促进。联合国秘书长古特雷斯表示，"一带一路"倡议与《2030 年可持续发展议程》都以可持续发展为目标，都试图提供机会、全球公共产品和双赢合作，都致力于深化国家和区域间的联系。

二、深入推动"一带一路"国家的教育交流

2020 年 6 月印发的《教育部等八部门关于加快和扩大新时代教育对外开放的意见》指出，教育对外开放是教育现代化的鲜明特征和重要推动力，要以习近平新时代中国特色社会主义思想为指导，坚持教育对外开放不动摇，主动加强同世界各国的互鉴、互容、互通，形成更全方位、更宽领域、更多层次、更加主动的教育对外开放局面。

教育为国家富强、民族繁荣、人民幸福之本，在共建"一带一路"中具有基础性和先导性作用。教育交流为各国民心相通架设桥梁，人才培养为各国政策沟通、设施联通、贸易畅通、资金融通提供支撑。各国间教育交流源远流长，教育合作前景广阔，大家携手发展教育，合力共建"一带一路"，是造福各国人民的伟大事业。推进"一带一路"国家教育共同繁荣，既是加强与各国教育互利合作的需要，也是推进中国教育改革发展的需要，中国愿意在力所能及的范围内承担更多责任和义务，为区域教育大发展做出更大的贡献。

（一）教育合作的原则

"一带一路"国家教育合作应遵循四个重要原则。

一是育人为本，人文先行。加强合作育人，提高区域人口素质，为共建"一带一路"提供人才支撑。坚持人文交流先行，建立区域人文交流机制，搭建民心相通桥梁。

二是政府引导，民间主体。政府加强沟通协调，整合多种资源，引导教育融合发展。发挥学校、企业及其他社会力量的主体作用，活跃教育合作局面，丰富教育交流内涵。

三是共商共建，开放合作。坚持共商、共建、共享，推进各国教育发

展规划相互衔接，实现各国教育融通发展、互动发展。

四是和谐包容，互利共赢。加强不同文明之间的对话，寻求教育发展最佳契合点和教育合作最大公约数，促进各国在教育领域互利互惠。

（二）教育合作的重点

"一带一路"各国教育特色鲜明、资源丰富、互补性强、合作空间巨大。中国将以基础性、支撑性、引领性三方面举措为建议框架，开展三方面重点合作，对接各国意愿，互鉴先进教育经验，共享优质教育资源，全面推动各国教育提速发展。

1. 开展教育互联互通合作

一是加强教育政策沟通。开展"一带一路"国家教育法律、政策协同研究，构建各国教育政策信息交流通报机制，为各国政府推进教育政策互通提供决策建议，为各国学校和社会力量开展教育合作交流提供政策咨询。积极签署双边、多边和次区域教育合作框架协议，制定各国教育合作交流国际公约，逐步疏通教育合作交流政策性瓶颈，实现学分互认、学位互授联授，协力推进教育共同体建设。

二是助力教育合作渠道畅通。推进"一带一路"国家间签证便利化，扩大教育领域合作交流，形成往来频繁、合作众多、交流活跃、关系密切的携手发展局面。鼓励有合作基础、相同研究课题和发展目标的学校缔结姊妹关系，逐步深化和拓展教育合作交流。举办校长论坛，推进学校间开展多层次、多领域的务实合作。支持高等学校依托优势学科和专业，建立"产学研用"相结合的国际合作联合实验室（研究中心）、国际技术转移中心，共同应对各国在经济发展、资源利用、生态保护等方面面临的重大挑战与机遇。打造"一带一路"国家学术交流平台，吸引各国专家学者、青年学生开展研究和学术交流。推进"一带一路"国家优质教育资源共享。

三是促进语言互通。研究构建语言互通协调机制，共同开发语言互通开放课程，逐步将国家语言课程纳入各国的学校教育课程体系。拓展政府间语言学习交换项目，联合培养、相互培养高层次语言人才。发挥外国语院校人才培养优势，推进基础教育多语种师资队伍建设和外语教育教学工作。扩大语言学习国家公派留学人员规模，倡导各国与中国院校合作在华开办本国语言专业。支持更多社会力量助力孔子学院和孔子课堂建设，加强汉语教师和汉语教学志愿者队伍建设，全力满足不同国家的汉语学习需求。

四是推进民心相通。鼓励学者开展或合作开展中国课题研究，增进各国对中国发展模式、国家政策、教育文化等各方面的理解。建设国别和区域研究基地，与对象国合作开展经济、政治、教育、文化等领域研究。逐步将理解教育课程、丝路文化遗产保护纳入各国中小学教育课程体系，加强青少年对不同国家文化的理解。加强"丝绸之路"青少年交流，注重通过志愿服务、文化体验、体育竞赛、创新创业活动和新媒体社交等途径，增进不同国家青少年对其他国家文化的理解。

五是推动学历学位认证标准联通。推动落实联合国教科文组织《亚太地区承认高等教育资历公约》，支持联合国教科文组织建立世界范围学历互认机制，实现区域内双边、多边学历学位关联互认。呼吁各国完善教育质量保障体系和认证机制，加快推进本国教育资历框架开发，助力各国学习者在不同种类和不同阶段教育之间进行转换，促进终身学习社会的建设。共商、共建区域性职业教育资历框架，逐步实现就业市场的从业标准一体化。探索建立各国教师专业发展标准，促进教师流动。

2．开展人才培养培训合作

一是实施"丝绸之路"留学推进计划。设立"丝绸之路"中国政府奖学金，为各国专项培养行业领军人才和优秀技能人才。全面提升来华留学人才培养质量，把中国打造成为深受各国学子欢迎的留学目的地。以国家公派留学为引领，推动更多中国学生到"一带一路"其他国家留学。坚持"出国留学和来华留学并重、公费留学和自费留学并重、扩大规模和提高质量并重、依法管理和完善服务并重、人才培养和发挥作用并重"，完善全链条的留学人员管理服务体系，保障平安留学、健康留学、成功留学。

二是实施"丝绸之路"合作办学推进计划。有条件的中国高等学校开展境外办学要集中优势学科，选好合作契合点，做好前期论证工作，构建科学的人才培养模式、运行管理模式、服务当地模式、公共关系模式，使学校顺利落地生根、开花结果。发挥政府引领、行业主导作用，促进高等学校、职业院校与行业企业深度产教融合。鼓励中国优质职业教育配合高铁、电信运营等行业企业"走出去"，探索开展多种形式的境外合作办学，合作设立职业院校、培训中心，合作开发教学资源和项目，开展多层次职业教育和培训，培养当地急需的各类"一带一路"建设者。整合资源，积极推进与各国在青年就业培训等共同关心领域的务实合作。倡议国家之间开展高水平合作办学。

三是实施"丝绸之路"师资培训推进计划。开展"丝绸之路"教师培训，加强先进教育经验交流，提升区域教育质量。加强"丝绸之路"教师交流，推动各国校长交流访问、教师及管理人员交流研修，推进优质教育模式在各国的互学互鉴。大力推进各国优质教学仪器设备、教材课件和整体教学解决方案的输出，跟进教师培训工作，促进各国教育资源和教学水平均衡发展。

四是实施"丝绸之路"人才联合培养推进计划。推进国家间的研修访学活动。鼓励各国高等院校在语言、交通运输、建筑、医学、能源、环境工程、水利工程、生物科学、海洋科学、生态保护、文化遗产保护等国家发展急需的专业领域联合培养学生，推动联盟内或校际教育资源共享。

3．共建丝路合作机制

一是加强"丝绸之路"人文交流高层磋商。开展国家间的双边、多边人文交流高层磋商，商定"一带一路"教育合作交流总体布局，协调推动各国建立教育双边和多边合作机制、教育质量保障协作机制和跨境教育市场监管协作机制，统筹推进"一带一路"教育共同行动。

二是充分发挥国际合作平台作用。发挥上海合作组织、东亚峰会、亚太经合组织、亚欧会议、亚洲相互协作与信任措施会议、中阿合作论坛、东南亚教育部长组织、中非合作论坛、中巴经济走廊、孟中印缅经济走廊、中蒙俄经济走廊等现有双边、多边合作机制的作用，增加教育合作的新内涵。借助联合国教科文组织等国际组织力量，推动各国围绕实现世界教育发展目标形成协作机制。充分利用中国–东盟教育交流周、中日韩大学交流合作促进委员会、中阿大学校长论坛、中非高校20+20合作计划、中日大学校长论坛、中韩大学校长论坛、中俄综合性大学联盟等已有平台，开展务实的教育合作交流。支持在共同区域、有合作基础、具备相同专业背景的学校组建联盟，不断延展教育务实合作平台。

三是实施"丝绸之路"教育援助计划。发挥教育援助在"一带一路"教育共同行动中的重要作用，逐步加大教育援助力度，重点投资于人、援助于人、惠及于人。发挥教育援助在"南南合作"中的重要作用，加大对相关国家尤其是最不发达国家的支持力度。统筹利用国家、教育系统和民间资源，为相关国家培养培训教师、学者和各类技能人才。积极开展优质教学仪器设备、整体教学方案、配套师资培训一体化援助。加强中国教育培训中心和教育援外基地建设。倡议各国建立政府引导、社会参与的多元化经费筹措机制，通过国家资助、社会融资、民间捐赠等渠道，拓宽教育经费来源，做大教育援助格局，实现教育共同发展。

三、精心组织"一带一路"国家文化教育大系的编著出版

在编写"一带一路"国家文化教育大系过程中，应当全面了解国内外对"一带一路"倡议的响应情况，关注进展，总结做法；应当在新冠肺炎疫情得到控制后到对象国去走一走，看一看，实地感受其教育情况和发展变化；应当广泛收集对象国一手资料，认真阅读，消化分析，吐故纳新；应当多方检索专家学者已经开展的相关研究，虚心参阅已有的研究成果。肆虐全球的新冠肺炎疫情，给人类身体健康和生命安全带来了巨大威胁，对世界格局和世界治理体系产生了重大影响，给全球各行各业带来了巨大挑战。教育置身其间，影响十分明显。因而，对"一带一路"国家文化教育进行研究时，必须观察分析疫情对相关国家文化教育和全球教育治理的深刻影响。

"一带一路"倡议提出后，中外已形成多个"一带一路"多边大学联盟。2015 年 5 月 22 日，由西安交通大学发起的新丝绸之路大学联盟成立，迄今已吸引 38 个国家和地区的 150 余所大学加盟。该联盟是海内外大学结成的非政府、非营利性的开放性、国际化高等教育合作平台，以"共建教育合作平台，推进区域开放发展"为主题，推动"新丝绸之路经济带"国家和地区大学之间在校际交流、人才培养、科研合作、文化沟通、政策研究、医疗服务等方面的交流与合作，增进青少年之间的了解和友谊，培养具有国际视野的高素质、复合型人才，服务"新丝绸之路经济带"及欧亚地区的发展建设。

2015 年 10 月 17 日，丝绸之路（敦煌）国际文化博览会筹委会文化传承创新高端学术研讨会在敦煌举行。中国的复旦大学、北京师范大学、兰州大

学和俄罗斯乌拉尔国立经济大学、韩国釜庆大学等 46 所中外高校在甘肃敦煌成立了"一带一路"高校战略联盟，以探索跨国培养与跨境流动的人才培养新机制，培养具有国际视野的高素质人才。46 所高校当日达成《敦煌共识》，联合建设"一带一路"高校国际联盟智库。联盟将共同打造"一带一路"高等教育共同体，推动"一带一路"国家和地区大学之间在教育、科技、文化等领域的全面交流与合作，服务"一带一路"国家和地区的经济社会发展。

2016 年 9 月，中国、中亚及丝绸之路经济带沿线 7 个国家的 51 所高校共同发起成立了中国–中亚国家大学联盟，旨在打造开放性、国际化互动平台，深化"一带一路"科教合作。

此外，高等教育合作研讨会也日渐增多，既有官方推动形成的研讨会，也有民间自发举办的研讨会。比如，中外大学校长论坛、新加坡–中国–印度高等教育论坛、"一带一路"教育对话论坛，以及北京师范大学举办的"一带一路"国家教育交流与合作高端研讨会，北京外国语大学举办的"一带一路"与行业国际化人才培养高峰论坛，北京理工大学主办的"一带一路"高等教育研究国际会议，浙江大学举办的"一带一路"背景下的工程科技人才培养国际研讨会等。这些多边研讨会的召开，不仅吸引了大量"一带一路"沿线国家的教育研究者与实践者参会，推动了研究与实践合作，而且创新了教育合作模式，促进了国际化高端人才培养，为"一带一路"建设奠定了民意基础。

"一带一路"倡议提出之后，中国学术界迅速开展了关于"一带一路"的研究活动，有关"一带一路"主题的图书主要有以下五类。第一类是倡议解读类图书，一般是梳理"一带一路"倡议的提出、发展及其理论内涵与外延。第二类是经济贸易类图书，专业性较强，主要为理论研究型图书。第三类是国情文史类图书，多为介绍"一带一路"国家国情概览、历史情况、发展概况的工具书，语言平实，部分图书学术性较强。第四类是丝路历史类图书，一般回顾古代丝绸之路的形成与发展、丝绸之路上的人物和大事记等，追古溯源，以便更好地开启"一带一路"新篇章。第五类是法律税收类图书，多为法律指引、税务规范手册等。

可以看出，国内对"一带一路"国家的研究已有一定基础，但是囿于语言翻译的障碍，已经出版的"一带一路"图书，大多是政策解读、数据报告、概况介绍等，对对象国的研究广度和深度还很不够，尤其是针对"一带一路"国家文化教育的系统研究还比较少。

在"一带一路"国家中，遴选具有代表性的对象，对其文化、教育进行系统性的研究，并在此基础上编写"一带一路"国家文化教育大系，分期分批出版，对于帮助中国普通读者和研究人员了解"一带一路"国家的文化教育情况，以及对于拓展我国比较教育研究领域、丰富比较教育研究文献，乃至对于促进中外文明互通、更好地参与推进"一带一路"建设，都具有重要意义。基于对选题背景与意义、相关出版产品调研和北京外国语大学比较优势的分析，"一带一路"国家文化教育大系坚持学术性、可读性兼顾原则，分批次推出，不断积累，以形成规模和品牌。

大系在内容上，一方面呈现"一带一路"国家的文化概貌，展示"一带一路"国家教育发展的文化背景和社会依托。大系采用专题形式，力求用简洁平实的语言生动活泼地介绍"一带一路"国家的自然地理、人文景观、历史发展、风土人情、文化遗产等内容，重点呈现对象国独有的文化现象和独特风貌，集中揭示其民族文化内涵、民族精神、人文意蕴。另一方面，大系重点研究、评价、介绍"一带一路"国家教育的基本情况、发展历史、发展战略、政策法规、现存体系、治理模式与师资队伍等，这方面内容占较大篇幅，是全书的重点和主要内容。

"一带一路"倡议正在成为我国参与全球开放合作、改善全球治理体系、促进全球共同发展繁荣、推动构建人类命运共同体的中国方案。作为国家社会科学基金（教育学）重大项目"新时代提升中国参与全球教育治理的能力及策略研究"的部分研究成果和北京外国语大学"双一流"建设重大标志性成果，"一带一路"国家文化教育大系计划在 2021 年中国共产党建党 100 周年和北京外国语大学建校 80 周年之际，推出首批图书。2023 年"一带一路"倡议提出 10 周年时，推出该项目二期成果。同时积极参与党和国家相关主题纪念活动，以及国家重大图书项目的申报评选工作。

北京外国语大学以外语见长，国际交往活跃，被誉为"共和国外交官的摇篮"，先后培养了 400 多位大使、2 000 多位参赞，以及更多的外交外事外贸工作者。凡是有五星红旗飘扬的地方，都能看到北外人的身影。北外不仅承担着培养各类国际化人才的任务，更担负着向中国介绍世界、向世界介绍中国的历史使命。迄今为止，北外已获批开设 101 种外国语言，成立了 37 个区域与国别研究中心，丰富的涉外资源正在助力"一带一路"国家的研究。

大系由外研社具体组织实施。外研社隶属北外，多年来致力于"一带一路"国家的合作交流，服务讲好"中国故事"，在中华思想文化传播、打造中外出版联盟、推动中外学术互译等方面积累了丰富经验，对于协助研究、编著、出版"一带一路"国家文化教育大系具有良好的工作基础。这也是北外及外研社的使命和担当之所在。

大系编著者以北外教师为主。服务国家重大战略，北外人责无旁贷。同时，国内有研究专长和研究意愿的专家学者也踊跃参与，他们或独自撰著一书，或与北外同仁合作。大系还邀请了驻外使领馆的同志和对象国的学者参加撰写或审稿，他们运用一手资料，开展实地调研，力图提升大系的准确性。

四、结语

"一带一路"倡议植根历史，更面向未来；源于中国，更属于世界。"一带一路"作为文明互鉴的桥梁，从亚欧大陆延伸到非洲、美洲、大洋洲，与世界各国发展战略及众多国际和地区组织的发展实现对接联通，在通路、通航的基础上更好地通商，进而开展文化教育交流与沟通，加强商品、资金、技术、文化、教育流通，达成互学互鉴的文明愿景。"一带一路"倡议的目标是中国与"一带一路"国家在互联互通基础上分享优质产能，共商项目投资，共建基础设施，共享合作成果，内容包括政策沟通、设施联通、贸易畅通、资金融通、民心相通"五通"。"一带一路"倡议肩负重大使命，它要探寻经济增长之道，将中国自身的产能优势、技术与资金优势、经验与模式优势转化为市场与合作优势，实行全方位开放，共享中国改革发展红利；它要实现全球化再平衡，鼓励向西开放，带动西部开发以及中亚、蒙古等内陆国家和地区的开发，在国际社会推行全球化的包容性发展理念，主动向西推广中国优质产能和比较优势产业，惠及沿途、沿岸国家，避免西方国家所开创的全球化造成的贫富差距和地区发展不平衡情况，推动建立持久和平、普遍安全、共同繁荣的和谐世界；它要开创地区新型合作，强调共商、共建、共享原则，超越了马歇尔计划和传统的对外援助活动，给 21 世纪的国际合作带来了新的理念。所以，新时代中国的教育学者应当将"一带一路"国家文化教育研究作为比较教育新的增长点，全面深入开展研究，以自己的聪明才智丰富学术，为国出力，服务国家重大发展战略；在加强与"一带一路"国家的交流合作中，推动"一带一路"建设高质量发展，努力建设高质量的中国教育体系，并积极参与全球教育治理体系改革，加快构建以国内大循环为主体、国际国内双循环相互促进的新发展格局。

2021 年春
于北京外国语大学

（王定华，北京外国语大学党委书记、博士、教授、博士生导师，国家督学。历任河南大学教师、中国驻纽约总领事馆教育领事、教育部基础教育一司司长、教育部教师工作司司长等。）

本书前言

埃塞俄比亚联邦民主共和国（以下简称埃塞俄比亚）是非洲文明古国，历史上的阿克苏姆王国和阿比西尼亚帝国都曾创造过灿烂的文明。1974 年，海尔·塞拉西一世皇帝被门格斯图领导的军事政变推翻，至此结束了埃塞俄比亚延续千年的君主制。门格斯图领导的军政府于 1991 年被埃塞俄比亚人民革命民主阵线（简称埃革阵）推翻。埃革阵执政至今，在 1994 年通过宪法，规定埃塞俄比亚实行联邦制和议会内阁制。在埃革阵的领导下，埃塞俄比亚的经济实现了快速增长，社会文化事业迎来了崭新的发展阶段。其中，埃革阵政府把教育发展提高到了国家发展战略的高度，出台了一系列教育政策，如 2004 年的《职业技术教育和培训宣言》、2008 年的《国家职业技术教育和培训战略》，以及多份教育发展五年规划。埃塞俄比亚的教育事业实现了各个领域的全面发展。

在此背景下，本书梳理埃塞俄比亚近年来在教育领域所取得的成就，总结该国在教育领域的创新和具有本国特色的做法，同时指出其面临的挑战及其应对措施。具体来说，第一章对埃塞俄比亚的政治、经济、社会、外交等总体情况进行概述。第二章结合该国的历史呈现该国的文化特色。第三章回顾不同历史时期该国的教育发展。第四章聚焦学前教育，在归纳学前教育发展现状的基础上，着重介绍"零年级"项目和"儿童对儿童"计划，并指出学前教育面临着区域发展不平衡、教育资源匮乏、师资匮乏等挑战。第五章首先回顾基础教育的发展和现状，进而展现该国基础教育规模扩张迅速的特点及其难民教育这一特色项目，并指出其面临的师资不足、教育不公、特殊需求儿童入学人数少等问题。第六章聚焦高等教育，总结高等教育的发展状况，归纳其跨越式发展、政府主导、国际化合作和积极使用信息通信技术等几大特点，并提出公立大学经费短缺、整体教育质量堪忧、教育不平等现象严重等问题及其解决对策。第七章概括职业教育的发展历程与现状，归纳出国际合作、重点培养农业职教人才、与小微企业融合、力促性别平等等特点，总结出职业教育面临的参与度与完成度较低、校企合作受挫、高素质师资短缺等几大挑战及其应对策略。第八章在梳理成人教育的发展现状的基础上，突出其两大特点，一是以扫盲为主要任务同时培训其他基本技能，二是以政府为主导与多主体参与；指出成人教育在教学质量、师资和性别不平等方面存在的问题，并归纳了相关的应对措施。第九章描述了教师教育的发展现状，指出其积极利用信息技术和着力发展国际合作两个特点，以及目前存在的教师从业人数危机、高年级达标教师稀缺、"研究生教学文凭"质量较低和学前教育教师缺乏培训等问题。第十章描述了教育行政体系，对各教育领域的政策进行了归纳总结，并指出了其在实施过程中的实际挑战。第十一章涉及中国与埃塞俄比亚的教育交流的历史与现状、模式与原则，并以埃塞俄比亚两所孔子学院为例对双边教育交流与合作的成功经验和限制条件进行了讨论。结语部分对全书要点进行了提炼和升华。

本书是北京外国语大学张笑一、Edmund Chang 师生二人共同合作的结晶，惠芃菲也在编写过程中做出了重要贡献。在写作过程中，埃塞俄比亚驻华大使馆公使 Ephrem Bouzayhue Hidug 和公使衔参赞 Samuel Fitsumbirhan 提供了最新资料。新华社亚的斯亚贝巴分社首席记者汪平、天津职业技术师范大学教师弓耀楠、北京外国语大学非洲学院阿姆哈拉语专业教师张春改，以及曾经在亚的斯亚贝巴工作的北京外国语大学毕业生殷宁馨提供了文前插图。北京外国语大学党委书记、"一带一路"国家文化教育大系总主编王定华教授给予了热情的鼓励和宝贵的指导，外语教学与研究出版社刘捷、孙凤兰、巢小倩和焦缨添提出了细致的修改和完善意见。在此一并真诚致谢！

由于作者能力有限，书中疏漏纰缪在所难免，恳请专家学者和广大读者批评指正。

张笑一

2022 年 3 月于北京外国语大学

目　录

第一章 国情概览

埃塞俄比亚是非洲最古老的国家之一，有着三千多年的文明史。埃塞俄比亚也是"一带一路"沿线的重要国家，与中国在多个领域都有密切的交流合作。全面、客观地认识埃塞俄比亚，对于进一步研究其历史、文化传统和教育发展有着重要的意义。本章将从自然地理、国家制度、社会生活三个视角，简要介绍埃塞俄比亚的基本情况，以展示其文化教育所处的自然和社会环境。

第一节 自然地理

一、地理位置

埃塞俄比亚地处非洲东北部内陆，位于北纬 3°—15°，东经 33°—48°，东与吉布提、索马里毗邻，西同苏丹、南苏丹交界，南与肯尼亚接壤，北接厄立特里亚。国土面积约 110.36 万平方千米。[1] 埃塞俄比亚境内地势高低

---

[1] 中华人民共和国外交部. 埃塞俄比亚国家概况 [EB/OL].（2020-04）[2020-10-25]. https://www.fmprc.gov.cn/web/gjhdq_676201/gj_676203/fz_677316/1206_677366/1206x0_677368/.

差异大，地形种类丰富，气候多样，矿物以及水资源储备充足。

二、地形与气候

埃塞俄比亚属于内陆高原国家，高原占全国总面积的 2/3，60% 以上的国土高于海拔 1 000 米，全国平均海拔约 3 000 米，有"非洲屋脊"之称。全国地形最高点为西门山脉的达尚峰，海拔 4 620 米；最低点为达罗尔洼地，低于海平面 113 米。埃塞俄比亚国土被东非大裂谷从东北到西南分为西部高原和东部高原两部分：西部高原地势自东向西倾斜，东部为低高地，地势从西北向东南倾斜，海拔 500—1 500 米。

埃塞俄比亚虽地处热带，但由于地形复杂多样，纬度跨度大及海拔高度差距大，各个地区气候差异很大。全境可大致分为 5 个气候带，分别是"贝雷哈带""科拉带""维纳-德加带""德加带"和"维契带"。"贝雷哈带"在阿姆哈拉语中意为"沙漠带"，为海拔 500 米以下的平地和低地地带，气候十分炎热，是世界上最炎热的地区之一。"科拉带"为海拔 500—1 500 米的地区，同样终年气候炎热，但平均气温比"贝雷哈带"稍低。"维纳-德加带"位于海拔 1 500—2 400 米的地区，终年温和如春，平均气温为 18—24℃，气候宜人。"德加带"主要分布在埃塞俄比亚高原的最西部和东部，海拔 2 400—3 500 米，年平均气温在 15℃左右，每年 3、4、5 月气温最高，昼夜温差较大。"维契带"则指的是海拔 3 500 米以上的地区。[1] 埃塞俄比亚首都亚的斯亚贝巴位于海拔 2 400 米的高原之上，四季气候宜人，年平均气温约 16℃，年降水量约 1 237 毫米。[2]

---

[1] 钟伟云. 埃塞俄比亚 [M]. 北京：社会科学文献出版社，2016：3.

[2] 中华人民共和国外交部. 埃塞俄比亚国家概况 [EB/OL].（2020-04）[2020-10-25]. https://www.fmprc.gov.cn/web/gjhdq_676201/gj_676203/fz_677316/1206_677366/1206x0_677368/.

三、自然资源

埃塞俄比亚矿产资源种类丰富，目前已探明的矿藏有黄金、铂、镍、铜、铁、煤、钽、硅、钾盐、磷酸盐、大理石、石灰石、石油和天然气。黄金探明储量在 900 吨以上，钽铌矿储量在 1.7 万吨以上。天然气储量约 249 亿立方米，马来西亚、沙特阿拉伯、英国、苏丹、约旦等国均有公司在埃塞俄比亚进行油气勘探开发。[1] 除此之外，埃塞俄比亚的水资源也十分充足，境内河流湖泊较多，青尼罗河也发源于此，故享有"东非水塔"之美名，但当前水资源利用率不足 5%。[2]

四、自然遗产

1978 年，埃塞俄比亚的塞米恩国家公园被联合国教科文组织世界遗产委员会列入《世界遗产名录》。塞米恩国家公园位于锡门山脉西部、埃塞俄比亚西北部的伯根德地区，公园占地面积 220 平方千米，海拔高度 1 900—4 430 米。塞米恩国家公园兼有高山森林、欧石南灌丛、高山区植被、热带山区草原和山区高地沼泽等景观，也是一些珍稀动物的栖息之处。连绵的山峰、幽深的峡谷和陡峭的悬崖构成了塞米恩国家公园特有的自然景观，使之成为世界上最壮观的自然景观之一。不过，由于农业活动的蚕食、生物多样性的丧失，加上修建公路的影响，1996 年塞米恩国家公园被列入《世界濒危遗产名录》。[3]

---

[1] 中华人民共和国商务部. 对外投资合作国别（地区）指南：埃塞俄比亚 [EB/OL].（2020-12）[2021-04-24]. http://fec.mofcom.gov.cn/article/gbdqzn/#.

[2] 中华人民共和国外交部. 埃塞俄比亚国家概况 [EB/OL].（2020-04）[2020-10-25]. https://www.fmprc.gov.cn/web/gjhdq_676201/gj_676203/fz_677316/1206_677366/1206x0_677368/.

[3] 资料来源于联合国教科文组织官网。

第二节 国家制度

1991 年，埃塞俄比亚人民革命民主阵线（以下简称埃革阵）推翻了门格斯图·海尔·马里亚姆的统治，成立政府，规定国家实行联邦制。埃革阵执政后，不但颁布了新的宪法，还规定了新的国徽、国旗、国歌、国花，并且重新组建政府权力机构。埃革阵上台后，埃塞俄比亚的国际交流十分密切，接受了来自多方的援助。

一、国家标志

1994 年 12 月，埃塞俄比亚制宪议会通过《埃塞俄比亚联邦民主共和国宪法》，于次年 8 月生效。宪法总则规定了埃塞俄比亚的国家性质、国旗、国徽等。

埃塞俄比亚现行国旗由三个平行相等的横长方形构成，自上而下分别为绿色、黄色、红色，中间为国徽。绿色象征土地、植物资源、温和的气候以及希望；黄色象征和平与博爱，也代表人民建设国家的决心；红色象征人民保卫祖国的决心。[1]

埃塞俄比亚国徽由蓝色背景圆盘上的一颗五角星和向外辐射的五条等距离直线组成，象征埃塞俄比亚各种族、民族和宗教团体的平等以及人民团结统一的愿望。蓝色象征和平，五角星象征多样性与团结，向外辐射的直线象征繁荣。

1991 年 5 月 28 日，埃革阵军队进入埃塞俄比亚首都亚的斯亚贝巴，标志着门格斯图政权被正式推翻。5 月 28 日这一天也因此被定为国庆日。一年后，《前进，我的埃塞俄比亚母亲》被确定为国歌，歌词大意是：

[1] 国别区域与全球治理数据平台. 埃塞俄比亚国家特征 [DB/OL]. [2021-04-24]. https://www.crggcn.com/capital?parentName= 埃塞俄比亚 &country= 埃塞俄比亚 &id=4238.

在我们埃塞俄比亚，公民身份无比高尚，民族自豪显而易见，闪耀在每个角落里。为和平、为自由、为人民的正义，在平等友爱中，我们团结在一起。在坚强的基础上，我们的人性闪耀光辉；我们是热爱劳动的人民。美妙的传统舞台，优秀的继承者，天赋美德的母亲是你，勇猛人民的母亲是你，我们身负重任，我们必将保护你，我们埃塞俄比亚万岁，你让我们骄傲！[1]

埃塞俄比亚国花为马蹄莲。埃塞俄比亚是世界上最早种植马蹄莲的国家之一。马蹄莲春秋两季开花，花期较长，旺盛的生命力深受人们喜爱，被视为素洁、纯真和朴实的象征。[2]

二、主要城市

根据《埃塞俄比亚联邦民主共和国宪法》第 47 条规定，全国设有亚的斯亚贝巴市和迪雷达瓦市 2 个直辖市，以及 10 个民族州。10 个民族州分别为：提格雷州、阿法尔州、阿姆哈拉州、奥罗莫州、本尚古勒–古马兹州、哈拉尔州、锡达玛州、甘贝拉州、索马里州和南方各族州。

首都亚的斯亚贝巴在阿姆哈拉语中意为"新花"，是埃塞俄比亚的政治、经济和文化中心，也是东非地区空中交通枢纽。因其系联合国非洲经济委员会和非洲联盟等国际组织总部所在地，也被誉为"非洲的政治首都"，在非洲具有独特的政治地位。[3]

---

[1] 钟伟云. 埃塞俄比亚 [M]. 北京：社会科学文献出版社，2016：4.

[2] 温跃戈. 世界国花研究 [D]. 北京：北京林业大学，2013：116.

[3] 中华人民共和国商务部. 对外投资合作国别（地区）指南：埃塞俄比亚 [EB/OL].（2020-12）[2021-04-24]. http://fec.mofcom.gov.cn/article/gbdqzn/#.

三、国内政治概况

（一）宪法简史

埃塞俄比亚第一部宪法诞生于 1931 年，由海尔·塞拉西一世皇帝制定颁布。1955 年 11 月，埃塞俄比亚对宪法进行了修订，融入了权力分享理论、分权与制衡机制、公民基本权利等内容，修订过的宪法被称为《1955 年宪法》。1974 年，埃塞俄比亚爆发革命，《1955 年宪法》被废除，新宪法直到 1987 年才颁布。《1987 年宪法》规定埃塞俄比亚为社会主义国家，实行一党制。1991 年，门格斯图政权被推翻，《1987 年宪法》被废除。1991 年 7 月，新政权内部各派别在亚的斯亚贝巴举行会议，制定并通过了《过渡宪章》。1994 年 12 月 8 日，埃塞俄比亚制宪议会通过《埃塞俄比亚联邦民主共和国宪法》，于 1995 年 8 月正式实施。

《埃塞俄比亚联邦民主共和国宪法》共有 11 章、106 条。11 章分别为：人权、基本原则、权利与自由、国家结构、权力的结构与划分、联邦议会、联邦共和国总统的权力与义务、执行机构的权力与义务、各级法院的结构与权力、国家政策的原则与目标，以及其他条款。新宪法的主要原则包括：埃塞俄比亚为多民族国家，尊重各民族在语言、历史、文化和宗教方面的多样性；各民族拥有自决权；埃塞俄比亚为联邦制国家，中央和地方政权分享国家权力，将原本的地区改为州，全国设 2 个直辖市和 10 个州；实行立法、司法和行政三权分立；强调民主权利和保护人权；各民族在平等的基础上实现统一；实行政教分离。[1]

---

[1] 国别区域与全球治理数据平台. 埃塞俄比亚的国体与政体 [DB/OL]. [2021-04-24]. https://www.crggcn.com/articleDetail?id=6348627&parentName=%25E6%2594%25BF%25E6%25B2%25BB.

（二）国家权力机构

埃塞俄比亚联邦议会由人民代表院和联邦院组成，系国家最高立法机构。其中，人民代表院为联邦最高权力机构，主要由正副议长、常设委员会、议会事务咨询委员会、协调委员会和临时委员会等构成，每 5 年改选一次。其职权包括：负责宪法的制定与修订以及根据需要制定联邦法律；对联邦法律管辖范围的所有领域进行立法、修订和废止；批准联邦政府的社会、经济发展战略及总政策，如财政、金融政策等；批准联邦政府年度财政收入、税收和预算；根据执法部门的请求依法宣布实施（或结束）国家紧急状态；审议以及批准联邦政府部长理事会提交的所有紧急、重要提案。

联邦院则由各州推选代表组成，主要席位有正副议长、常设委员会和宪法调查委员，任期 5 年。联邦院拥有宪法解释权，有权决定民族自决与分离、解决民族之间或各州之间的纠纷并及时对任何违反宪法的行为进行干预，有权决定各州纳税及预算分配规则。[1] 宪法规定，各民族至少拥有 1 名代表。在上述基础上，各州每增加 100 万人口可增选 1 名代表。联邦院代表不得兼任人民代表院代表。[2]

（三）政府首脑

自 1991 年以来，埃塞俄比亚实行多党制和联邦制，政府体制改为议会内阁制，行政首脑为国家总理。《埃塞俄比亚联邦民主共和国宪法》第 72 条规定，总理和部长理事会掌有埃塞俄比亚联邦政府的最高执行权。总理和

---

[1] 中国人大网. 埃塞俄比亚议会 [EB/OL].（2011-05-23）[2020-10-25]. http://www.npc.gov.cn/npc/c15919/201105/b0dd6716b4824e319088d609efd92ca8.shtml.

[2] 中华人民共和国商务部. 对外投资合作国别（地区）指南：埃塞俄比亚 [EB/OL].（2020-12）[2021-04-24]. http://fec.mofcom.gov.cn/article/gbdqzn/#.

部长理事会任期均为 5 年。宪法规定：总理是共和国最高执行官，同时也是部长理事会主席和国家武装部队总司令；总理从人民代表院议员中选举产生；总理有权提名政府各部部长人选，并经人民代表院同意后任命人选；总理有权监督并确保人民代表院通过的各项法律、指示得到实施；总理有权领导部长理事会，监督部长理事会贯彻执行决定；总理有权对国家外交政策进行总体监督；总理有权提出联邦最高法院院长、副院长和总审计长人选；总理有权任命联邦政府的高级文职官员。除此之外，宪法还赋予总理解散议会、提前举行大选的权力。[1]

（四）国家元首

除了总理，埃塞俄比亚还设有总统。宪法规定，总统是象征性国家元首，不拥有实权。总统人选由人民代表院提名，再由人民代表院和联邦院联席会议选举产生。候选人必须获得两院联席会议 2/3 以上投票才可当选。总统任期 6 年，连任不得超过两届。宪法赋予总统的职权包括：主持每年两院联席会议开幕式，颁布人民代表院通过的法律和国际协定，根据总理的建议任命驻外使节，接受外国使节的国书，根据法律规定的条件和程序授予勋章、奖章、奖金和奖品，根据总理的建议授予军衔，根据法律规定的条件和程序实行大赦。2001 年 10 月，人民代表院通过《总统法案》，该法案规定总统候选人必须是无党派人士，不得有任何政治组织背景，卸任后也不得参与政党活动。[2]

---

[1] 国别区域与全球治理数据平台. 埃塞俄比亚的国体与政体 [DB/OL]. [2021-4-24]. https://www.crggcn.com/articleDetail?id=6348627&parentName=%25E6%2594%25BF%25E6%25B2%25BB.

[2] 国别区域与全球治理数据平台. 埃塞俄比亚的国体与政体 [DB/OL]. [2021-04-24]. https://www.crggcn.com/articleDetail?id=6348627&parentName=%25E6%2594%25BF%25E6%25B2%25BB.

（五）主要政党

埃塞俄比亚实行多党民主制，目前第一大党是执政党繁荣党，由 8 个政党组成，包括 3 个埃革阵成员党和 5 个埃革阵盟党。繁荣党致力于创造统一的政治经济共同体，增进民族团结，促进国家繁荣。

团结民主联盟党是主要反对党，该党反对现行联邦制度，主张土地私有化，反对政府在埃厄边界问题上的立场。

四、军事和国防

20 世纪 90 年代以来，埃塞俄比亚的军事政策和国防力量经过了一系列改革和整合。根据现行宪法，埃塞俄比亚的武装力量由正规军、安全部队和民兵组成；联邦政府总理为武装部队总司令，统帅全国武装力量。[1]

埃塞俄比亚国防体制分为军政、军令两个系统。军政系统由国防部统辖，国防部既是联邦政府组成部门，也是全国最高军事行政机关，主要负责国防预算、军事财政、军事法律、国防宣传教育、国防动员、民兵和预备役部队的管理、武器采购、军事工业管理等方面工作。军令系统掌管全军的作战、训练、通信、人事、外事和维和、后勤、工程、研究与计划开发等工作。[2]

---

[1] 国别区域与全球治理数据平台. 埃塞俄比亚的军事概述 [DB/OL]. [2021-04-24]. https://www.crggcn.com/articleDetail?parentName=%E5%9F%83%E5%A1%9E%E4%BF%84%E6%AF%94%E4%BA%9A&id=6348775.

[2] 国别区域与全球治理数据平台. 埃塞俄比亚的军事概述 [DB/OL]. [2021-04-24]. https://www.crggcn.com/articleDetail?parentName=%E5%9F%83%E5%A1%9E%E4%BF%84%E6%AF%94%E4%BA%9A&id=6348775.

五、对外交往

近年来，埃塞俄比亚的外交活动按下列几个层次和优先顺序展开。第一，把周边外交作为外交工作的重点，充分发挥亚的斯亚贝巴的优势地位，积极开展对非外交，重视在非洲特别是东非发挥地区大国作用，积极调解南苏丹、索马里等地区热点问题。第二，把发展同西方国家的关系、争取援助作为外交工作的重心，强调外交为国家战略服务。第三，积极推进全方位外交，加强与亚洲、中东、拉美等地区的发展中国家的关系。第四，注重学习借鉴中国等亚洲国家的发展经验；在加强政府外交的同时，发挥民间外交的作用。

（一）与周边国家的关系

埃塞俄比亚与周边其他国家交往历史深远，尤其是与厄立特里亚和索马里两国。总体来说，埃塞俄比亚与邻国的关系目前基本趋于稳定。

由于边界争端，埃塞俄比亚与北方邻国厄立特里亚在 1998 年爆发冲突。2000 年 6 月，在国际社会调解下，两国在阿尔及利亚签署《终止敌对协议》，两国全面停火，并在边境地区厄立特里亚一侧 25 千米范围内建立由国际维和部队驻守的"临时安全区"。在此基础之上，两国进行了谈判磋商，最终划定了国境线。但此后多年间，埃塞俄比亚和厄立特里亚关系仍然十分紧张。[1] 近年来，在两国领导人的共同努力下，关系得到了缓和。2018 年 9 月，双方重新开放边界口岸。[2]

埃塞俄比亚与厄立特里亚以北的埃及的关系更加微妙，两国之间的问

---

[1] 钟伟云. 埃塞俄比亚 [M]. 北京：社会科学文献出版社，2016：220-221.

[2] 新华网. 埃塞俄比亚和厄立特里亚时隔 20 年重开边界口岸 [EB/OL].（2018-09-13）[2021-04-25]. http://www.xinhuanet.com/world/2018/09/13/c_129952322.htm.

题主要围绕尼罗河水资源使用权展开。埃塞俄比亚是尼罗河的两大支流之一青尼罗河的发源地，尼罗河 85% 的水资源都来自埃塞俄比亚。1959 年，埃及避开埃塞俄比亚就尼罗河水资源分配问题与苏丹达成了协议。此举直接剥夺了埃塞俄比亚对尼罗河水资源的使用权，也影响了埃塞俄比亚与埃及的外交关系。1993 年，埃塞俄比亚和埃及就尼罗河水资源使用问题达成原则协议，埃及首次承认埃塞俄比亚有使用尼罗河水资源的权利。2012 年 5 月，埃塞俄比亚、苏丹、埃及三国的水资源专家成立"三方委员会"，评估了修建大坝对尼罗河流域国家的影响。2012 年 11 月，为了更好地共同利用、开发和保护尼罗河，三国在亚的斯亚贝巴签署长期合作协议。但 2013 年 6 月埃塞俄比亚开始实施青尼罗河改道工程，使尼罗河水资源争端再度激化。[1]

在东部，埃塞俄比亚与吉布提一直保持着友好关系，两国官方往来频繁，经贸联系密切，有铁路和公路相通，共同经营着亚的斯亚贝巴—吉布提铁路，吉布提港也是埃塞俄比亚主要出海通道。两国还成立了边防委员会，共同打击走私行为。

埃塞俄比亚与东部另一国家索马里关系欠佳。两国于 1977 年断交，直到 1988 年关系才得到缓和。20 世纪 90 年代初，索马里陷入无政府状态，埃塞俄比亚还曾介入索马里内部冲突。[2]

在南部，埃塞俄比亚与肯尼亚多年来保持睦邻友好关系。埃塞俄比亚将肯尼亚视为重要的合作伙伴，认为与肯尼亚保持友好关系有助于维持南部边界地区的和平与稳定。除此之外，埃塞俄比亚还将肯尼亚视为潜在贸易市场，并且希望能够使用肯尼亚的出海港口。[3]

在西部，埃塞俄比亚与苏丹的关系并不稳定。门格斯图执政时期，埃塞俄比亚与苏丹关系十分紧张。1991 年，两国关系开始好转，签订了《友

---

[1] 钟伟云. 埃塞俄比亚 [M]. 北京：社会科学文献出版社，2016：227-228.

[2] 钟伟云. 埃塞俄比亚 [M]. 北京：社会科学文献出版社，2016：225-227.

[3] 钟伟云. 埃塞俄比亚 [M]. 北京：社会科学文献出版社，2016：223-224.

好合作协定》，在政治、经济、外交、国防与安全、水电工程、交通运输、情报与广播、旅游、难民遣返等领域展开了全方位合作。虽然两国关系后来因为宗教以及地区政治影响再次恶化，但在埃塞俄比亚与厄立特里亚冲突中，苏丹公开支持埃塞俄比亚。2000 年年底，埃塞俄比亚与苏丹达成协议，决定在两国间修建铁路。[1]

（二）与中国的关系

埃塞俄比亚与中国于 1970 年 11 月 24 日正式建立外交关系。两国遵循相互尊重、平等互利的原则，关系总体平稳。随着时间的推移，两国关系朝着更加友好亲善的方向发展。1991 年，埃革阵上台后，中埃关系不断向前推进，双边关系长期向好发展。

埃塞俄比亚与中国的经济联系日益密切，两国在贸易、工程承包、投融资、劳务等领域的合作规模不断扩大。中国已连续多年成为埃塞俄比亚最大的贸易伙伴、最大投资来源国和最大工程承包方。中国公司从 1986 年起在埃塞俄比亚开展工程承包业务，截至 2013 年年底，中国企业在埃签订工程承包合同累计 224 亿美元，其中在建项目总额超过 150 亿美元。埃塞俄比亚首个风力发电项目、首条高速公路、首条城市轻轨以及亚的斯亚贝巴至吉布提铁路均由中国公司承建。中埃双边贸易自 1996 年以来快速发展，2002 年双边贸易额突破 1 亿美元，2008 年双边贸易额突破 10 亿美元，2013 年突破 20 亿美元，2014 年突破 30 亿美元。2019 年 1—12 月，中国与埃塞俄比亚双边贸易额达 26.7 亿美元，其中，中方出口 23.2 亿美元，进口 3.5 亿美元，下降 0.4%。[2]

---

[1] 钟伟云. 埃塞俄比亚 [M]. 北京：社会科学文献出版社，2016：224-225.

[2] 中华人民共和国商务部. 对外投资合作国别（地区）指南：埃塞俄比亚 [EB/OL].（2020-12）[2021-04-24]. http://fec.mofcom.gov.cn/article/gbdqzn/#.

目前，中国对埃塞俄比亚的政策重点主要包括：促进基础建设；促进农业发展和农业生产现代化；支持卫生和教育部门的发展；促进和平建设和安全以及在国际上的合作。中国对埃塞俄比亚援助主要包括向埃塞俄比亚派遣医疗小组，提供设备、药品，派遣教师，为在中国学习的埃塞俄比亚学生提供奖学金等。除此之外，中国还向埃塞俄比亚提供了优惠贷款，用于建设公路、铁路、水坝和供电线路等基础设施。[1]

埃塞俄比亚和中国之间的贸易往来在数量和多样性方面也有很大拓展。埃塞俄比亚对中国的出口额从 2000 年以前的微不足道增长到 2019 年的 3.5 亿美元，其中主要是半成品皮革等原材料。1996—2019 年，中国对埃塞俄比亚的出口额从 5 000 万美元增长到 23.2 亿美元，其中包括服饰、机械和电子设备。[2]埃塞俄比亚政府鼓励当地的建筑和制造企业从中国进口产品，两国企业之间的贸易来往也愈发频繁。2018 年，中国在埃塞俄比亚建设"中非竹子中心"，开展竹子种植和培育研究，深入开发竹子在食品、家具、建筑、纺织、造纸及医药等方面的综合价值。同时，利用竹子中心推广中国竹藤编织技术，帮助非洲开发竹藤产业，创造更多就业岗位，促进经济多元化发展。[3]

埃塞俄比亚珍视两国平等互利合作的双边关系，愿学习中国治国理政经验，致力于深化两国关系，积极参与共建"一带一路"倡议，拓展双边交流合作。2019 年 4 月，埃塞俄比亚总理阿比·艾哈迈德赴北京参加"一带一路"国际合作高峰论坛，签署多项双边合作协议。

[1] 范塔洪. 非中关系：新殖民主义还是战略伙伴？——以埃塞俄比亚为案例分析 [M]. 北京：世界知识出版社，2018：98-103.

[2] 中华人民共和国商务部. 对外投资合作国别（地区）指南：埃塞俄比亚 [EB/OL].（2020-12）[2021-04-24]. http://fec.mofcom.gov.cn/article/gbdqzn/#.

[3] 竹境. "中国将在埃塞俄比亚援建中非竹子中心"内容解读 [EB/OL].（2018-09-26）[2021-04-27]. http://www.zhujingbamboo.com/news/605.html.

第三节 社会生活

疆域辽阔、资源丰富、人口众多、民族多样的埃塞俄比亚有着巨大的发展潜力。当前,埃塞俄比亚是非洲经济增长速度最快的国家之一。随着国内形势逐渐稳定,埃塞俄比亚的经济潜力正在被不断释放。1991 年,政府实施新经济政策,开始对原有计划经济体制进行调整与改革;随后,政府制定"以农业发展为先导的工业化战略",加大农业投入,同时推动经济结构转型,实现国家工业化;大力发展新兴产业、出口创汇型产业、旅游业和航空业,吸引外资参与埃塞俄比亚能源和矿产资源开发。进入 21 世纪后,政府发展经济的思路出现明显变化,提出走"发展型国家"道路。近年来,埃塞俄比亚国内生产总值稳步上升(见表 1.1),经济发展实现了持续高速和相对平衡的增长,被联合国视为实现千年发展目标的典范。[1] 随着经济水平的提高,埃塞俄比亚的各项社会事业得以发展,人民的精神生活正在变得更加丰富多彩。

表 1.1 2015—2019 年埃塞俄比亚国内生产总值以及增长率 [2]

年份	2015—2016	2016—2017	2017—2018	2018—2019
国内生产总值 (百万比尔)	1 463 833.2	1 613 519.9	1 739 254.9	1 895 726.7
生产总值增长率 (%)	8.0	10.2	7.8	8.9

---

[1] 钟伟云. 埃塞俄比亚 [M]. 北京:社会科学文献出版社,2016:114.

[2] 比尔兑换人民币汇率约为 0.13。

一、人口与民族

根据世界银行 2020 年的统计数据，埃塞俄比亚总人口约 1.1 亿，年增长率约为 2.58%。[1] 埃塞俄比亚共有 80 多个民族，主要有阿姆哈拉族、奥罗莫族、提格雷族、索马里族、阿法尔族、锡达莫族与古拉格族等。其中阿姆哈拉族和奥罗莫族人口较多，约占总人口的 70%。[2]

阿姆哈拉族为埃塞俄比亚人种，主要分布在埃塞俄比亚高原中部和北部。阿姆哈拉人讲属闪含语系的阿姆哈拉语，并且有着自己独创的拼音文字，是撒哈拉以南非洲唯一有自己独创文字的民族。阿姆哈拉人的文化是埃塞俄比亚文化中最重要的组成部分，他们早在公元前就创建了著名的阿克苏姆王国。阿姆哈拉人是定居农业民族，传统粮食作物苔麸为埃塞俄比亚高原特产，但产量极低。以苔麸为原材料的"英吉拉"是阿姆哈拉人的日常主食。农户在种植粮食与经济作物的同时也饲养牲畜，畜牧业在阿姆哈拉地区也有着重要地位。[3]

奥罗莫族分布在埃塞俄比亚中南部地区，同属埃塞俄比亚人种。该族使用奥罗莫语（又称奥罗米亚语或奥罗米法语），属闪含语系库希特分支，无独创文字，现有文字系拉丁字母拼写而成。这一庞大的民族又可大致分为五大分支：西奥罗莫人、北奥罗莫人、南奥罗莫人、东奥罗莫人和波拉纳人。

二、语言与文字

埃塞俄比亚的文化最早是通过口述流传下来的。埃塞俄比亚历史上最

---

[1] 资料来源于世界银行官网。

[2] 中华人民共和国外交部. 埃塞俄比亚国家概况 [EB/OL].（2020-04）[2020-10-25]. https://www.fmprc.gov.cn/web/gjhdq_676201/gj_676203/fz_677316/1206_677366/1206x0_677368/.

[3] 钟伟云. 埃塞俄比亚 [M]. 北京：社会科学文献出版社，2016：13.

早有记载的文字是吉兹语文字，这种语言相当于欧洲天主教会使用的拉丁语，埃塞俄比亚的官方语言阿姆哈拉语就是用吉兹字母拼写的，不过现在吉兹语已经不用于交流，只用于宗教用途。[1]17世纪，用阿姆哈拉语书写的作品得到了广泛的认可。到了19世纪，在特沃德罗斯二世和孟尼利克二世等皇帝的推崇下，阿姆哈拉语成为埃塞俄比亚的通用语言，在全国范围内推广和使用，并且成为出版使用的唯一语言。海尔·塞拉西一世皇帝执政时期，为了增强国家认同感，提高行政效率，强制推行阿姆哈拉语单语政策，阿姆哈拉语成为真正意义上的官方语言。不过这一政策打压了其他民族的语言文化，激化了埃塞俄比亚的民族矛盾。20世纪70年代的军政府和90年代的埃革阵政府出于保护民族文化和尊重少数民族语言权利的考虑，推行多语政策，不过阿姆哈拉语仍然是使用最广泛的语言。据统计，埃塞俄比亚现有2 700万人将阿姆哈拉语作为母语，另有700万—1 500万人将其作为第二语言。[2]除此之外，奥罗莫语、提格雷语也被广泛使用。

目前，埃塞俄比亚政府在国内推行的是"母语＋阿姆哈拉语＋英语"的多语教育模式。基础教育阶段的教学语言一般是当地的民族语言，但是阿姆哈拉语和英语也是必修课程；中高等教育阶段的教学语言是英语，且英语是高等教育入学考试的必考科目。除英语外，法语和阿拉伯语也在埃塞俄比亚的语言教育中占有一席之地。近年来，随着中埃关系的发展以及孔子学院的建立，埃塞俄比亚学习中文的人数也呈现增长的趋势。[3]

---

[1] 谭惠娟，梅风. 非洲反殖民传统的灯塔：埃塞俄比亚文化诸相略论 [J]. 浙江大学学报（人文社会科学版），2020，50（1）：130-139.

[2] 谭惠娟，梅风. 非洲反殖民传统的灯塔：埃塞俄比亚文化诸相略论 [J]. 浙江大学学报（人文社会科学版），2020，50（1）：130-139.

[3] 高莉莉. 埃塞俄比亚语言政策的历史演变与现实挑战 [J]. 天津职业技术师范大学学报，2019（29）：69-73.

三、农业与工业

（一）农业

农业曾是埃塞俄比亚国民经济和出口创汇的支柱，但随着近年工业和服务业的快速发展，农业在国民经济中的比重有所下降，从 2010 年的 44% 下降至 2019 年的 33%。农业增长率从 2008 年的 6.4% 下降到了 2018 年的 3.8%。[1]

埃塞俄比亚农牧民主要从事种植业和畜牧业，另有少量渔业和林业。种植业占农业总产值的 60% 左右，畜牧业和林业分别占 30% 和 10%。自 1991 年以来，政府采取了一系列涉农措施，以改变农业生产落后的局面，推进农业现代化，解决粮食安全问题，为工业化奠定基础。[2]

由于地形复杂，不同地区气候、植被各异，埃塞俄比亚各地的耕作方式也有较大差别。埃塞俄比亚主要存在五种农业模式：高原混合耕作、低地混合耕作、游牧、轮耕和商业性农业。高原地带农业的最大特点是作物种植与畜牧业并存，农户在种植粮食与经济作物的同时，一般也饲养牲畜。低地地带主要种植耐旱的农作物如高粱、玉米、小麦、苔麸等，也种植一些油料作物与低地豆子，同时也饲养家畜。实行轮耕制的地区经济文化落后，农业生产主要实行刀耕火种。[3]

埃塞俄比亚的粮食作物主要有苔麸、小麦、大麦、玉米、高粱、小米、豆类等。苔麸、小麦等谷类作物占粮食作物产量的 84.15%。近年来，因政府取消农产品销售垄断、放松价格控制、鼓励小型农业贷款、加强农技推广和化肥使用，粮食产量有所上升。经济作物有咖啡、恰特草、鲜花、油料等，也是主要的出口产品。埃塞俄比亚的咖啡世界闻名，产量居非洲前

---

[1] 资料来源于世界银行官网。

[2] 钟伟云. 埃塞俄比亚 [M]. 北京：社会科学文献出版社，2016：120.

[3] 钟伟云. 埃塞俄比亚 [M]. 北京：社会科学文献出版社，2016：118-125.

列，年均产量 33 万吨左右，约占世界产量的 15%。[1]

埃塞俄比亚也是畜牧业大国，适牧地占国土面积的一半以上，以家庭放牧为主，抗灾力差，产值约占国内生产总值的 20%，吸收了约 30% 的农业人口。牲畜存栏总数居非洲之首、世界第十。[2]

（二）工业

工业是近年来埃塞俄比亚发展的重心。1991 年以后，在"以农业发展为先导的工业化战略"指导下，埃塞俄比亚将发展重心逐渐向工业转移。政府对工业部门进行了重大改革，强调工业发展要依靠农业提供原材料，工业反哺农业，为农业发展提供设备和市场。埃塞俄比亚制造业以食品、饮料、纺织、皮革等日用消费品生产为主。从地域上看，制造业主要集中在亚的斯亚贝巴周边地区，其他较重要的制造业中心有迪雷达瓦、阿瓦萨等。皮革是埃塞俄比亚第二大出口产品，每年出口收入约 5 100 万美元。2011 年，纺织和服装出口收入达 6 220 万美元。2018—2019 年，埃塞俄比亚工业产值同比增长 13.3%，在 GDP 中的占比也提高到了 28.1%。工业增加值更是从 2010 年的 2 824 291 475 美元增长至了 2019 年的 23 807 780 877 美元，翻了约 8.5 倍。虽然目前工业门类仍不齐全，结构也不尽合理，零部件、原材料还主要依靠进口，但从数据来看，埃塞俄比亚的"先发展工业，再发展服务业与农业"的发展道路已经取得了喜人的成果。[3]

[1] 中华人民共和国外交部. 埃塞俄比亚国家概况 [EB/OL].（2020-04）[2020-10-25]. https://www.fmprc.gov.cn/web/gjhdq_676201/gj_676203/fz_677316/1206_677366/1206x0_677368/.

[2] 钟伟云. 埃塞俄比亚 [M]. 北京：社会科学文献出版社，2016：127-128.

[3] 中华人民共和国商务部. 对外投资合作国别（地区）指南：埃塞俄比亚 [EB/OL].（2020-12）[2021-04-24]. http://fec.mofcom.gov.cn/article/gbdqzn/#.

四、旅游业与交通运输业

埃塞俄比亚有 9 处历史、自然和人文景观被联合国教科文组织列入《世界遗产名录》，是撒哈拉以南拥有世界遗产数量最多的国家，这意味着埃塞俄比亚在发展旅游业方面有着巨大的潜力。埃塞俄比亚的 9 处世界遗产分别是：阿克苏姆古城及考古遗址、贡德尔古皇宫、蒂亚文化遗址、哈拉尔古城、拉利贝拉石凿教堂、塞米恩国家公园、下奥莫河谷地、下阿瓦什河谷地和康索文化景观。[1] 虽然埃塞俄比亚旅游资源较为丰富，但旅游基础设施相对落后，旅游业收入在国民经济中的比重也不高。近年来，政府加大了对旅游业的重视程度，采取了扩建机场、简化签证手续、投入更多资金发展旅游基础设施、打击野生动物盗猎等措施促进旅游业发展。[2]

在交通运输方面，埃塞俄比亚目前以陆路运输为主。公路运输占全国总运量的 90%。全国公路覆盖率达 53%，公路总长 4.4 万千米。目前，政府正积极实施公路部门发展计划，对公路系统进行扩建改造。国营的埃塞俄比亚航空公司在国际上也享有较高的声誉。

埃塞俄比亚的国内航空运输及国际航空运输均较发达，首都亚的斯亚贝巴是东非地区空运中心。亚的斯亚贝巴宝利国际机场曾获评非洲年度最佳机场，向 15 家航空公司提供地勤服务。埃塞俄比亚航空公司现有国际航线 65 条、国内航线 170 多条，安全系数、管理水平和经济效益均佳。

埃塞俄比亚的铁路发展较为落后，联络亚的斯亚贝巴与吉布提的铁路是全国唯一的铁路，始建于 20 世纪初，全长 850 千米，其中在埃塞俄比亚境内 681 千米。因设备老化、管理不善、运力不足，该线路目前亏损严重。

---

[1] 钟伟云. 埃塞俄比亚 [M]. 北京：社会科学文献出版社，2016：164-166.

[2] 中华人民共和国商务部. 对外投资合作国别（地区）指南：埃塞俄比亚 [EB/OL].（2020-12）[2021-04-24]. http://fec.mofcom.gov.cn/article/gbdqzn/#.

2013 年，埃塞俄比亚政府在亚的斯亚贝巴开工建设首条城市轻轨，由中国政府提供融资并由中国公司承建，一期已于 2015 年建成通车。[1]

五、财政与金融

20 世纪 90 年代以来，埃塞俄比亚政府着力改革税收结构，削减赤字，取消国内借贷，改发国债，国家财政状况好转。随着近年来国民经济快速增长、税收体制改革的深入和税收基础的扩大，政府财政收入有较大幅度增加。埃塞俄比亚属重债穷国减债倡议和多边债务减免倡议受益国，近年来获美国、俄罗斯及世界银行、国际货币基金组织大幅减债。[2]

埃塞俄比亚的金融机构由中央银行、各商业和专业银行、保险公司、养老金和社会证券机构以及储蓄与信贷合作社等组成。埃塞俄比亚国家银行作为中央银行，除了提供特定的商业金融服务，如为政府部门开立账户、为进出口商业出具信用证、进行外汇买卖业务等外，主要职能是监管银行业，发行货币，制定和执行货币政策，管理国家的外汇储备等。埃塞俄比亚的货币名称为比尔。国内有商业银行、开发银行、商业建设银行 3 家国有银行和 1 家国有保险公司。另有 12 家私营银行，8 家私营保险公司。其中私营银行在全国共设有 363 家分支机构，总资产达 423 亿比尔。[3]

---

[1] 钟伟云. 埃塞俄比亚 [M]. 北京：社会科学文献出版社，2016：140.

[2] 中华人民共和国商务部. 对外投资合作国别（地区）指南：埃塞俄比亚 [EB/OL].（2020-12）[2021-04-24]. http://fec.mofcom.gov.cn/article/gbdqzn/#.

[3] 中华人民共和国外交部. 埃塞俄比亚国家概况 [EB/OL].（2020-04）[2020-10-25]. https://www.fmprc.gov.cn/web/gjhdq_676201/gj_676203/fz_677316/1206_677366/1206x0_677368/.

六、对外贸易

外贸、外援和外国投资在埃塞俄比亚国民经济中具有重要地位。20 世纪 90 年代末以来，随着政府财政收入增加，对外援的依赖程度有所降低。由于国内生产相对落后，大部分机械产品和日用消费品均需依靠进口，国际收支赤字巨大。虽然近年出口回升较快，但因进口需求增加，逆差仍然较大。[1]

政府推行出口多样化战略，努力增加咖啡以外其他商品的出口，并注意开辟传统出口市场以外的新市场，特别是中东和东亚地区市场。埃塞俄比亚进口商品主要以日用消费品为主，其中纺织品、服装、玻璃制品、钢铁制品、食品、纸类商品总额占总进口额一半。埃塞俄比亚的主要贸易伙伴有中国、德国、日本、意大利、美国、印度、沙特阿拉伯等。其中中国为埃塞俄比亚在亚洲的最大出口市场。[2]

七、体育运动

埃塞俄比亚一直十分重视体育运动。早在封建统治时代，政府就曾组织过一系列体育比赛。近年来，由于国家经济困难，全国体育运动水平总体来说不高，但埃塞俄比亚运动员还是在国际上取得了许多耀眼的成绩，尤其在长跑运动方面。[3]

埃塞俄比亚设有国家体育运动委员会，负责领导各个专业运动联合会和运动俱乐部，制定体育政策以及管理全国体育事务。各州也有自己的体育运动委员会。各级体育运动委员会的经费由政府负担，各专业运动联合

[1] 钟伟云. 埃塞俄比亚 [M]. 北京：社会科学文献出版社，2016: 152.

[2] 钟伟云. 埃塞俄比亚 [M]. 北京：社会科学文献出版社，2016: 155-156.

[3] 资料来源于国际奥林匹克委员会官网。

会还享受政府补贴。埃塞俄比亚体育运动委员会下设有多个体育运动联合会，其中包括传统运动联合会、拳击联合会、乒乓球联合会、残疾人运动联合会、田径运动联合会等。

埃塞俄比亚首次参加的奥运会为 1956 年的澳大利亚墨尔本奥运会，当时埃塞俄比亚代表队参加了自行车和田径两项比赛。在 1960 年罗马奥运会上，埃塞俄比亚长跑选手阿贝贝·比基拉以 2 小时 15 分 16 秒的成绩打破马拉松世界纪录，斩获埃塞俄比亚的首枚奥运金牌。在 2016 年里约奥运会上，埃塞俄比亚获得 8 枚奖牌，其中金牌 1 枚，银牌 2 枚，铜牌 5 枚。女子 1 万米决赛上，埃塞俄比亚选手阿亚娜以 29 分 17 秒 45 打破了世界纪录并获得金牌。[1]

八、传媒业

据不完全统计，2012 年埃塞俄比亚全国共有报刊 140 多种，出版语言除了阿姆哈拉语，还有英语、法语、阿拉伯语以及埃塞俄比亚其他民族语言。

在各种传媒手段中，广播对于大多数埃塞俄比亚人来说十分重要，是埃塞俄比亚人接受外界信息的主要渠道之一，尤其是农村地区居民。埃塞俄比亚的无线电广播始于 1943 年。在 20 世纪 60 年代中期以前，无线电广播的覆盖范围只有亚的斯亚贝巴及其周边地区。如今，全国大部分地区都能收听到广播。截至 2015 年，埃塞俄比亚共有 11 家广播电台。这些广播电台大多由政府开办，使用的语言包括英语、法语、阿拉伯语等十多种语言。[2]

---

[1] 钟伟云. 埃塞俄比亚 [M]. 北京：社会科学文献出版社，2016：211-213.

[2] 钟伟云. 埃塞俄比亚 [M]. 北京：社会科学文献出版社，2016：213-216.

埃塞俄比亚唯一的电视播出机构为埃塞俄比亚广播公司，该公司也属于国有机构。目前，埃塞俄比亚广播公司设有 4 个全国总台，每天用阿姆哈拉语、奥罗莫语、索马里语、阿法尔语、提格雷语和英语等语言进行播报。除全国总台外，广播公司还设立了 3 个地区分台。[1]

总体而言，埃塞俄比亚是一个历史悠久、资源丰富、发展潜力巨大的东非强国。尤其是 20 世纪 90 年代新政府上台以来，埃塞俄比亚的经济进入了快速发展期，社会的各个方面都取得了长足进步，综合国力不断提高，与中国的贸易往来和民间交往也日益密切。持续发展的经济为教育事业提供了稳定的资金来源，相对平稳的国内政治环境使得教育发展得以稳步进行，与其他国家的友好交往也为国内的教育事业提供了经验和各方面的援助。除此之外，独特的历史文化和风俗习惯也对埃塞俄比亚教育发展有着深刻的影响，接下来的章节会对此进行深入探究。

---

[1] 钟伟云. 埃塞俄比亚 [M]. 北京：社会科学文献出版社，2016：213-216.

第二章 文化传统

　　埃塞俄比亚是非洲著名的文明古国，有着悠久的历史。千年以来，阿拉伯文明、基督教文明、现代文明在埃塞俄比亚交汇，形成了独特的风土人情，创造了璀璨辉煌的文化。作为近代唯一在殖民浪潮中仍然保持着独立的非洲文明古国，埃塞俄比亚的文化传统和生活习惯保持了相对的独立性和连续性。埃塞俄比亚在非洲独特的历史地位使它不仅成为埃塞俄比亚人民心中的一座文化丰碑，更成为了非洲崛起和非洲文化发展过程中一股特别的精神力量。[1]

第一节　历史沿革

　　提起埃塞俄比亚，一些人的脑海中可能会联想到战争与饥荒，但事实上，埃塞俄比亚是一个历史十分悠久的古国，曾创造出独具特色的文明。不论是在古代还是在近现代，埃塞俄比亚的文化、政治和宗教发展都有着独特的闪光点。

---

　　[1] 谭惠娟，梅凤．非洲反殖民传统的灯塔：埃塞俄比亚文化诸相略论 [J]．浙江大学学报（人文社会科学版），2020，50（1）：130-140．

一、帝制时期

根据埃塞俄比亚的传说和《圣经·旧约》记载，埃塞俄比亚王朝的起源可以追溯到阿拉伯的示巴女王。相传，阿克苏姆王国的第一位国王孟尼利克一世正是所罗门王与示巴女王之子。孟尼利克一世长大后曾两次前往耶路撒冷拜见他的父亲所罗门王，并将约柜 [1] 带回了埃塞俄比亚。[2] 这一传说有待考证，但根据在今提格雷州北部考古发掘的墓碑、铭文和器皿判断，这个地区早在公元前 5 世纪或公元前 6 世纪时就有文明存在。[3]

（一）阿克苏姆王国时期

建于阿克苏姆城（今埃塞俄比亚东北部提格雷州境内）的埃塞俄比亚帝国又称阿克苏姆王国，享有埃塞俄比亚的"基石"和"文明的摇篮"的美誉，这一时期的辉煌历史至今仍令埃塞俄比亚人民引以为豪。

关于阿克苏姆王国的记录最早可见于《厄立特里亚海航行记》，书中描述了 1—3 世纪非洲繁荣的商贸情况。阿克苏姆王国因贸易而兴，并通过军事扩张不断扩大自己的疆域。3 世纪末，阿拉伯半岛西部的 3 个地区被纳入阿克苏姆王国的管辖范围。4—6 世纪，阿克苏姆王国国力达到鼎盛，一度成为横跨亚非的帝国。[4]

阿克苏姆王国在埃则纳皇帝统治时期（320—356）成为了一个基督教国家，埃则纳皇帝也成为了非洲第一位将基督教立为国教的皇帝。[5] 在历代皇帝的支持下，基督教文化大幅扩张，逐渐覆盖了整个帝国并取代了原有的

---

[1]《圣经》记载刻有摩西十诫的柜子。

[2] 潘华琼. 阿克苏姆 埃塞俄比亚的基石 [J]. 中国投资，2018（24）：82-85.

[3] 阿德朱莫比. 埃塞俄比亚史 [M]. 董小川，译. 北京：商务印书馆，2009：14-16.

[4] 阿德朱莫比. 埃塞俄比亚史 [M]. 董小川，译. 北京：商务印书馆，2009：16-19.

[5] 潘华琼. 阿克苏姆 埃塞俄比亚的基石 [J]. 中国投资，2018（24）：82-85.

泛灵论信仰。基督教对埃塞俄比亚的影响十分深远，即使后来阿克苏姆王国走向衰落，基督教文化传统也依然根深蒂固。

7 世纪，随着阿拉伯帝国的兴起，阿克苏姆王国逐渐走向衰落。970 年，阿克苏姆王国被临近的敌对族群入侵，失去了大量的土地和人口。11 世纪初，阿克苏姆王国在经历了长期内乱后走向覆灭。[1] 阿克苏姆考古遗址现位于埃塞俄比亚北部边境附近，当地发现的大量遗迹都可追溯到 1—13 世纪，包括完整的方尖碑、大型石柱、皇家墓地和古代城堡。1980 年，联合国教科文组织将阿克苏姆考古遗址列入《世界遗产名录》。[2]

（二）阿比西尼亚帝国时期

1270 年，一个由阿姆哈拉族建立的王国在埃塞俄比亚兴起，史称阿比西尼亚帝国，统治者耶库诺皇帝仍然自称为所罗门王的后代。[3] 阿比西尼亚帝国统治时期虽然频频面临殖民主义和邻国的入侵，内部也时有动荡和战乱，但其统治一直持续到了近代。

15 世纪末，阿比西尼亚帝国成为西方殖民主义者的主要目标。在接下来的几百年里，帝国政权多次更迭，特沃德罗斯二世、约翰尼斯四世等人先后登上皇位。他们对内加强中央集权，对外积极发展同欧洲国家的外交关系。这一时期，阿比西尼亚帝国面临欧洲殖民者入侵的威胁。1895 年，意大利发动了对阿比西尼亚的全面入侵。1896 年 3 月，两国爆发了欧洲殖民历史上最惨痛的战役——阿杜瓦战役。在这场战役中，阿比西尼亚集结了约 7 万名火枪兵和 40 多门大炮，有 10 万余名士兵参战，击败了由 25 000 人组成的意大利军队。阿杜瓦战役震撼了整个欧洲，也大大增加了阿比西

---

[1] 阿德朱莫比. 埃塞俄比亚史 [M]. 董小川，译. 北京：商务印书馆，2009：16-19.

[2] 资料来源于联合国教科文组织官网.

[3] 张象. 埃塞俄比亚史剪辑 [J]. 历史教学，1983（11）：50.

尼亚皇帝孟尼利克二世（1844—1913）的威望，并直接导致了时任意大利政府的倒台。战后，孟尼利克二世皇帝推行了一系列现代化改革措施，包括教育在内的各项社会事业都得到了一定的发展。

1916年9月，海尔·塞拉西一世皇帝（1892—1975）登上了皇位，他继续推进孟尼利克二世时期的现代化改革，不仅获得了国内人民的广泛支持，而且在国际上也获得了极佳的声誉。这一时期，阿比西尼亚国内政治稳定，各项社会事业都获得了一定程度的进步。20世纪30年代，意大利法西斯政府将侵略的枪口再次对准了阿比西尼亚帝国。1935年10月3日，意大利对阿比西尼亚不宣而战。英法等国对意大利的侵略采取了绥靖政策，国际联盟也未能采取实际行动阻止侵略。阿比西尼亚军队对意大利侵略军进行了殊死抵抗，然而由于经济和军事装备落后，加之意大利违反国际公约使用毒气，阿比西尼亚最终战败。1936年5月，海尔·塞拉西一世被迫流亡海外。战争结束后，意大利占领了阿比西尼亚，时间长达5年。在被意大利占领期间，阿比西尼亚民间依然以游击形式反抗殖民统治，塞拉西一世在流亡期间也坚持着反意斗争，并不断争取欧洲各国的支持。1941年年初，塞拉西一世回到了阿比西尼亚，并在当地游击队的配合下抗击意军。1941年5月，塞拉西一世进入首都亚的斯亚贝巴，宣布将国名改为"埃塞俄比亚"，[1]标志了抗意战争的最终胜利。

抗意战争胜利后，塞拉西一世没有坚定地带领埃塞俄比亚人民走上现代化之路。他倒行逆施，对内不顾民生疾苦，对外投靠美国。20世纪60年代，埃塞俄比亚经济严重恶化，人民不满日益加剧，反抗运动时有发生。20世纪70年代，埃塞俄比亚的经济、政治形势更加严峻。1974年2—9月，各地抗议行动转变为暴力行动，整个国家陷入混乱。此时，军人力量崛起，正规军、警察、地方军三支力量成立的"协调委员会"控制了政权。1974

---

[1] 阿德朱莫比. 埃塞俄比亚史 [M]. 董小川，译. 北京：商务印书馆，2009：87-100.

年 9 月 12 日，"协调委员会"组成的临时军政府宣布废黜皇帝，埃塞俄比亚延续了千年的君主制度宣告终结。

二、军政府统治时期

1974 年 6 月，门格斯图·海尔·马里亚姆当选为"协调委员会"领导人。1974 年 9 月，"协调委员会"改称"临时军事行政委员会"（以下简称军委会），成为埃塞俄比亚事实上的最高决策和权力机构。军委会上台后，提出"埃塞俄比亚第一"的口号。1974 年 12 月，军委会颁布法令，宣布埃塞俄比亚为社会主义国家。[1]

自 1975 年起，军委会政府在全国范围内进行了大规模的社会主义改造运动和彻底的土地改革，对重要的经济地区实行了国有化政策。同时，军委会政府调动了数万名学生和教师前往乡村开展土地革命和社会主义革命的宣传运动。这些运动客观上起到了一定的扫盲作用，有效提高了埃塞俄比亚的识字率。[2]

军政府统治时期，埃塞俄比亚国内爆发了多次反抗运动，加上连年的自然灾害和经济政策的失败，国内不满严重，局部叛乱和冲突时有发生。[3]

20 世纪 80 年代中期，军政府试图通过调整民族政策和实施经济政治改革来缓和民族矛盾，巩固统治。1984 年 9 月，门格斯图当选为埃塞俄比亚工人党总书记，宣布将在埃塞俄比亚实行科学社会主义。1987 年，新宪法经全民公决后颁布。新宪法规定：埃塞俄比亚人民民主共和国于 1987 年 9 月 10 日正式成立；设立提格雷、欧加登等民族自治区，自治区享有一定自

---

[1] 钟伟云. 埃塞俄比亚 [M]. 北京：社会科学文献出版社，2016：65-69.

[2] 阿德朱莫比. 埃塞俄比亚史 [M]. 董小川，译. 北京：商务印书馆，2009：145-157.

[3] 阿德朱莫比. 埃塞俄比亚史 [M]. 董小川，译. 北京：商务印书馆，2009：151-161.

主权。然而，国内的反抗运动并没有就此停歇。1990 年，军政府宣布放弃社会主义，实行自由市场经济。[1] 但反对派并不满足政府的这些让步，决定推翻军政府。1989 年，"提格雷人民解放阵线"与其他反对力量联合组成"埃塞俄比亚人民革命民主阵线"。1990 年，埃革阵在马萨瓦、贡德尔和瓦罗等港口取得了战略性胜利。

1991 年 1 月，埃革阵召开了第一次全国代表大会，公布了新的施政纲领。1991 年 5 月，埃革阵武装占领首都亚的斯亚贝巴，门格斯图政权倒台，取得胜利的埃革阵建立过渡政府。

三、埃革阵政府时期

赢得胜利后，由埃革阵领导的过渡政府着手建立新的国家管理体制。1991 年 7 月，埃革阵主持召开了全国会议，会上通过了过渡时期的国家基本法和《埃塞俄比亚过渡政府与厄立特里亚临时政府合作原则》。合作原则承认厄立特里亚通过全民公决来决定其未来的政治权利。[2] 会后，埃革阵领导人梅莱斯·泽纳维当选过渡政府临时总统兼过渡委员会主席。埃革阵政府的上台的确为埃塞俄比亚带来了久违的和平与稳定，也为埃塞俄比亚的经济发展创造了良好的国内环境。[3] 但是，在恢复社会稳定、实现全国选举、缓和地区和民族矛盾等方面，政府也遇到了重重困难。例如，一些反对派武装依然对政府构成威胁；全国性民主选举进行得十分艰难，选举的公平性和透明性常被反对派诟病。

1994 年 12 月，埃塞俄比亚制宪会议投票通过了《埃塞俄比亚联邦民主

---

[1] 钟伟云. 埃塞俄比亚 [M]. 北京：社会科学文献出版社，2016：70-73.

[2] 钟伟云. 埃塞俄比亚 [M]. 北京：社会科学文献出版社，2016：74-83.

[3] 钟伟云. 埃塞俄比亚 [M]. 北京：社会科学文献出版社，2016：74-83.

共和国宪法》。宪法规定，埃塞俄比亚实行联邦制和议会内阁制。1995 年 5 月，埃塞俄比亚举行了首次全国大选，埃革阵以绝对优势成为执政党。同年 8 月，埃塞俄比亚联邦民主共和国成立。

虽然自 1991 年以来埃塞俄比亚的政治舞台上涌现了大量政党，但埃革阵始终是唯一的执政党。在埃革阵政府的领导下，埃塞俄比亚不论是在经济上、政治上，还是在教育、文化上都取得了相对平稳快速的发展。

历史上，阿克苏姆王国、阿比西尼亚帝国都曾一度是非洲地区强国，创造了辉煌灿烂的文明。近代以来，埃塞俄比亚虽然遭遇了殖民主义的威胁，但在人民的奋勇抵抗下，埃塞俄比亚成为了近代非洲为数不多的始终保持独立的国家之一。在冷战时期，埃塞俄比亚一度陷入政治混乱和外敌入侵的境地，经受了多年战乱。20 世纪 90 年代，埃塞俄比亚建立了现代联邦制国家，走上了弥合分歧、和平发展、经济复苏的道路。进入 21 世纪，历经沧桑的埃塞俄比亚迎来了快速发展的契机。

第二节 风土人情

埃塞俄比亚面积辽阔，地形复杂，气候类型多样，不同地区的自然条件和经济发展水平皆有不同。埃塞俄比亚的民族构成也相对比较复杂：奥罗莫族占总人口的 40%，阿姆哈拉族占 30%，提格雷族占 8%，此外还有索马里族及其他少数民族，这些民族聚居在不同地区，使用着各自的语言文字，遵循着不同的生活习惯。因此，埃塞俄比亚各地的饮食习惯、服饰风格、风土人情、民族文化也都有所不同。[1]

---

[1] 谭惠娟，梅凤. 非洲反殖民传统的灯塔：埃塞俄比亚文化诸相略论 [J]. 浙江大学学报（人文社会科学版），2020，50（1）：130-139.

一、饮食

在食物方面，由于埃塞俄比亚各地区自然条件差别很大，因此各地居民饮食习惯有着很大不同。埃塞俄比亚高原地区人民会将苔麸制成面粉，再将其糅合发酵后放在平底锅上烙成松软的大饼。这种食物名为英吉拉，是埃塞俄比亚人民的主食，口味偏酸。

食用时，将英吉拉置于金属或竹条编的容器上，再将煨制的菜肴倒在英吉拉上食用。食客一般会用手撕开英吉拉，就着煨制的菜肴吃。煨制的菜肴统称为沃特。沃特的原料多种多样，如肉、蛋、蔬菜、豆类、动物内脏等。煨制出来的菜肴也根据其制作原料不同有着不同的名称，如多罗沃特、席罗沃特、米西尔沃特等。席罗沃特广受欢迎，由干豆加入多种香料煨制而成；米西尔沃特则用小扁豆煨制而成。

埃塞俄比亚人正餐的最后一道菜肴往往为基特伏，是一种新鲜的生牛肉。他们会将这种肉佐上干辣椒粉，味道十分鲜美。埃塞俄比亚人还喜爱吃一种油炸零食，叫达博科罗。[1] 埃塞俄比亚人进餐前要洗手，通常主人会端来一个盆，提来水壶，让客人轮流洗手。就餐时，他们一般不使用西式餐桌，而是用草绳编织的圆形笊篱作台子，称为梅索卜，主人和客人围着梅索卜而坐；不用刀叉而是用手抓食物。吃东西时，客人只可以吃他面前的那部分，不可随意挑拣。如果是招待尊贵的客人，主人还会用手抓一把食品送到客人的口中。[2]

埃塞俄比亚高原地区有两种主要的传统饮料，一种名为特拉，另一种名为特吉。特拉是一种用玉米、大麦和小麦芽，辅以埃塞俄比亚特有的干树叶制成的土法酿制啤酒。特吉是一种蜂蜜酒，主要原料为蜂蜜和水，再加上各种香料发酵而成。特吉的酒精度数比特拉要高。此外，埃塞俄比亚

---

[1] 钟伟云. 埃塞俄比亚 [M]. 北京：社会科学文献出版社，2016：12-13.
[2] 钟伟云. 埃塞俄比亚 [M]. 北京：社会科学文献出版社，2016：12-13.

还有一种名为阿拉基的酒精饮料，类似中国的白酒。阿拉基无色透明，浓度极高，其酿制过程比特吉和特拉复杂得多。制作阿拉基的原料多种多样，如小米、小麦、大麦或玉米，也有一些会加入蜂蜜作为配料。[1]

谈到埃塞俄比亚，咖啡是一个绕不过的话题。埃塞俄比亚西南部的卡法省（Kaffa）是咖啡的原产地，咖啡一词也正是来源于"Kaffa"。传说，有一名来自卡法的牧羊人在放牧时发现，他的山羊在吃了一种果实后变得十分兴奋活跃。于是，这位牧羊人在好奇心的驱使下也品尝了这种果实，发现这种果实的确能为人带来活力，并将这些果实分享给了附近的修道士们。这种果实就是咖啡豆。15—16 世纪，随着新航路的开辟，咖啡豆开始传播到世界各地。如今，咖啡依然是埃塞俄比亚最重要的经济作物，其国内的咖啡消费量也是非洲最高的。[2] 埃塞俄比亚大多数场合都会提供咖啡，作为咖啡的起源地，埃塞俄比亚也形成了独特的咖啡文化。各地的酒店、文化餐厅和私人住宅每天都会举行"咖啡礼"，这种仪式既可以见于亲戚朋友的日常相聚，也可以用于宴请宾客的正式场合，是埃塞俄比亚社会和文化生活中不可或缺的一部分。[3] 咖啡礼分为四个步骤，分别为洗咖啡豆、烤咖啡豆、磨咖啡粉、煮咖啡。一共要喝三杯咖啡，分别为阿波、涂纳和贝瑞卡。第一杯咖啡十分清澈，也比较浓郁。在主人倒第一杯咖啡时，会邀请长者说一些祝福的话语。第一杯饮罢，主人会在壶中再次加水，开始煮第二壶咖啡。这时候大家会一起聊天，等咖啡煮好后，众人干杯，饮用第二杯咖啡。第二杯饮用过后，继续加水煮第三壶咖啡。第三壶咖啡比前两壶淡了许多，喝完这杯咖啡之后大家即可回家。也有埃塞俄比亚人在喝完第三杯咖啡之后，会根据杯中所残留的咖啡粉形状对未来做出预言，十分有趣。

---

[1] 钟伟云. 埃塞俄比亚 [M]. 北京：社会科学文献出版社，2016：12-13.

[2] 资料来源于埃塞俄比亚驻华使馆官网。

[3] 资料来源于埃塞俄比亚驻华使馆官网。

二、服饰

埃塞俄比亚幅员辽阔、民族众多，各民族服饰也多种多样。如今，随着经济发展、社会进步以及国际交流交往日益增多，埃塞俄比亚人的服饰比起以前更具多样性。除了传统服装以外，越来越多的居民开始接受西式服装。[1]

埃塞俄比亚中部和北部高原地区，主要是阿姆哈拉地区和提格雷地区，妇女的主要服饰为凯米斯。凯米斯由棉布制成，款式类似中国的长袖连衣裙。该服饰颈部、衣袖边缘和折边常常绣有花纹，图案通常为十字架。有的凯米斯式样相对简单，是直上直下、在腰部系有束带的长裙。有的做工则更加考究，会做成带褶子的款式，并在腰部向内收紧，以凸显身材。高原地区女性居民常在凯米斯外再套上一件沙马。沙马是一块长方形的白色棉布，埃塞俄比亚妇女会将其对折后裹在肩上和头上。现在，埃塞俄比亚人还会将沙马与其他现代西式服装如裙子、裤子等一起穿，将其套在这些现代服装外面。除凯米斯和沙马外，高原地区的居民还常常穿凉鞋或无跟拖鞋。另一种服饰名为内特拉，是一种长方形的白色薄棉布披巾，高原地区的妇女经常会穿。阿姆哈拉族和提格雷族妇女还喜欢戴金银首饰。高原地区的富有居民经常会佩戴耳环、项链、戒指等饰品。[2]

高原地区的男子则一般穿着裤装。他们的裤子做工较为讲究，在膝盖以上向外张开，膝盖以下收口，这种设计对于劳动和运动十分便利。上身一般穿与西式衬衫款式相似的棉布衬衫。外面一般也会罩一件沙马，其样式与妇女穿的沙马相差无几。在冬季，高原地区男子还经常穿一件印有斜纹图案的夹克，这种夹克名为加比，布质较粗且厚，主要用于保暖。还有一种名为库塔的披巾，比内特拉稍厚一些。另外，高原地区男人还习惯戴一种称为巴诺斯的帽子。高原地区的男人不论老少都习惯外出手持木棍或

---

[1] 钟伟云. 埃塞俄比亚 [M]. 北京：社会科学文献出版社，2016：10-12.

[2] 钟伟云. 埃塞俄比亚 [M]. 北京：社会科学文献出版社，2016：10-12.

皮鞭。即使身在城市地区，也经常可见手持木棍或皮鞭的男子。据说，这原本是为了对付野兽，但如今已演变成为一种生活习惯。[1]

中南部地区的奥罗莫族男子的主要服装为瓦亚，这种服饰与阿姆哈拉族和提格雷族的沙马十分相似。不同的是，奥罗莫人常常在瓦亚上涂以黄油，使棉布变得更厚、更防风，也更保暖。奥罗莫男人的裤子与阿姆哈拉人的裤子款式相似，但奥罗莫妇女的服饰则多种多样。有的喜欢穿一种束腰、长袖的外衣，有的则喜欢只在肩上披一块披巾，下身穿一条皮裙。许多奥罗莫妇女还喜欢戴用金、银或贝壳制成的饰品。[2]

位于埃塞俄比亚南方的因加萨纳族几乎不穿衣服。该族的男子一般只系一根腰带，然后在腰带上挂几片铁皮作为遮羞物。妇女则只穿一件用条状兽皮做的小围裙。索马里族妇女一般只在下身裹一块棉布或兽皮，上身则几乎裸露，仅仅覆盖简单的金属装饰品。索马里族男子则一般穿一种与沙马相似的披毯。这种披毯被称为马罗或托布。[3]

比起其他少数民族，居住在埃塞俄比亚东部的哈拉尔族的服饰式样要更加丰富。他们的衣饰融合了埃塞俄比亚高原服饰与阿拉伯半岛穆斯林服饰的特点。妇女出门一般选择戴面纱，下身穿丝绒、丝绸或棉布裤子，上身穿一件色彩鲜艳的外罩。衣服上常常饰以各种各样的图案。许多人在脸上、脖子上和手上纹以各种图案的文身，还会佩戴各种饰品，多以金、银或贝壳制成。[4]

在埃塞俄比亚，宗教对于服饰文化的影响十分明显。埃塞俄比亚正教在人民生活中占有重要地位，正教教堂、教士、执事、修女在全国各地随处可见，这些神职人员的服饰也是埃塞俄比亚民族服饰的重要组成部分。

---

[1] 钟伟云. 埃塞俄比亚 [M]. 北京：社会科学文献出版社，2016：10-12.

[2] 钟伟云. 埃塞俄比亚 [M]. 北京：社会科学文献出版社，2016：10-12.

[3] 钟伟云. 埃塞俄比亚 [M]. 北京：社会科学文献出版社，2016：10-12.

[4] 钟伟云. 埃塞俄比亚 [M]. 北京：社会科学文献出版社，2016：10-12.

教士和执事的服装相对复杂，一般穿一种类似凯米斯的棉布长袍，外面则会披一身用厚重的衣料制作的直领大斗篷，名为喀巴，头上戴一种叫科卜的圆顶狭边钟形帽，以棉布制成。他们还经常手执拂尘、十字架或手杖。出席重要场合时，埃塞俄比亚的教士和执事还会肩披一件色彩鲜艳的内特拉。级别较高的教士还佩上绣有精美图案的佩带。与教士相比，修女的衣饰比较简单。她们一般穿用粗布制作的凯米斯，上面不加任何装饰，然后以棉布裹头，脖子上戴着十字项链。穆斯林占埃塞俄比亚人口近一半，他们一般下身着长裤，上身着凯米斯，戴头巾，一些人还披斗篷。[1]

三、民居

埃塞俄比亚的传统民居大多以茅草作为屋顶的主要材料，不过，由于各族人民聚居地的气候条件和地形条件有着很大的区别，不同民族所采取的建筑材料和建筑风格也大不相同。

阿姆哈拉人的民居形式比较简单。他们会将树枝固定在地上，用其组成一个圆，再以柳条进行横向的编织和固定。随后将泥土、牛粪、苔藓和草的混合物糊在树枝上，制成墙壁。这种房屋的屋顶也由树枝搭成，通常为尖顶，中间会用三到四根较粗的树枝进行支撑。树枝上会覆盖茅草以起到遮挡作用。这种房子没有窗户，只留一个门供人进出。屋内所占面积最大的通常是卧室，也会留出一部分空间作为厨房。由于房屋没有烟囱，做饭时的烟只能穿过茅草向外散出。

提格雷人的传统住房大多为方形，只有少数为圆形。这种房子的墙壁一般不用树枝和泥土，而是用石头。房屋屋顶为平顶，用原木作为房梁，

---

[1] 钟伟云. 埃塞俄比亚 [M]. 北京：社会科学文献出版社，2016：10-12.

再以草泥覆盖房屋外侧。这种房屋屋外一般配有能够通向屋顶的石头阶梯。晚上，提格雷人习惯把家禽安置在屋顶，以防野兽侵袭。[1]

奥罗莫人的居住地域更加广阔，所以其建筑风格也会有较大差异。马尔察地区的奥罗莫人所居住的房子与阿姆哈拉人的茅草屋有几分相似之处。不同的是，马尔察奥罗莫人的茅草屋屋檐向外伸展。这种屋檐以数根树枝支撑，搭建成一个圆形的阳台，上面可以堆放柴火或存放其他杂物。屋内一般分成两个或两个以上小房间，较大的房子里还会设置一个圆形主卧室。主卧外侧的圆形过道则分隔成数个小房间，分别为厨房和儿童卧室。季马地区的奥罗莫人所居住的房屋也为圆形的茅草屋。与马尔察奥罗莫人不同的是，季马地区居民习惯将一个圆形的瓦罐倒扣在房屋的尖顶上。

阿法尔人的住房由大树枝加上棕榈纤维编织而成。这种房屋的屋顶以编织的草席覆盖。房屋整体看上去像一副巨大的铠甲。阿法尔村落一般由几户至几十户人家构成。村落周围一般筑有篱笆墙或石头围墙，以防止野兽的侵袭。[2]

哈拉尔人的住房主要有两种，一种是草房，一种是木框房。随着埃塞俄比亚的经济发展和生活水平提高，木框房已逐渐取代草房，成为哈拉尔人的主要住房。草房的墙以圆木建成，搭建时将圆木插在地上，再以铁钉固定。哈拉尔人会在墙上糊以泥土，屋顶则由覆有茅草的树干搭成。木框房实际上是石头房。这种房屋的墙用石头作材料，一般为两层。楼板用树木搭成，故得名木框房。哈拉尔人在搭建木框房时先在屋顶铺以干草，再糊上一层哈拉尔地区特有的一种黏土。房屋的外墙一般也会糊以黏土，内墙则涂上白石灰。房屋的上层一般为卧室，下层则为厨房和会客室。

古拉格人的建筑方式与选材颇具特色。每户古拉格人一般有三间茅草房，分别为大房子、客厅和储藏室。这三间茅草房呈三角鼎立状排布，其

---

[1] 钟伟云. 埃塞俄比亚 [M]. 北京：社会科学文献出版社，2016：13-15.

[2] 钟伟云. 埃塞俄比亚 [M]. 北京：社会科学文献出版社，2016：13-15.

中，大房子建在庭院的中央，客厅建在大房子左后侧约 15 米处，储藏室则建在大房子右后侧约 10 米处。所有房屋的建材均来自周围环境，整个建筑不用一根钉子。大房子的占地面积依各家各户的经济状况而定，房屋直径在 4—7 米。这种房子的墙体材料一般为松木，墙高一般为 3—3.5 米，屋顶以房屋中间竖立的一根粗树干支撑，上面覆有树枝和茅草。[1]

近年来，随着经济的发展和现代化的加快，埃塞俄比亚国内出现了越来越多现代化风格的高层建筑。在亚的斯亚贝巴等大中型城市，既可以看到埃塞俄比亚传统民居建筑，也可以看到带有现代特点的高层公寓。

四、礼仪

在漫长的历史中，埃塞俄比亚形成了许多传统的礼仪和文化习惯。埃塞俄比亚人待人接物有一整套礼节：陌生人初次见面时，人们通常会握手；如果遇到长者，通常会握住其双手；如果是熟人见面，则行贴面礼，一共贴三次。当有客人或者长者进屋时，房屋的主人一定要起身迎接，否则会被认为是对客人不敬。客人进屋后，主人要请客人先行落座。[2]

埃塞俄比亚人言谈谦恭，很少大声喧哗。熟人见面时，往往会互相问候，除"你好""早上好""晚上好"外，通常还要询问本人及家庭成员的健康及其他情况。在碰到天灾人祸时，埃塞俄比亚人一般都采用比较委婉的表达方式。例如，当有人去世时，不会直接说"他死了"，而是说"他病得不行了"之类的婉转语。同样，如征询对一个同事的看法，而该同事确实有缺点，被征询者不会直接说这个人的缺点，而会说"我不了解，你去问别人吧"。[3]

---

[1] 钟伟云. 埃塞俄比亚 [M]. 北京：社会科学文献出版社，2016：13-15.

[2] 钟伟云. 埃塞俄比亚 [M]. 北京：社会科学文献出版社，2016：15-17.

[3] 钟伟云. 埃塞俄比亚 [M]. 北京：社会科学文献出版社，2016：15-17.

第三节 文学艺术与历史名人

在上千年的悠久历史中，埃塞俄比亚人民创造了灿烂的文化。无数历史名人为推动历史发展和文化繁荣做出了重要贡献，这其中既包括封建时代的君主，也包括现代的政治首领；既包括守护信仰的教徒，也包括力促改革的先锋。

一、文学与艺术

在发展本土语言和文化上，埃塞俄比亚一直走在非洲前列。19 世纪末，埃塞俄比亚统治者特沃德罗斯二世就特别鼓励埃塞俄比亚作家们用阿姆哈拉语从事文学创作，以增强民族凝聚力。到了 20 世纪，许多用阿姆哈拉语创作的文学作品涌现出来，如埃塞俄比亚驻意大利大使阿费沃克·加布雷·伊雅苏的著作《心血凝成的历史》和《孟尼利克的一生》。[1]埃塞俄比亚当代著名作家阿托·基比德·米卡耶尔（1916—1998）和阿托·曼杰斯图·莱姆马（1924—1988）等人的作品主要是对教育、卫生和其他社会相关问题的论述。在长期的文化交流中，欧洲优秀的文学作品也传入了埃塞俄比亚。莎士比亚和歌德的作品以及《伊索寓言》《一千零一夜》等著作都曾被翻译成阿姆哈拉语引进埃塞俄比亚。[2]

埃塞俄比亚的艺术有着鲜明的基督教特点，融合了非洲本土传统、基督教艺术特征和欧洲现代风格，其中以雕塑艺术和绘画艺术最为出名。4 世纪，基督教传入埃塞俄比亚，越来越多的本地基督徒开始对教堂进行绘画

[1] 谭惠娟，梅凤. 非洲反殖民传统的灯塔：埃塞俄比亚文化诸相略论 [J]. 浙江大学学报（人文社会科学版），2020，50（1）：130-139.

[2] 阿德朱莫比. 埃塞俄比亚史 [M]. 董小川，译. 北京：商务印书馆，2009：19-25.

装饰，教会的神职人员成了埃塞俄比亚绘画艺术的传承者。[1]15 世纪，随着新航路的开辟，西方传教士到来，埃塞俄比亚的艺术开始受到西欧文化的影响。此后，埃塞俄比亚的很多新式学校开设了讲授国外现代绘画艺术的课程，出现了许多享誉世界的一流画家，如负责国会大厦和塞拉西教堂壁画绘制工作的阿格尼胡·恩根达（1905—1950）和现代现实主义画派的代表人物阿费沃克·特克勒（1932—2012）。这一时期，埃塞俄比亚的绘画和雕塑艺术也开始传到欧洲，独特的艺术风格启发了许多欧洲艺术家，如劳伦斯（1885—1930）的小说《虹》中的非洲形象就是在埃塞俄比亚雕塑和绘画艺术品的启发下塑造出来的。[2]

除绘画、雕塑外，埃塞俄比亚的音乐和舞蹈艺术也颇具特色。早期，埃塞俄比亚的音乐同其他艺术形式一样，深受基督教影响，表现出明显的宗教崇拜倾向。6 世纪，雅利得创造了埃塞俄比亚式的记谱法，被认为是埃塞俄比亚正教"泽马"音乐的始祖。除宗教外，埃塞俄比亚的音乐还受到了犹太文化、阿拉伯文化、非洲土著音乐等多种因素的影响，呈现出多样性和包容性。和非洲其他国家一样，埃塞俄比亚人民能歌善舞，在宗教仪式、世俗节日、结婚仪式等场合，人们都要载歌载舞。[3]

作为拥有千年历史的非洲文明古国，埃塞俄比亚人民在漫长的历史中创造了辉煌的文明，形成了深厚的历史文化底蕴，拥有独特的文化和艺术风格。埃塞俄比亚丰富的历史传统和文化成果让埃塞俄比亚人引以为傲，向世界证明了非洲文明的独特性，也成为埃塞俄比亚现代以来崛起和发展的精神力量。[4]

[1] 谭惠娟，梅风. 非洲反殖民传统的灯塔：埃塞俄比亚文化诸相略论 [J]. 浙江大学学报（人文社会科学版），2020，50（1）：130-139.

[2] 谭惠娟，梅风. 非洲反殖民传统的灯塔：埃塞俄比亚文化诸相略论 [J]. 浙江大学学报（人文社会科学版），2020，50（1）：130-139.

[3] 钟伟云. 埃塞俄比亚 [M]. 北京：社会科学文献出版社，2016：206-207.

[4] 谭惠娟，梅风. 非洲反殖民传统的灯塔：埃塞俄比亚文化诸相略论 [J]. 浙江大学学报（人文社会科学版），2020，50（1）：130-139.

二、历史名人

（一）启蒙思想家——塞拉·雅各布

塞拉·雅各布（1599—1692）出生于埃塞俄比亚北部阿克苏姆附近一个贫苦的农民家庭。在教会学校期间，他接受了埃塞俄比亚正教教育，并且接触到了《大卫诗篇》。[1]

塞拉·雅各布是一位具有批判意识的哲学家。他曾在他的标志性著作《哈塔塔》中质疑《圣经》中的部分内容和基督教的教义。同时，早在约翰·洛克之前，雅各布就提出了"人人平等"的思想。在那个年代，这种思想是十分超前的。

塞拉·雅各布最得意的学生是瓦尔达·黑瓦特。雅各布以口头形式向其传授了自己的思想与智慧，黑瓦特后来也用《哈塔塔》的风格撰写了一些文章。雅各布与黑瓦特二人的哲学思想对埃塞俄比亚的文化产生了深远的影响。[2]

（二）民族独立的维护者——孟尼利克二世

孟尼利克二世出生于埃塞俄比亚绍阿省的一个贵族家庭。在国内叛乱时期，孟尼利克二世通过武力征服和联姻等手段成为了实力最强的地方统治者，并于 1889 年成为埃塞俄比亚皇帝。统治期间，孟尼利克二世率领埃塞俄比亚抵御了意大利的殖民入侵，迫使意大利承认埃塞俄比亚完全独立的地位。[3]

---

[1] SUMNER C. The significance of Zera Yacob's philosophy[J]. Ultimate reality and meaning, 1999, 22 (3): 172-188.

[2] 谭惠娟，梅凤. 非洲反殖民传统的灯塔：埃塞俄比亚文化诸相略论 [J]. 浙江大学学报（人文社会科学版），2020, 50（1）：130-139.

[3] 许中杰. 中外历史人物词典 [M]. 西安：陕西人民出版社，1993：720-721.

在维护民族独立、巩固国家统一的同时，孟尼利克还进行了一系列具有现代化色彩的改革，包括改革税制、修建铁路、禁止奴隶贩卖等，加强了埃塞俄比亚的经济和军事实力，被世人视作现代埃塞俄比亚的开创者。[1]在文化上，孟尼利克二世将阿姆哈拉语作为国家象征符号在全国范围内推广，并于1898年开展了阿姆哈拉语大规模扫盲计划，提升了阿姆哈拉语的普及程度，在一定程度上提高了国民素质，提升了国家认同感[2]。

（三）埃塞俄比亚之父——海尔·塞拉西一世

海尔·塞拉西一世原名塔法里·马康南，出生于埃塞俄比亚东部的一个阿姆哈拉族贵族家庭。1916年，塔法里被推举为埃塞俄比亚的摄政王。他追随孟尼利克二世的改革步伐，积极推行一系列具有现代化色彩的革新政策。在清除了国内反对势力后，塔法里于1930年11月加冕称帝，史称海尔·塞拉西一世。称帝后，他实行较宽松的经济政策，降低农民的税负，鼓励商品经济的发展。在政治上，他大力实施现代化改革措施，颁布了埃塞俄比亚有史以来第一部宪法，宪法中关于限制封建势力、保护人民权利的条文具有一定的进步意义。塞拉西一世还鼓励学习西方的科学文化知识，重视发展教育。在任期间，他兴建了数所小学，积极聘请外国教师，派遣了超过200名留学生出国学习。不过，这些改革在进行几年后就被意大利法西斯的侵略战争中断了。[3]

战争期间，塞拉西一世动员全国人民坚决抵抗意大利法西斯的入侵。1935年7月，海尔·塞拉西一世在议会发表演说，号召人民"团结起来，为保卫我们的国家共同战斗"。他不仅通过演说鼓舞士气，还亲自上战场指

[1] 许中杰. 中外历史人物词典 [M]. 西安：陕西人民出版社，1993：720-721.

[2] 高莉莉. 埃塞俄比亚语言政策的历史演变与现实挑战 [J]. 天津职业技术师范大学学报，2019（29）：69-73.

[3] 陈公元，唐大盾，原牧. 非洲风云人物 [M]. 北京：世界知识出版社，1989：325-340.

挥作战，和战士一起卧在壕沟里战斗。后来，埃塞俄比亚战败，海尔·塞拉西一世被迫流亡，但在流亡生涯中他从未放弃过斗争。1941年5月，海尔·塞拉西一世回到亚的斯亚贝巴，宣布战争取得胜利。抗意战争的胜利为他赢得了巨大的声誉，他被称为"伟大的皇帝""埃塞俄比亚之父"。[1]

然而，战后的海尔·塞拉西一世却丧失了之前的革新精神，反而倒行逆施，进一步加强了皇权专制和对人民的剥削，激起了人民的不满。海尔·塞拉西一世于1974年被军队推翻，次年逝世。[2]

（四）动荡时期的爱民主教——阿布内·塔克拉·海曼奥特

阿布内·塔克拉·海曼奥特（？—1988）是埃塞俄比亚正教特瓦西多教会的第三任大主教，也是埃塞俄比亚最受欢迎的大主教之一。1977年军委会上台后，废除了大主教，并命令教会的牧师、信徒和神圣宗教议会选举一名新的大主教以代替被捕的原主教，但是所有牧师都因与前任大主教关系过密而失去选举资格。[3]

在这样的背景下，塔克拉成为了埃塞俄比亚大主教。他主持教会时正值埃塞俄比亚历史上的动荡时期，饥荒和瘟疫横行，内战频仍。在担任主教期间，他拒绝穿代表埃塞俄比亚正教中高级别教士身份的黑色长袍，而是穿浅黄色长袍，这是埃塞俄比亚传统上代表隐士生活和忏悔与苦难的颜色。这位大主教在位11年间一直坚持忏悔，不停地祈祷，除了简单的煮豆子、烤豆子和谷物以外，他拒绝吃其他任何食物。他用自己的津贴资助饥荒中的孤儿接受教育，还在自己的教区内亲自抚养这些孩子。为了保护人民，塔克拉从未与政府正面对抗，全身心地向他的人民布道，祝愿他们能

---

[1] 陈公元，唐大盾，原牧. 非洲风云人物 [M]. 北京：世界知识出版社，1989：325-340.

[2] 陈公元，唐大盾，原牧. 非洲风云人物 [M]. 北京：世界知识出版社，1989：325-340.

[3] 阿德朱莫比. 埃塞俄比亚史 [M]. 董小川，译. 北京：商务印书馆，2009：211-212.

更加坚强。[1]

由于长时间的禁食和忏悔，这位主教的身体状况变得很差。他只参与过教堂中举行的弥撒，除此之外完全不公开露面。他最后一次公开露面是在沃尔什拉伊塔的教堂建成仪式上，当时他还回到了自己曾经居住过的洞穴。他回到亚的斯亚贝巴后马上被送进医院接受治疗，但还是于1988年5月末抢救无效去世。塔克拉去世后，政府为他举行了国葬。葬礼仪式包括军队护卫、鸣枪、降半旗志哀。棺木中的大主教头戴主教冠，身穿工作袍，身上盖着埃塞俄比亚国旗。[2]

（五）新时代的政治强人——梅莱斯·泽纳维

梅莱斯·泽纳维（1955—2012）出生在埃塞俄比亚的阿杜瓦市，他的母亲是厄立特里亚人，父亲是提格雷人。[3]1974年塞拉西一世垮台后，梅莱斯加入提格雷人民解放阵线（以下简称提人阵），1987年当选提人阵主席。1989年，提人阵与其他政党组成埃革阵后，梅莱斯被选为主席。1991年5月，梅莱斯领导下的埃革阵推翻门格斯图政权，并于同年7月组成过渡政府，梅莱斯任过渡政府总统。1995年5月，梅莱斯以多数党主席身份就任总理，并于2000年和2005两次获得连任。2012年8月20日，梅莱斯因病去世，享年57岁。[4]埃塞俄比亚2012年9月2日为梅莱斯·泽纳维举行了国葬，这是埃塞俄比亚80多年来首次为领导人举行国葬。[5]

执政20余年间，梅莱斯对内积极推行议会制民主，尊重各民族自决权和

---

[1] 阿德朱莫比. 埃塞俄比亚史 [M]. 董小川，译. 北京：商务印书馆，2009：211-212.

[2] 阿德朱莫比. 埃塞俄比亚史 [M]. 董小川，译. 北京：商务印书馆，2009：211-212.

[3] 阿德朱莫比. 埃塞俄比亚史 [M]. 董小川，译. 北京：商务印书馆，2009：230-231.

[4] 于毅. 非洲送别梅莱斯 [N/OL]. 光明日报，2012-08-23 [2021-04-29]. https://epaper.gmw.cn/gmrb/html/2012-08/23/nw.D110000gmrb_20120823_3-08.htm?div=-.

[5] 人民网. 埃塞俄比亚为总理梅莱斯举行国葬 [EB/OL].（2012-09-02）[2021-04-29]. http://world.people.com.cn/n/2012/0902/c42359-18897123.html.

各项发展权利。在坚持土地国有的前提下，梅莱斯积极推行市场经济政策。在他的领导下，埃塞俄比亚逐渐走出内战阴影，年经济增长率不断提高，一度成为非洲经济发展最快的国家；基础设施建设速度加快，医疗卫生事业快速发展。除了传统农业以外，汽车制造、食品加工等第二产业和第三产业也得到了发展，埃塞俄比亚成为了非洲最大的经济体之一。[1] 也是在梅莱斯执政期间，埃塞俄比亚的文化和教育事业的发展得到了高度重视，教育五年发展计划和其他与教育发展规划相关的文件陆续发布，各教育阶段的入学率都有所提高。

梅莱斯还是一名出色的外交家，主张在平等的基础上与各国展开合作。"9·11"事件之后，梅莱斯积极开展与美国在反恐等领域的合作，同时也非常重视与中国的关系，称赞中国对非洲国家的支持，并积极借鉴中国经济发展的成功经验。梅莱斯在任期间，美国视埃塞俄比亚为反恐的重要盟友，而中国视其为"全天候朋友和中国在非洲重要合作伙伴"。[2]

埃塞俄比亚是一个历史底蕴深厚的文明古国。在数千年的历史发展中，埃塞俄比亚逐渐形成了具有自己特色的风俗文化和民族精神，这使得埃塞俄比亚在发展教育事业方面有着先天的文化优势。在古代帝国时期，宗教文化是埃塞俄比亚人民生活中至关重要的一部分，教堂在普及识字读写能力方面起到了很大的作用；帝制时期，埃塞俄比亚开始出现新式学校和现代教育，越来越多的人有机会接受教育，极大地提升了公民的文化素质和国家认同感。迈入 21 世纪，埃塞俄比亚各项事业正经历着快速发展，并正在以现代国家的姿态积极融入全球化的大潮。作为非洲大陆少数文明古国之一，埃塞俄比亚深厚的文化传统滋养了埃塞俄比亚人民的心灵，鼓舞了人民的文化自信，为现代教育发展奠定了良好的基础。

---

[1] 于毅. 非洲送别梅莱斯 [N/OL]. 光明日报，2012-08-23 [2021-04-29]. https://epaper.gmw.cn/gmrb/html/2012-08/23/nw.D110000gmrb_20120823_3-08.htm?div=-.

[2] 于盟. 梅莱斯的接班人 [N]. 21 世纪经济报道，2012-09-05（3）.

第三章 教育历史

埃塞俄比亚的教育历史最早可追溯至 4 世纪的教会学校体系。经过历史的变迁，埃塞俄比亚的教育逐渐从宗教主导的传统教会教育走向世俗化、大众化的现代化教育体系。随着一次次历史变革，埃塞俄比亚的教育体系、教育理念和教学方式也经历了多次巨大变化。总体而言，埃塞俄比亚的教育发展史可以大致分为三个阶段：4 到 19 世纪以培养贵族精英为主要目的的传统教会教育，19 世纪末到 20 世纪 70 年代逐渐形成的世俗现代化教育，20 世纪 90 年代至今不断完善的联邦教育体系。

第一节 传统教育体系

一、传统教会教育

4 到 19 世纪的帝制时期，埃塞俄比亚所有等级的教育都与基督教有着密切的关联。那时的教育由教会提供，最好的学校也都是由基督教教会创办的，授课由牧师进行，整个教育系统都受到埃塞俄比亚正教教会的严格控制。这一时期，埃塞俄比亚的基础教育学制为 8+4 学制，即小学 8 年，中学 4 年。教会学校的主要目标为培养牧师以及其他神职人员，能够进入教会学校的几乎都是精英贵族子弟，他们接受教育后有机会进入国家权力阶层。这一时期，教会主导的教育模式为统治阶级输送了不少人才，但实质上垄断了底层人民社会阶层上升的渠道。教育不是人民获取知识、走向成功的阶梯，而是精英贵族阶层巩固自身统治的工具。[1]

二、职业教育的起步

19 世纪开始，受到西方现代教育模式和教育理念的影响，埃塞俄比亚的职业教育得到了一定发展，教育世俗化趋势逐渐显现。19 世纪 40 年代中期，埃塞俄比亚教育体系正式引入了职业教育模块。此前，职业教育仅以手工业中的学徒制形式存在，由于工作条件艰苦、社会地位低，职业教育一直为人们所轻视。这一时期，职业教育得到了发展，职业教育课程的针对性得到了增强，学校的培养理念也与劳动力市场的需求越来越相符。毕业生就业情况得到了改善，人们对于职业教育的观念也随之发生变化，更多的中学生进入职业教育机构学习。这个时期开展职业教育的机构或组织主要有政府部门、半国营性质组织、宗教机构、私营及个体企业、劳动和就业协会等，但是职业教育的发展仍然缓慢，远不如同时期的基础教育。

特沃德罗斯二世皇帝创办了埃塞俄比亚历史上的第一所公立学校。该学校为一所技术学校，位于如今的阿姆哈拉州。虽然用现代眼光来看，这所学校只能属于职业教育范畴，但在当时的埃塞俄比亚已是最高层次的国家教育机构。此后，埃塞俄比亚成立了多所技术学校，为后来的职业教育发展打下了基础。[2]

[1] 陈明昆. 埃塞俄比亚高等教育研究 [M]. 北京：中国社会科学出版社，2009：9-10.

[2] 陈明昆. 埃塞俄比亚高等教育研究 [M]. 北京：中国社会科学出版社，2009：39.

第二节 教育世俗化与现代化

19世纪后半期，在孟尼利克二世的主导下，埃塞俄比亚的教育体系逐渐走向世俗化。20世纪中期，通过兴建新式学校、改革教育体系等一系列措施，海尔·塞拉西一世带领埃塞俄比亚教育进入真正的世俗化、现代化阶段。20世纪70年代，军政府执政时期的埃塞俄比亚教育又得到了一定发展。然而，由于这一时期社会环境动荡，政策缺乏连续性，教育的发展仍然较为缓慢且极不平衡。

一、孟尼利克二世的世俗化尝试

这个时期，刚上台不久的孟尼利克二世开始了教育世俗化改革。在孟尼利克二世的统治下，埃塞俄比亚各个学校的教学方式和管理方式都越来越趋于世俗化。从1905年起，教会不再阻挠现代学校的开办，教会学校与政府创办的世俗化学校得以共存。这个时期，埃塞俄比亚世俗化学校教授的课程有法语、英语、阿拉伯语、意大利语、阿姆哈拉语、数学、物理和体育等科目，所有学费均由皇帝支付。除此之外，为了建设现代化国家，孟尼利克二世皇帝进行了全面扫盲，让教育普及到广大埃塞俄比亚人民。

虽然这次改革打开了教育发展的新局面，但并不彻底。在改革后期，孟尼利克二世为了讨好教会，将世俗化教育的管理权拱手相让。因此，这一时期教育的普及程度仍然十分有限，改革最终并未得到理想的结果。[1] 而且，受到第二次意埃战争的影响，全国的学校关停长达5年之久，教育改革被迫中止。

---

[1] 陈明昆. 埃塞俄比亚高等教育研究 [M]. 北京：中国社会科学出版社，2009：10-12.

二、海尔·塞拉西一世的现代化改革

二战结束后，埃塞俄比亚人民越来越认识到，教育需要为国家服务。为此，以塞拉西一世为首的"流亡派"进行了一系列教育改革，埃塞俄比亚教育迎来了真正的现代化发展。

（一）基础教育

海尔·塞拉西一世首先对基础教育学制进行了改革，改革后的基础教育分为1—4年级、5—6年级、7—8年级、9—12年级四个阶段，即4+2+2+4学制。基础教育规模在这一时期也经历了快速增长。1952年，埃塞俄比亚共有公立小学400所、中学11所，各类学校在校生6万人。海尔·塞拉西一世还想为全民提供基础教育，让教育得到真正的普及。1961—1971年，他大规模开办学校，10年间，全国公立学校数量增加了4倍多，中小学达到1 300余所，教师1.3万人，学生60万人。[1]

但是这种迅速的扩张导致了资源供给不足，教师质量、资金供给、教学设施等方面都遭遇挑战。一方面，由于待遇较差，教师们纷纷转行，国际上派来的援教人员也不能真正地解决师资紧缺问题。另一方面，大部分学校都集中在中小城市，农村的学校数量仍然不足，教职员工更是十分缺乏，教学质量普遍低下。为解决这一问题，海尔·塞拉西一世进行了一项税收改革，决定向农业土地所有者征收农业特别税，税金由当地委员会分配以及使用，用于发展小学教育。这项税收制度改革的确加快了农村富裕地区的小学教育发展，但贫困地区的发展仍然较慢。[2]

---

[1] 陈明昆. 埃塞俄比亚高等教育研究 [M]. 北京：中国社会科学出版社，2009：12-14.
[2] 陈明昆. 埃塞俄比亚高等教育研究 [M]. 北京：中国社会科学出版社，2009：14-16.

（二）高等教育和职业教育

20世纪50年代，埃塞俄比亚建成了第一所高等专科学校。随后，塞拉西一世先后开办了多所专科学校，专业涵盖文学艺术、工业技术、公共卫生、建筑、法律、社会工作、商业、农业以及神学等。这一时期的埃塞俄比亚虽然已经有了高等教育这一概念，但真正的大学还未出现。直到1961年，以亚的斯亚贝巴大学为主体、合并了其他多所专科学校而成的海尔·塞拉西一世大学建立，埃塞俄比亚第一所真正的大学才宣告诞生。不过，由于现代高等教育刚刚起步，这个时期的埃塞俄比亚大学入学率仍然很低。1970年，埃塞俄比亚接受国内高等教育的学生只有2 800余人。

海尔·塞拉西一世统治期间，教师培训也正式开始了。1945年，政府在亚的斯亚贝巴开展了"小学教师培训项目"。1961年，海尔·塞拉西一世大学成立了教育学院，这是埃塞俄比亚第一个专注于培养中学教师的学院。[1]

塞拉西统治期间，埃塞俄比亚教育体系进行了一系列改革，教育规模显著扩大，各阶段教育都有一定发展，现代化教育正式起步。然而，这一时期的教育质量并没有得到保证，教育事业发展极不平衡，贫困地区人民接受教育的机会十分有限。

三、军政府时期的教育发展

1974年，门格斯图推翻了海尔·塞拉西一世政权，建立起了军政府。门格斯图宣布，教育要为生产服务、为科学服务、为社会服务。1975年，

---

[1] 陈明昆. 埃塞俄比亚高等教育研究 [M]. 北京：中国社会科学出版社，2009：47-48.

军委会实施了教育国有化运动，除了教会学校以外，所有私立大学、中学、小学都被改为公立学校。

军政府时期，埃塞俄比亚的教育事业发展得到了大量国际援助。军政府的教育初步发展目标开支预算为 3 470 万美元。根据这一数目，附属于世界银行的国际开发协会为门格斯图政府提供了 2 300 万美元的援助资金。1978 年年底，欧洲经济联盟又向埃塞俄比亚提供了 260 万美元的捐款，用于政府教育发展计划的实施。德国派出了教师、培训专家和课程开发专家帮助埃塞俄比亚教育事业的发展。这一时期，苏联对埃塞俄比亚的援助尤为突出。门格斯图的军委会政府与苏联结盟，教育体制照搬苏联模式，还得到了苏联教育顾问的指导和帮助。苏联陆续共派出了数百名学者帮助埃塞俄比亚发展教育事业，许多埃塞俄比亚学生也由政府派往苏联或其他国家接受高等教育。

（一）学前教育

20 世纪 70 年代，军政府开始为学前教育的发展提供支持。时任总统门格斯图对学前教育十分重视，他在实地考察多地情况后下达指示，要求政府部门给予学前教育机构更多扶持和资助。具体措施包括成立学前教育委员会、开办幼儿园和托儿中心等。此外，在推行扫盲运动期间，埃塞俄比亚农村地区学前教育机构也大大增加了。[1]

（二）基础教育

军政府将基础教育学制改为了三个阶段：1—6 年级为小学，7—8 年级

---

[1] TEFERA B. Early Childhood Care and Education (ECCE) in Ethiopia: developments, research, and implications[J]. Eastern Africa social science research review, 2018, 34(1): 177-206.

为初中，9—12 年级为高中。儿童 7 岁入学，完成了全部 12 年学习的学生有资格接受高等教育。门格斯图政府曾试图建立起 8 年一贯制的小学体制，改变之前的 6 年制，并在 70 多所学校进行了试验，但最终由于政局不稳、经济困难等原因，未能实现。1985—1986 学年，全国适龄儿童有 600 万人，入学儿童人数只有 250 万，入学率仅有 42%。初中在校人数小有提升，但由于中小学学校数量比例为 1：8，导致许多学生在小学毕业后无法升入初中继续学习。[1]

（三）高等教育

军政府时期，政府对一些院校进行了整合，对高等教育发展的方向、目的做出了更加明确的规定。此外，还加强了对高等学校事务的管理和监督，例如加强学校安全监督、对不同政见和思想进行压制、取缔学生组织、亲自任命大学高层管理人员、限制学术研究自由等。这些做法一方面对高等教育的发展起到了一定促进作用，有利于高等教育规模的扩大，但这样高度的干预却打击了高校自主办学的积极性，导致管理体制僵化，也不利于学术研究的发展。

军政府于 1975 年关闭了海尔·塞拉西一世大学，随后将其更名为亚的斯亚贝巴大学。这一时期，全国多所高级中学以及中等职业技术学院升格成为大学。亚的斯亚贝巴大学也融合了多所学院，以联合大学的形式开办。1977 年，门格斯图政府发布第 109 号令，宣布成立高等教育委员会。该令指明了当时高等教育的发展方向，即培养高层次人才以适应国家发展规划、培养中层次人才以适应经济发展需要、提高教育质量和扩大教育规模、建立更多研究以及培训中心、通过发展科学技术和文化艺术提高人民的生活

---

[1] 陈明昆. 埃塞俄比亚高等教育研究 [M]. 北京：中国社会科学出版社，2009：16-25.

水平。为了适应新的教育目标，军政府对高等教育整体运作模式进行了高度干预，比如，选派一定比例的学生学习特定的专业。这种入学方式虽然打破了传统的精英教育模式，但是也全然没有考虑学生的兴趣以及权利。1978 年，埃塞俄比亚正式开始了研究生教育。1982—1983 学年，全国共招收研究生 246 人，研究领域包括工程、自然科学、农业、社会科学和医学等。

这一时期，埃塞俄比亚的高等教育得到了一定发展，接受高等教育的人数从 1970 年的 4 500 人增长到了 1980 年的 17 500 人。但由于政治动荡以及国际原因，发展依然十分缓慢。此外，政府对高等教育的过度干预造成了许多问题，如学校缺少自主办学权、教师授课过于保守、学生无法发挥潜能等。[1]

（四）职业教育

军政府时期，出于国家发展需要，实用性最强的职业教育也得到了发展。这一时期的职业教育仿效了苏联的职教模式，全国相继开办了 9 所职业技术学校。20 世纪 70 年代，在苏联的帮助下，埃塞俄比亚引入了多学科中等技术教育计划，此计划主要在 9—10 年级开展，旨在为学生提供综合技术培训课程。学生完成这些课程后，再接受 3 年的职业技术教育培训，即可成为中等层次的熟练技术员。此计划目的正是为国家培养发展所需的技术、管理岗位上的专职人员。1985—1986 学年，职业技术教育在校生有 4 200 多人。企业发展对人才的大量需求为职业教育的毕业生提供了更多就业机会。[2]

---

[1] 陈明昆. 埃塞俄比亚高等教育研究 [M]. 北京：中国社会科学出版社，2009：78-79.

[2] 陈明昆. 埃塞俄比亚高等教育研究 [M]. 北京：中国社会科学出版社，2009：16-25.

（五）成人教育（识字运动）

军政府在教育领域的一大成就是开展国家识字运动。这项运动开始于1975 年年初，政府动员了数万名学生和教师，派遣他们前往全国各地开展为期两年的识字教学服务，并推广新政府的社会改革理念。1979 年，国家识字运动协调委员会成立，识字运动进入高潮。识字运动包含了 5 种语言，分别是阿姆哈拉语、奥罗莫语、提格雷语、维拉莫语和索马里语，后来扩大到了 15 种语言，惠及全国 93% 的人口。识字运动一共进行了 12 轮，到20 世纪 80 年代末，全国大约有 1 700 万人报名识字班参加学习，1 200 万人通过测试，其中 50% 为女性。[1]

识字运动共有 150 万工作人员参与，包括学生、教师、公务员、军队职员、家庭主妇、宗教团体成员等，而且均为自愿参加。课程多在当地中小学校舍开展。政府为 2 200 万初学者分发了阅读册子，为 90 万测试通过者发放了课本。教育部还为各个阅读中心提供了关于农业、健康和基本技术方面的专业阅读课本。为巩固成果，政府还为一些参与者提供了后续课程。识字运动受到了国际上的称赞，1980 年，联合国教科文组织授予埃塞俄比亚"国际阅读协会识字奖章"。[2]

（六）教师教育

虽然门格斯图政府在扫盲运动上取得了一定成就，但学生人数快速增加、教育规模快速扩张，使得本就短缺的教师资源更加紧张。军政府时期，

---

[1] NEGASSA T. Challenges of the implementation of Integrated Functional Adult Education (IFAE) in Ethiopia: a case of Oromiya National Regional State[J]. African educational research journal, 2019(7): 103-117.

[2] NEGASSA T. Challenges of the implementation of Integrated Functional Adult Education (IFAE) in Ethiopia: a case of Oromiya National Regional State[J]. African educational research journal, 2019(7): 103-117.

全国初中数量增加了近两倍，在戈贾姆、科巴和维勒格地区更是增加了四倍，高中数量几乎增加了两倍。虽然教师数量也得到了一定增长，但增加幅度明显低于学生增加幅度，生师比例进一步拉大，教师资源紧缺，严重威胁教育质量。也是在这个时期，大量未经培训的教师进入学校授课。因而教师教育成为解决师资匮乏问题的必要举措。

军政府时期，门格斯图将教育国有化，各级中小学教师的培训工作变为由政府主导。埃塞俄比亚原本校舍就十分紧缺，20世纪80年代末，农村人口涌入城市又进一步加剧了这种局面，教室十分拥挤，许多城市地区学校不得不采取早晚班轮流制。由于军政府统治时期战乱频繁，教育基础设施也经常遭到破坏，尤其是北部地区的战乱导致了大量教学设施遭到破坏和掠夺，学校财物遭到哄抢也时有发生。1988年3月，埃塞俄比亚大规模内战爆发，多所学校被迫关停，严重破坏了此前的教育发展成果。[1] 到20世纪90年代，全国约有教师培训机构12个，每年向6 000余名中小学教师提供培训。[2]

第三节 联邦政府领导下的教育发展新阶段

1991年5月，埃革阵占领首都亚的斯亚贝巴，门格斯图政权宣告下台。1995年8月，埃塞俄比亚联邦民主共和国正式成立。新政府把教育发展提高到了国家发展战略的高度，出台了一系列教育政策，如2004年的《职业技术教育和培训宣言》、2008年的《国家职业技术教育和培训战略》以及多份教育发展五年规划。埃塞俄比亚的教育事业迎来了新的发展阶段。

---

[1] 陈明昆. 埃塞俄比亚高等教育研究 [M]. 北京：中国社会科学出版社，2009：16-25.

[2] AHMAD S. Teacher education in Ethiopia: growth and development[J]. African journal of teacher education, 2013(3): 1-20.

一、学前教育

1991年上台的埃革阵政府对学前教育提出了与此前军政府截然不同的见解。埃革阵政府在第一个教育发展五年规划中指出，尽管学前教育对于埃塞俄比亚来说十分重要，但是儿童不一定必须通过接受学前教育才能成长。埃革阵政府认为，孩子们可以从家庭关系以及社会人际交往中获取他们所需的知识。政府还明确表示，当国家处于萧条状况时，学前教育不会是政府的优先考虑事项，因此，通过私人、社会、宗教以及其他方式为孩子们提供学前教育知识才是最为可行的方案。在官方发布的第二个和第三个教育发展五年规划中，政府继续边缘化学前教育在整体教育系统中的位置。[1] 政策上的转变对此前建立的学前教育系统产生了负面影响，政府的不重视也直接导致了国家学前教育的资金不足、幼儿园职工工资极低，使得一些经济实惠的学前教育机构数量迅速减少。[2]

虽然埃革阵政府对于学前教育的关注度不高，但学前教育机构在城市中的数量仍不断增加。这些机构主要由非政府组织、私人企业、宗教机构提供资金运营，学费十分昂贵，只有很少一部分儿童有机会进入这些学校接受教育。[3] 幼儿园在城市的扩张出乎政府的意料，但也让埃革阵政府意识到，政府应该规划、协调学前教育，避免学前教育商业化。同时，联合国的《儿童权利公约》和全民教育目标掀起了一场国际儿童权利运动，这也给埃塞俄比亚政府施加了更多压力，迫使其不得不重视学前教育。在第四个教育发展五年规划中，政府对于学前教育的态度与以往明显不同，更加重视学前教

---

[1] TEFERA B. Early Childhood Care and Education(ECCE) in Ethiopia: developments, research, and implications[J]. Eastern Africa social science research review, 2018, 34(1): 177-206.

[2] TEFERA B. Early Childhood Care and Education(ECCE) in Ethiopia: developments, research, and implications[J]. Eastern Africa social science research review, 2018, 34(1): 177-206.

[3] TEFERA B. Early Childhood Care and Education(ECCE) in Ethiopia: developments, research, and implications[J]. Eastern Africa social science research review, 2018, 34(1): 177-206.

育的入学率以及质量，也为学前教育发展定下了明确的目标。如今，政府的参与度越来越高，为该国学前教育的发展打开了一扇新的大门。[1]

二、基础教育

20 世纪 90 年代，埃革阵执政后，大力推行国民文化素质和技术型人才培养，全力发展教育。埃革阵政府将基础教育学制改为小学 8 年，初中 2 年，高中 2 年，废除了军政府时期的 6+2+4 学制，并且推行了 10 年义务教育，小学 8 年和初中 2 年学费全免。完成全部 12 年基础教育的学生将有机会接受高等教育。[2] 如今，基础教育入学规模已经得到一定增长，2020 年，小学毛入学率已经达到 104%，入学人数 20 419 152 人，中学毛入学率 38.9%，入学人数 3 466 972 人。[3]

2019 年 2 月，埃塞俄比亚政府颁布了第 1110/2019 号公告，宣布为难民提供与本国国民同条件的学前教育与基础教育。埃塞俄比亚政府十分关注地区周边难民问题，并已针对难民儿童的教育问题提供了一系列解决措施。目前，超过一半的难民儿童已获得在埃塞俄比亚接受教育的机会。

三、高等教育

在高等教育方面，埃革阵推行学费分担机制，有效促进了入学率的提

---

[1] TEFERA B. Early Childhood Care and Education(ECCE) in Ethiopia: developments, research, and implications[J]. Eastern Africa social science research review, 2018, 34(1): 177-206.

[2] 陈明昆. 埃塞俄比亚高等教育研究 [M]. 北京：中国社会科学出版社，2009：25.

[3] 资料来源于埃塞俄比亚教育部官网。

升。目前，埃塞俄比亚的高等教育发展迅速，入学人数快速增长，已经从2003—2004 学年的 56 072 人提升到了 2016—2017 学年的 788 033 人。

除此之外，教育部制定并通过了《高等教育宣言》。该宣言在高等教育发展中扮演着重要的角色，引导着高等教育发展的方向，其内容包括埃塞俄比亚高校的建立、机构的治理、教育质量的提升、人员的管理、学生的录取、研究项目的推进等，考虑十分全面，还对教学语言和残障学生相关事宜都做出了相关规定。

2020 年 11 月，新冠肺炎疫情肆虐全球。教育部认识到了远程教育的重要性，颁布了《高等教育与职业教育国家 ICT 政策》，目的在于发展埃塞俄比亚职业教育与高等教育中的信息通信技术。在此政策的引领下，埃塞俄比亚高等教育中将融入更多现代信息技术，让教育与科技相融合。

四、职业教育

埃塞俄比亚政府 2008 年颁布《国家职业技术教育和培训战略》，强调了埃塞俄比亚的职业教育办学理念，即培养优秀且适应性强的劳动力。该文件还强调，埃塞俄比亚的职业教育要以实用性为发展核心，从而培养出有能力、有技术、有效率、有奋进精神的优秀人才。为达此目的，近年来，埃塞俄比亚政府在资金和基础设施建设等方面付出了很大的努力，助力职业教育的快速发展。

五、成人教育

军政府被推翻后，由于国内政局不稳，加之埃革阵政府的政策重点主要放在了基础教育和高等教育上，成人教育议题被长期搁置。直到 1994 年，政府才在《教育和培训政策》文件中重提成人扫盲问题。埃塞俄比亚政府认识到，居高不下的成人文盲率已经对其经济发展产生了负面影响，如果不能解决这一问题，建成中等收入国家的目标将很难实现。因此，埃塞俄比亚教育部在 2001 年发布的第一个教育发展五年规划中增加了对成人教育的拨款，并于 2008 年正式发布《国家成人教育战略》，阐明了成人教育的目标。随后，在国际社会的帮助下，政府于 2011 年制定了"成人综合实用读写能力计划"，旨在降低全国的文盲率，提高人民整体素质。不过，与其他教育阶段相比，政府对成人教育的重视程度仍然较低，成人教育的发展十分缓慢。[1]

六、教师教育

埃革阵政府执政以来颁布了一系列教师教育培训政策，为了促进这些政策的实施，新政府还专门成立了工作组，负责研究埃塞俄比亚教师教育现行制度中存在的质量和效能问题。进入 21 世纪后，埃塞俄比亚政府加快了本国的教师队伍建设，采用留学、培训、联合培养等措施来提升教师素质水平。在第三个教育发展五年规划中，教师的岗前培训和在职培训被列为重要事项，在其影响下，全国有超过 30% 的大学生选择师范类院校，并且在毕业后从事教师工作，教师队伍正在不断壮大。[2]

在历史的发展历程中，埃塞俄比亚的教育随着社会变迁不断发展变化。纵观其发展史，埃塞俄比亚的教育在很长一段时间内都是宗教色彩浓厚的

---

　　[1] NEGASSA T. Challenges of the implementation of Integrated Functional Adult Education (IFAE) in Ethiopia: a case of Oromiya National Regional State[J]. African educational research journal, 2019(7): 103-117.

　　[2] 应永祥. 埃塞俄比亚中小学教师教育研究 [J]. 西亚非洲，2009（11）：56-60.

贵族教育。近代以来，逐渐从宗教化走向世俗化，但受到战争、政权变动、社会动荡的影响，这一时期的政策缺乏延续性，改革也不彻底。自联邦政府成立以来，稳定的政局和社会环境为教育带来了和平发展的契机。近几十年，埃塞俄比亚教育体系加快了现代化步伐，政府在提高教育质量、效率、国际化程度方面进行了诸多努力，各阶段教育都实现了显著发展。

第四章 学前教育

　　埃塞俄比亚第五个教育发展五年规划指出，埃塞俄比亚的学前教育，或者说"幼儿保育和教育"，旨在为儿童提供全面且综合的发展，从而帮助他们成长为有能力、有爱心的好公民。[1] 相比其他教育阶段，学前教育发展起步较晚，发展速度也较慢。近年来，埃塞俄比亚政府逐渐认识到学前教育普及程度低等问题，加大了对学前教育领域的投入，并试图通过多种方式提高学前教育的教育效率和质量。为提高落后地区学前教育的普及率，除了增加传统意义上的幼儿园，政府还开发了"零年级"项目以及"儿童对儿童"计划。这些项目旨在充分利用当地资源有效开展学前教育，实现教育目标。虽然这些努力收获了一定成效，但当前埃塞俄比亚的学前教育仍然面临严重的资源紧缺、师资不足问题，区域间教育发展不平衡也构成学前教育可持续发展的一大阻碍。

第一节 学前教育的发展和现状

　　良好的学前教育能够帮助儿童在学前阶段做好充分的准备，对儿童综

---

[1] TEFERA B. Early Childhood Care and Education (ECCE) in Ethiopia: developments, research, and implications[J]. Eastern Africa social science research review, 2018, 34(1): 177-206.

合、全面的身心发展来说尤为重要。目前，埃塞俄比亚 0—3 岁的儿童约有 1 000 万，4—6 岁的儿童约有 700 万，其中 5 岁以下儿童在儿童总数中占比最大，而这部分儿童正是学前教育的主要对象。

20 世纪 70 年代，由于受到政府当局关注，埃塞俄比亚的学前教育得到了快速发展，学校数量和入学人数都迅速增加。然而，自 20 世纪 90 年代现政府上台后，学前教育受到的重视大大减少，政府对学前教育的参与也在很大程度上被各种私立机构及非政府组织代替。这导致了学前教育的参与主体复杂，教育质量也参差不齐。近年来，埃塞俄比亚政府再次认识到主动参与学前教育的重要性，并推出了相关项目，帮助落后地区儿童入学，学前教育迎来了发展新契机。

一、发展历程

虽然埃塞俄比亚学前教育的历史较长，但发展速度却比较缓慢。埃塞俄比亚的学前教育在很长一段时间里仅由教会的牧师提供，第一所能称得上是现代学前教育的幼儿园到 1898 年才建成。直到 20 世纪 60 年代，埃塞俄比亚学前教育的发展都较为缓慢。1963 年，埃塞俄比亚的 8 个主要城镇出于公共服务目的才开始学前教育相关试点项目。20 世纪 70 年代，埃塞俄比亚政府给予了教育事业充分的重视，学前教育的发展也获得了一定支持。时任总统门格斯图对西达莫、贝尔、阿尔西和北修亚等地区进行了访问，对当时学前教育的发展给予了初步认可，并要求给予这些地区的教育机构相应的支持与资助。门格斯图还下令成立学前教育委员会，以便政府管理学前教育机构，编排学前教育课程以及制定相关预算。同时，政府还开办了托儿中心和幼儿园等学前教育机构，并鼓励妇女参加工作。1978 年，埃塞俄比亚全国仅有 77 所幼儿园，仅能为 7 573 名儿童提供教育，经历上述改革后，埃塞俄比亚全国幼儿园数量达到了912所，能够同时为103 000名儿童提供教育。这一时期，得益于全国扫盲运动的开展，农村地区出现了越来越多的学前教育机构。随着各项改革措施的推进，该国教育政策增加了有关学前教育的内容，学前教育课程也开始由国家负责制定。除了这些重大改革之外，这一时期的教育部还设立了3个独立的部门，分别负责教师培训、课程设置、教科书编写以及学前教育项目的监督与评估。国家儿童组织委员会针对儿童的教育情况与发展需求开展了多项研讨会，并对亚的斯亚贝巴的幼儿园进行了评估，对6所公立幼儿园的预算进行了管理与调整。

然而，随着20世纪90年代的政权变更，埃塞俄比亚经济萧条，政府的财政困难导致幼儿园职工工资极低，同时机构也面临资源短缺等问题。在经济困难的情况下，发展学前教育已经不再是政府的优先考虑事项，因此，政府在前三个教育发展五年规划中一直边缘化学前教育，这种观念转变对由政府资助的社区学前教育中心产生了负面影响，导致学前教育中心数量迅速减少。同样，由于缺乏对学前教育项目重要性的认识，且各管理层之间缺乏协调，埃塞俄比亚农村社区的学前教育项目的建立也失败了。

值得注意的是，虽然政府方面的关注度不高，但在城市地区，学前教育机构数量却不断增加。这些机构主要是通过非政府组织、私人机构、宗教机构或其他机构提供的资金支助运营的，其中包括儿童、家庭与青年组织、国际组织和各类私人组织等。然而，因其学费高昂，仅有很少一部分儿童有机会进入这些学校接受学前教育。城市里幼儿园的持续扩张出乎了政府的意料，也让政府意识到了规范以及协调学前教育、避免学前教育商业化的重要性。联合国《儿童权利公约》和全民教育目标引起了一场国际儿童权利运动，这也给政府施加了更多的压力，使其无法继续边缘化学前教育。如今，埃塞俄比亚政府正在通过积极制定学前教育相关政策、规划学前教育系统，密切参与到学前教育领域的发展中来。政府态度的这一转变在第四个教育发展五年规划中尤为明显，埃塞俄比亚政府在此项规划中首次描述了今后的目标与发展战略，也为政府参与的学前教育发展打开了新的大门。[1]

二、发展现状

埃塞俄比亚的学前教育主要通过三种方式提供，分别为幼儿园、"儿童对儿童"计划以及"零年级"项目。埃塞俄比亚的幼儿园主要由非政府组织、地方社区、私人机构以及宗教信仰组织经营，幼儿园可为儿童提供长达三年的教育，是目前三种方式中课程质量最高的一种。"儿童对儿童"计划则是让年龄较大的儿童在教师的监督下带领年龄较小的儿童一起玩耍与学习，并通过交流向年龄较小的儿童传授知识。这一教育方式将持续一年，儿童可以从比自己年长的同辈身上学到数数、区分颜色和识别字母等基本技能。"零年级"项目是一种为期一年的学前班，开设于各个公立小学，为6岁的儿童开设。这些儿童在一年后（即7岁时），可直接进入小学接受基础教育。

（一）学前教育普及和发展程度

发展学前教育事业为埃塞俄比亚教育部目前的重要任务之一，因为政府意识到学前教育对于教育领域整体入学率的影响，并且希望通过建立学前教育系统以降低基础教育阶段的辍学率。这一举措颇具成效，目前，学前教育系统的完善直接提高了基础教育的入学率，特别是女童入学率。此

---

[1] TEFERA B. Early Childhood Care and Education (ECCE) in Ethiopia: developments, research, and implications[J]. Eastern Africa social science research review, 2018, 34(1): 177-206.

外，埃塞俄比亚政府表示，每个儿童均有权享受学前教育和幼儿护理，学前教育是全民教育的基石，是实现全民教育目标的第一步。埃塞俄比亚希望到 2030 年为所有儿童提供高质量的学前教育，为他们步入初等教育打好坚实的基础。为此，政府一直致力于发展学前教育课程和提高教师素质，并为学前教育提供督导支持。也正因此，学前教育的入学率正在逐年增长。

1999—2000 学年，埃塞俄比亚全国的学前教育入学率仅有 1.8%。[1] 根据教育部最新发布的教育年鉴，2020 年，埃塞俄比亚学前教育入学率已经提高到 45.4%（见表 4.1），也就是说，如今近半数的适龄儿童都有机会接受学前教育。

表 4.1 2019—2020 学年埃塞俄比亚学前教育毛入学率 [2]

地区	毛入学率		
	男童	女童	总计
提格雷州	74.4%	73.9%	74.1%
阿法尔州	20.2%	16.4%	18.3%
阿姆哈拉州	41.8%	42.0%	41.9%
奥罗莫州	34.4%	31.5%	32.9%
索马里州	9.0%	5.8%	7.4%
本尚古勒－古马兹州	36.7%	33.7%	35.2%
南方各族州	74.3%	69.9%	72.1%
甘贝拉州	70.6%	65.6%	68.1%
哈拉尔州	96.6%	88.6%	92.7%

---

[1] 资料来源于埃塞俄比亚教育部官网。

[2] 资料来源于埃塞俄比亚教育部官网。

[3] 注：锡达玛州是 2019 年 11 月投票组建的自治州，故该表格未收录锡达玛州相关数据，下同。

地区	毛入学率		
	男童	女童	总计
亚的斯亚贝巴市	107.5%	103.5%	105.5%
迪雷达瓦市	54.8%	51.7%	53.2%
全国总数	46.6%	44.1%	45.4%

由表 4.1 可见，学前教育毛入学率最高的是哈拉尔州和亚的斯亚贝巴市，这两个地区的毛入学率高达 90% 以上。阿法尔州与索马里州则最低，仅有 18.3% 与 7.4%。这些数据显示，虽然学前教育的毛入学率总体增长较快，但发达地区与欠发达地区儿童获得教育的机会仍差距悬殊。

（二）大纲制定与教育理念

埃塞俄比亚的第一个学前教育大纲于 1973 年正式推出，由 7 个科目组成，旨在促进儿童的全面发展。由于课程设计的历史背景，大纲强调培养儿童的团队合作品质。大纲由教育部进行评估与修订，同时也强调学前教育评估不应只由学前教育教师进行，而应有助理教师和家长参与。该大纲在 1998 年进行了修订。修订后的大纲设计以学科为基础，更适合小学阶段的儿童，不符合学前儿童的学习兴趣和学习方式。因此，大纲在 2001 年再次进行了修订。2001 年的大纲提出采用一种更新颖、更有利于儿童的教学方法，即参与式教学，更有利于儿童的全面发展。

如今，埃塞俄比亚学前教育学生大部分都参与"零年级"项目。该项目与小学课程紧密结合，旨在帮助学龄前儿童平稳过渡到小学学习。其教学理念主要围绕"实用"这一概念展开，帮助学生顺利升入小学，为埃塞俄比亚教育的整体发展打下一个良好的基础。

（三）教学资源

埃塞俄比亚学前教育体系较为复杂，参与的组织与机构众多，因此教育资源的构成也比较复杂。其中，政府只提供一小部分资源，更多的资源来自非政府组织以及其他机构，其中具体资金数额难以统计。但根据埃塞俄比亚政府目前的态度判断，该国的学前教育在未来很有可能会由政府进行全面或是部分监管。[1]

目前在埃塞俄比亚城市中最常见的学前教育机构是幼儿园。这种教育方式主要提供给经济条件较好的家庭。幼儿园教学方案的设计主要参考国外学前教育体系，借鉴国外教科书与课程设计，教学语言主要是英语、法语和阿拉伯语，资金主要来自非政府组织。由于埃塞俄比亚农村地区幼儿园很少，一些非政府组织也开始在农村地区试点，期望未来政府能够介入，为这些幼儿园注入资金以扩大发展规模。总体看来，幼儿园对于农村地区的家庭和学生来说是利大于弊的，能有力促进农村地区学前教育事业的发展。

同时，鉴于绝大多数儿童接受教育的机会严重受限，教育部推出了两种针对 6 岁儿童的低成本社区学前教育方案，以便他们能够顺利进入小学学习。这两种方案分别为"儿童对儿童"计划和公立小学附加的"零年级"项目。"儿童对儿童"计划在官方政策中有明确阐述，但"零年级"项目并未被太多提及，具体实施计划主要由当地政府制定。总的来看，这些项目形式灵活，能够高效利用当地资源，大大提高了学前教育的毛入学率，在埃塞俄比亚具有很高的可行性和可扩展性，发展前景良好。

---

[1] TEFERA B. Early Childhood Care and Education (ECCE) in Ethiopia: developments, research, and implications[J]. Eastern Africa social science research review, 2018, 34(1): 177-206.

第二节 学前教育的特点和经验

为改善贫困家庭上不起学以及学前教育不受社会重视的状况，埃塞俄比亚政府近年来开展了"零年级"项目以及"儿童对儿童"计划，旨在增加学前教育入学人数、扩大学前教育办学规模，让更多的学龄前儿童上得了学、上得起学。这些项目使学前教育普及率和基础教育入学率有了明显的提高，教学效果也得到了社会和家长的认可。

一、"零年级"项目

为了让更多儿童能够接受学前教育，埃塞俄比亚政府于 2011 年正式推出"零年级"项目。"零年级"项目以社区为基础，主要在公立小学开展，为 5—6 岁儿童提供为期一年的学前教育培训。其实，这种为没有阅读和写作能力的学生提供小学预备班课程的教育机制在埃塞俄比亚有着较深的历史传统，曾在 20 世纪 70 年代一度辉煌。基于良好的民众基础，"零年级"项目的开展较为顺利，规模迅速扩大。

"零年级"项目在扩大学前教育覆盖面方面有着非常大的潜力与很高的可行性。首先，"零年级"项目能够高效地利用人力和物力资源。校区建设对于埃塞俄比亚学前教育的发展来说是一个大问题，尤其在农村，各个社区很难获批足够的土地来建设校舍，而"零年级"项目一般设立于公立小学内，可与小学资源共享。这种资源利用方式对于教育资源紧缺的埃塞俄比亚来说非常有效，也有利于项目的长久运营。附属于小学的"零年级"项目对低收入家庭的儿童起到了尤其重要的作用，能够有效帮助他们做好入学准备。[1]

---

[1] TEFERA B. Early Childhood Care and Education (ECCE) in Ethiopia: developments, research, and implications[J]. Eastern Africa social science research review, 2018, 34(1): 177-206.

不过，由于"零年级"项目大多在资源短缺、欠发达的农村地区开展，如何容纳更多需要接受教育的儿童、如何与当地政府部门协调开展教学工作以及如何配备足够的师资，都对该项目的可持续发展提出了严峻的挑战。

"零年级"项目的开展为埃塞俄比亚学前教育实现快速扩张和教育公平做出了重要贡献。2020年的统计数据显示，埃塞俄比亚仅"零年级"项目的毛入学人数就高达 2 292 140 人，几乎是幼儿园（825 248 人）和"儿童对儿童"计划（482 208 人）的毛入学人数总和的一倍，毛入学率更是后两者的数倍，各类学前教育毛入学率见表 4.2。[1] 在入学准备方面，虽然接受幼儿园教育的学生比只参加"零年级"项目或"儿童对儿童"计划的学生所取得的成绩更好，但幼儿园教育受众小，只有城市地区的富裕家庭子女才有条件进入幼儿园学习。相较之下，"零年级"项目能够给更多贫困地区的儿童提供教育机会。如今，"零年级"项目正在埃塞俄比亚迅速发展，且其质量也在逐步提高。

表 4.2 2019—2020 学年埃塞俄比亚各类学前教育毛入学率

类别	男童毛入学率	女童毛入学率	全国毛入学率
幼儿园	10.7%	10.1%	10.4%
"儿童对儿童"计划	6.2%	5.9%	6.1%
"零年级"项目	89.7%	84.8%	87.3%

二、"儿童对儿童"计划

埃塞俄比亚"儿童对儿童"计划是一项由埃塞俄比亚政府在联合国儿

---

[1] 资料来源于埃塞俄比亚教育部官网。

童基金会的支持下主导实施的实验项目，目的是通过以儿童为中心的同伴辅导方法，让年龄较大的儿童（下文统称为"同辈助教"）在其家乡的社区小学与学龄前儿童共同进行早期学习活动。当学习结束后，经过培训的儿童应具备基本的学前识字和算术能力，以帮助他们顺利过渡到小学一年级。该项目为联合国儿童基金会中期战略计划（2006—2009 年）的一部分，目的是通过提供低成本的非正规教育项目，改善儿童的入学准备情况。该方案重点并不在于取代全面、综合的幼儿教育方案，而是以"儿童对儿童信托基金"于 1987 年开发的互助教育模式为基础，开展以儿童为中心的学习计划，让同辈助教一同参与儿童保健和教育发展，通过开展活动向其他未参与计划的儿童、家庭以及周边其他社区传播他们的学习成果。

研究证明，这种类型的互助教育确实可以有效提高儿童的基本阅读能力以及数学运算水平。同辈助教在这种互助模式中起到极为重要的作用，他们往往能够活跃教学气氛、提出学科相关的问题以及提高其他学生的学习积极性，成为小组互动环节中的榜样。这种跨年龄的互助辅导不仅有助于发展学生的学习能力，也有助于增强他们的社会技能、自尊心以及与同伴的交往能力。同伴辅导对参与计划的所有儿童都有好处：无论是在一对一还是在小组学习环境中，年幼的儿童总能从同辈助教那里获得独特的学习体验，同辈助教也能够在学习新知识的同时，巩固复习之前学到的旧知识。

联合国儿童基金会与多伦多大学安大略教育研究所就此计划在埃塞俄比亚取得的成效进行了调查，以评估参加该计划的儿童比起其他儿童是否能更顺利地过渡到小学阶段，并具备更强的早期学习能力。此外，调查还评估了该计划对同辈助教、家庭和教师的积极影响，探讨了该计划的可持续性问题。调查结果表明，参与该计划的儿童不论是在数学计算能力还是语言读写能力考试中的得分均明显高于其他未参与计划的儿童。更有证据表明，该计划现在的效果比 5 年前试点阶段效果更为显著。通过这个计划，学生们学会了沟通、表达自我和提出问题，能够更好地了解学校的规章制度，遵守纪律，学习更有动力，对小学学习也更加感兴趣。同辈助教通过参与该计划，在学校的表现也得到了改善，学习态度更加积极。教师和其他主要参与方也谈到了同辈助教对埃塞俄比亚扫盲的积极作用，并指出该计划提高了他们的领导能力，增强了他们对教师工作的热情，也增强了他们的社区归属感。而且，因为参与了"儿童对儿童"计划，并以此为基础成功建立了与儿童更加密切的关系、更加友好的学习环境，这些教师在教学方法的理解与使用方面均有所提升，能够以儿童为中心制定人性化的教学计划。得益于此计划，越来越多的教师选择前往学前教育机构教学，踏上自己的教育之路。调查还显示，家长们对于"儿童对儿童"计划的理解大大促进了该项目的开展，也大大提高了入学率。此外，送子女参与该项目的父母比起其他父母更加了解子女接受早期教育的重要性。

总体而言，从 2008 年至今，"儿童对儿童"计划在埃塞俄比亚得到了快速发展。虽然直到 2020 年这一计划的整体入学率仅有 6.1%，远不及"零年级"项目，但总体反馈极好，学校、家长、学生三方对此计划反响均非常积极。[1]

第三节 学前教育的挑战和对策

目前，埃塞俄比亚的学前教育发展面临着诸多挑战。由于区域发展不平衡、班级规模过大、师资力量薄弱，学前教育质量难以得到实质性提高，学生们的学业水平不高，社会技能收获较少。针对这种状况，政府推出了"零年级"项目和"儿童对儿童"计划，加强了对学前教育教师的培训，承诺增加对该领域的投入。然而，受制于有限的财政预算和紧缺的教育资源，这些措施的效果是有限的。

---

[1] MUNDY K, PROULX K, JANIGAN K, et al. An evaluation of the child-to-child school readiness programme in Ethiopia[R]. Toronto: Ontario Institute for Studies in Education, 2014.

一、问题与挑战

近年来，埃塞俄比亚的学前教育得到了一定发展，但教育质量的提高仍然受到诸多因素的制约。当前，埃塞俄比亚学前教育面临的挑战主要来自三方面：区域发展不平衡、资源紧缺、师资不足。

（一）区域发展不平衡

现有研究表明，埃塞俄比亚学前教育的不公平现象仍然十分严重，区域之间存在着巨大差异：首都亚的斯亚贝巴的毛入学率高达 105.5%，提格雷州也达到了 74.1%，但索马里州却仅为 7.4%。[1] 生活在城市的贫困儿童与生活在农村的儿童基本与学前教育无缘。

归根结底，这一问题源于埃塞俄比亚地区间的贫富差距，以及城市与农村发展速度的差距。不仅学前教育面临这一难题，埃塞俄比亚其他级别的教育也受此问题困扰。亚的斯亚贝巴等较发达的城市地区的教育发展基础一直比较良好，教学设备齐全完好，而一些欠发达的州和广大农村地区学前教育一直没有得到重视，教育基础薄弱，也缺乏发展的机会。总体来看，埃塞俄比亚的农村儿童很难获得学前教育机会，这并不是埃塞俄比亚学前教育独有的问题，而是埃塞俄比亚社会发展的问题。想要解决这一问题需要政府与公众共同努力参与，实现全国各地区的经济发展和教育机会的平等。

（二）资源紧缺

埃塞俄比亚学前教育还存在着严重的资源紧缺问题。虽然学前教育的

---

[1] 资料来源于埃塞俄比亚教育部官网。

发展越来越快，但资源供给却没能跟进，很多项目的开展一直依赖世界慈善机构以及非政府组织的捐赠。2011年，"零年级"项目启动时，埃塞俄比亚政府只是要求所有公立学校都需要分配一间教室、配备一名教师，除此之外未提供任何资金和支持。其他很多项目也是独立存在、独立开设，多方资源无法得到有效协调。总之，教育项目的组织与开展一直受到限制，也给学前教育的发展带来了困难。

以"零年级"项目为例，"零年级"项目的入学人数最多，是埃塞俄比亚目前学前教育的一种主流方式。入学人数多、增长迅速意味着大量4—6岁的儿童需要前往教室上课，但教室有限的空间完全无法容纳巨大的学生群体，教室里无法放置足够的桌椅板凳，甚至教师都没有一张讲桌，更没有地方存放学习用具以及材料。除"零年级"项目外，其他项目也同样缺乏长期预算，基础设施等教学资源均十分匮乏。"零年级"项目的许多校舍最初修建时并非学校，而是民居，室内、室外设计多有不恰当之处，例如房屋空间不足、校舍光线和通风条件较差、基本卫生设施与安全设施不足、教学设备不足等。以上问题都对教师工作的开展提出了挑战。

（三）师资不足

师资匮乏也是直接导致埃塞俄比亚学前教育质量低下的原因之一。目前，学前教育教师数量极为匮乏，师资质量也较低。生师比例较大是埃塞俄比亚教育的一个普遍现象，学前教育阶段尤为严重，1名教师负责50名儿童的情况并不罕见。由于入学人数快速增长，1—4岁年龄段的生师比在过去三年里从60∶1上升到90∶1。相比于其他国家的平均水平（25∶1—30∶1），学前教育面临着严重的师资不足问题。而且其中大部分的学前教育教师从未受过任何训练，接受过系统化学习的教师仅为少数。

另外，长久以来，学前教育教师的收入极低，因此教师群体不满情绪普遍，教师对教学事业缺乏热情，离职率居高不下，这也进一步加剧了学前教育师资的不足。

二、应对策略

针对上述问题，埃塞俄比亚政府及国内教育专家和学者提出了各种解决方案和应对策略，然而受主客观条件的制约，这些方案中只有少数得到了落实。

针对贫困地区学前教育普及程度低、教育质量差的问题，目前政府所采取的措施大致有：开设"零年级"项目以帮助更多的农村地区儿童接受学前教育；推进"儿童对儿童"计划以减轻师资等各类资源压力；加强以社区为单位的教育机构建设，从而减轻本地小学压力；改善贫困地区交通情况，方便学生上学；为贫困地区家长提供补助；从国家层面开发与推出儿童保育与管理政策等。

针对学前教育领域资源短缺的问题，近些年有学者提出应当将多种学前教育项目结合利用。比如，将"儿童对儿童"计划与"零年级"项目结合开展，以给家长们更多的选择，并更好地支配协调资源。学者还指出了民间力量的重要性，认为政府应该吸纳更多民间和私营机构资金，让教育的发展获得更多社会资助。但这种做法背后也存在一定风险，政府机构必须发挥监管作用，建立质量保障体系，警惕某些民营企业为获取利益而牺牲教育质量。埃塞俄比亚政府采纳了其中的一些建议。例如，决定于2018—2030年着力改善学前教育教学设施，承诺为学前教育注入更多资金，提供足够的教学空间，也会将校舍的卫生设施按性别进行区分。种种举措若能得到落实，必将对埃塞俄比亚学前教育质量的提升和学生们的成长产生十分积极的影响。

　　为解决学前教育师资短缺的问题，相关学者指出，首先，政府需要提供更多的资金支持以加强学前教育师资力量，在农村与城市地区同时加大对教育事业的扶持力度，以确保高素质的教师加入到学前教育事业当中。其次，政府需要为教师提供明确的教学方针、制定明确的教学方案。再次，政府应当加强教师培训，重新编排培训方案，使教学目标更明确、教学内容更实用、课程内容更丰富。从根本而言，政府应当着力改善教学环境和教学设施，提高教师福利待遇，在保证学生能够接受良好教育的同时，提高教师对教育事业的归属感和责任感。[1]

　　学前阶段是儿童神经系统发育、心智发展的关键时期，这一时期的教育对儿童今后的发展有着重要意义。对于一个国家的教育系统来说，学前教育是基础教育的准备阶段，良好的学前教育能够为基础教育奠定基础，从而培养社会发展所需要的人才。因此，对学前教育的投资无论是对埃塞俄比亚整个国家的短期目标还是长期繁荣来说都至关重要。然而，当前埃塞俄比亚的学前教育事业受到的重视还远远不够，大多数地区的学前教育是由私立机构、组织或者个人提供的，而且入学率也较低，许多适龄儿童出于各种原因无法接受学前教育。此外，受历史传统和经济发展差距的影响，学前教育的区域差距、城乡差距显著，这也影响了基础教育和高等教育的公正平等，加剧了社会的不公。师资的匮乏和教育设施的不足也进一步加剧了学前教育的发展窘境。近年来，政府逐渐认识到学前教育的重要性，采取了相关政策措施加强学前教育的硬件建设、改善办学条件、引入适合本国国情的培养模式和教育项目，使得学前教育的发展困境有所改善，但相比于其他教育阶段来说仍然进展缓慢，任重道远。

---

[1] DINKA H. The challenges of government preprimary education schools/centers in Addis Ababa[R]. Addis Ababa City Government Education Bureau, 2017.

第五章 基础教育

为摆脱国家贫困、经济落后的状况，埃塞俄比亚政府将"教育优先"作为国家发展战略，决心通过教育满足经济社会发展对人力资源的需求。在整个教育体系中，政府尤其重视基础教育的发展，投入了许多资源，希望通过改善基础教育来带动教育事业整体发展。目前，埃塞俄比亚为基础教育事业的发展设立了多项目标。比如，确保2030年所有埃塞俄比亚男童和女童都能够接受自由、公平并且高质量的小学以及中学教育，并取得有效的学习成果等。在政府的大力支持下，埃塞俄比亚基础教育的入学率有了显著提高，普及程度也在不断扩大。此外，在为本国国民提供基础教育的同时，埃塞俄比亚也积极承担地区大国的国际责任，为来自周边国家的难民提供基础教育。然而，基础教育短期内的快速扩张也带来了许多问题，如师资匮乏、入学机会不均等、弱势群体的受教育权难以得到保障等，种种困难为埃塞俄比亚基础教育质量的提升提出了挑战。

第一节 基础教育的发展和现状

1994年，埃塞俄比亚政府颁布了《教育与培训政策》，其总体目标是提高教育质量和效率，普及基础教育，重点针对农村及不发达地区，致力于消除教育领域的性别歧视，培养儿童成为不同领域和不同层次的合格国民，以促进国家的经济社会发展、民主发展以及提高国家管理水平。1997 年，政府确定了优先发展教育事业的战略，并先后制定了五个教育发展五年规划，高度重视基础教育，明确了要普及小学教育，降低基础教育阶段辍学率，提高基础教育质量。由于新政策的实施，教育改革取得了显著的效果。近年来，埃塞俄比亚基础教育规模不断扩大，小学教育普及率显著提高，中学教育入学率也逐年升高。

一、阶段划分与学制

埃塞俄比亚的基础教育阶段被纳入义务教育范畴，其中小学教育分为两个阶段：第一阶段为 1—4 年级，主要进行基础文化的学习；第二阶段为 5—8 年级，目的是进一步提高学生的文化素质，为升学做准备。[1] 中学教育也分为两个阶段：第一阶段为 9—10 年级，第二阶段为 11—12 年级。在第一阶段的学习结束后，学生们将参加普通中等教育证书考试，以获取初中教育文凭并选择步入下一阶段学习。第二阶段也被称为预科阶段，这一阶段将为学生进入大学接受高等教育做好准备。其中，不满足升学条件的预科学生可以选择接受教师教育或职业教育。

二、基础教育普及情况

20 世纪末以来，埃塞俄比亚的基础教育得到了快速发展。小学入学人

---

[1] 1994 年，埃塞俄比亚正式采用了 1—4 年级自动升级政策，此举迅速提高了净入学率。

数在短短 20 年的时间里约增加了 4 倍，从 1996—1997 学年的 4 007 694 人 [1]
增加到 2019—2020 学年的 20 419 152 人；小学毛入学率也从 1999—2000 学
年的 30% 提高到 2019—2020 学年的 104%[2]。与此同时，埃塞俄比亚中学教
育阶段的入学人数也有了大幅增长，2019—2020 学年中学阶段的入学人数
达到了 3 466 972 人，这一数字是 20 年前的 8 倍。相比小学阶段，埃塞俄比
亚中学阶段的毛入学率较低，2019—2020 学年全国毛入学率仅 38.9%。

不过，基础教育规模的扩大带来了严峻的教育质量问题。班级规模
过大、人数过多，导致教学资源紧张、教学质量下滑，辍学率也因此走
高。教育部发布的数据显示，1—8 年级辍学率高达 13%，有些地区该数据
还在增加。中学师资质量也严重不达标，合格中学教师只占教师总人数的
8.1%，[3] 这些都直接影响到基础教育的教学质量。不仅如此，由于中学无法为
高等教育输送足够的合格生源，高等教育的入学率和生源质量也受到影响。

三、课程设置

自 2007 年起，埃塞俄比亚教育部就着手制定基础教育课程方案。该方
案一直沿用至今，囊括了基础教育现状分析、需求评估、全国统一课程框
架制定、最低入学门槛设定、学科大纲设计、教科书设计、教师培训以及
教师评估等内容，旨在培养学生的主动学习能力并跟踪学生的学习情况，
并以此为基础培养能够融入本国社会以及国际社会的优秀人才。[4]

埃塞俄比亚的基础教育教学大纲强调根据不同年级制定不同教学内容

---

[1] 资料来源于世界银行官网。

[2] 毛入学率超过 100% 是因为有非适龄儿童入学。

[3] 资料来源于埃塞俄比亚教育部官网。

[4] FROST M，LITTLE A. Children's learning practices in Ethiopia: observations from primary school classes[J].
Oxford review of education, 2014, 40(1): 91-111.

并有所侧重。每个年级的教学大纲根据学生的身心阶段特点和学习习惯设计教学内容，采用相应的教学理论来指导实践。例如，小学一年级注重基础，其数学教学大纲中写道："学习数学就像筑一堵墙，一定要有一个牢固的基础，只有当初步的工作完成好，下一步才能继续进行。"而五年级大纲则更注重实用性，将教学重心从"用数学进行运算"转向"用数学解决问题"，不再将学生视作知识的被动接收者，而是视作主动汲取知识并能够将新知识与旧知识进行联系的学习者。在教学方法上，大纲鼓励低年级教师运用多种方式进行教学，如教师讲解、课堂讨论、师生问答等，辅以做游戏、唱歌谣、做实验、竞赛等方式为学生提供丰富的教学活动。三年级教师可带领学生进行两人合作作业、小组作业、实验作业等活动。六、七年级教师则需鼓励学生踏入"真实世界"，将知识运用在现实场景中。八年级教师则会给学生一些自主学习空间，培养其独立解决数学问题的能力，并鼓励学生观察彼此在解决问题中所运用的技巧，主动学习，互相学习。[1]

目前，埃塞俄比亚基础教育阶段的学科分为文科、自然科学和社会科学三类。这样分类的目的是为了更高效地给学生传授必要的知识，以帮助他们通过升学考试，顺利进入高等教育接受深造。但埃塞俄比亚教育部发现，这种学科分类在培养学生的批判性思维上尚有不足，并不能培养学生的创造力与创新精神，也无法培养学生的各种技能。因此，教育部提议将职业技能课程（如生活技能、园艺、农艺、木艺等）纳入课程系统中，同时相应减少学术课程占比，让学生能够通过动手实践来提高实用技能。这种转变能够调动学生的学习积极性，有趣的课程设置也会让校园氛围更加活跃。政府希望通过推出这些新课程来激发学生的想象力、提高学生的综合素质，让学生们通过感受世界来学习知识，通过知识来理解世界。

就现阶段而言，埃塞俄比亚的发展需要大量实用型技术人才，也正因

---

[1] FROST M, LITTLE A. Children's learning practices in Ethiopia: observations from primary school classes[J]. Oxford review of education, 2014, 40(1): 91-111.

此，政府一直倾向于培养理工方向而非人文方向的人才。虽然这样做的初衷是为了消除贫困、推动国家经济发展，但教育部认识到，现在的教育模式无法全面培养学生的各种思维能力和技能，并认为如果这种状况持续下去，将会给国家社会发展带来负面影响。[1]

总体而言，埃塞俄比亚基础教育现行课程设置注重实用性，与国家发展规划相契合。基础教育的课程设置强调根据不同年级选择不同教育理念，旨在为低年级学生打好基础，鼓励高年级学生活学活用、提升实践能力。虽然课程设置以及资源供给仍存在缺陷，但教育部正在积极研究问题所在，以更好地推动基础教育发展，培养国家发展急需的人才。

第二节 基础教育的特点和经验

相比埃塞俄比亚的其他教育阶段，基础教育的规模扩张速度尤为突出，这主要得益于政府对基础教育的重视。近几十年，政府不断加大的教育投入和大量的国际援助为基础教育的发展注入了新动力。在稳步发展本国教育的同时，埃塞俄比亚也一直在履行其作为非洲地区性大国的责任。近年来，埃塞俄比亚制定了相关计划，为难民提供与本国国民同条件的基础教育，这一举措为非洲难民教育事业做出了卓越的贡献，展现了国际担当。

一、规模扩张迅速

埃塞俄比亚高度重视小学教育，视其为其他教育的基础。在联合国发

---

[1] FROST M, LITTLE A. Children's learning practices in Ethiopia: observations from primary school classes[J]. Oxford review of education, 2014, 40(1): 91-111.

展目标影响下，埃塞俄比亚政府一方面积极争取国际援助资金，另一方面不断提高本国财政教育经费投入的比例。根据教育部发布的最新教育年鉴，政府在小学教育上的资金投入最多，小学的发展规模也是所有教育中最为突出的。

进入 21 世纪以来，埃塞俄比亚基础教育阶段学校数量大幅增加，入学率也迅速提高。政府通过扩建、改建和新建一大批小学，扩大了小学教育的规模。据统计，1995 年，全国仅有小学 9 900 所 [1]，到 2020 年，全国共有 1—8 年级完全小学 [2] 37 750 所，增长近 3 倍。[3] 办学规模扩大、入学人数增加使埃塞俄比亚的小学教育普及率进一步提高，教育不平等状况也得到了一定程度上的改善。近几年，小学教育毛入学率一直高于 100%，这意味着部分非适龄儿童也开始接受政府提供的正规教育。虽然其中有许多学生年龄过大，但他们能够有机会步入校园接受教育，这对人才培养、社会发展乃至国家的长期发展而言都不失为一件好事。

二、难民教育

埃塞俄比亚的难民政策，可追溯至 1951 年的《关于难民地位的公约》、1967 年的《关于难民地位的议定书》以及 1969 年签署的《关于非洲难民问题某些特定方面的公约》。如今，埃塞俄比亚是世界上收容难民儿童最多的国家之一。埃塞俄比亚目前有超过 79 万名难民，他们大多来自南苏丹、苏丹、索马里、厄立特里亚和也门。根据教育部统计，这些难民中超过 60% 的人为基础教育适龄儿童。

---

[1] 陈明昆，张晓楠，姚娇娇. 埃塞俄比亚初等教育发展取得的成就及面临的问题与挑战 [J]. 非洲研究，2017（1）：182-193.

[2] 完全小学指设有初级和高级两部的小学。

[3] 资料来源于埃塞俄比亚教育部官网。

埃塞俄比亚政府于 2019 年 2 月颁布了公告，旨在为难民提供与本国国民同条件的学前教育与小学教育。埃塞俄比亚政府表示，将努力把更多难民纳入国家教育系统中。[1]

多年来，就难民问题，埃塞俄比亚一直与国际组织交流密切。埃塞俄比亚为难民儿童所做出的努力得到了"教育不能等"基金会和"自力更生计划"的认可和支持。这些组织的帮助有力推动了难民教育的发展，使更多难民儿童的受教育权得到保障，在埃塞俄比亚难民教育发展事业中起到了至关重要的作用。在国际组织的支持下，埃塞俄比亚政府得以建立一批新校舍，扩建旧校舍，壮大教师队伍并提高了师资质量。另外，为了更好地了解目前所面临的挑战，难民与遣返事务部正同教育部密切合作，致力于将难民教育纳入国家和地方教育管理系统。

在各方努力下，埃塞俄比亚目前在难民教育方面已取得了一些积极成果。根据埃塞俄比亚《2019—2020 年教育年鉴》，共有 202 195 名（其中男童 117 707 名，女童 84 488 名）难民学生接受了埃塞俄比亚不同等级的教育，其中有 60 159 名儿童接受学前教育，130 621 名儿童接受小学教育，11 415 名学生接受中学教育。[2] 埃塞俄比亚教育部还为无法提供教育文凭的难民儿童提供学术能力评估以及入学考试机会，同时，地方教育局也在所有难民学校确立了提高教育质量的目标，并为达到这一目标采取了相关举措，包括统一全国评估标准、学业检查、对难民学校的发展质量进行监督、制定教育质量提升计划。国家教师教育学院也将难民教师纳入加速培训行列，旨在加快师资扩充速度，以满足难民教育的师资需求。

根据 2019 年的数据来看，虽然目前埃塞俄比亚境内难民中还有 47% 的适龄儿童无法入学，教育质量也有待提高，但这并非埃塞俄比亚难民教育独存的问题，而是撒哈拉以南非洲国家普遍面临的问题。埃塞俄比亚政府

---

[1] 资料来源于埃塞俄比亚教育部官网。

[2] 资料来源于埃塞俄比亚教育部官网。

目前还在努力将更多难民纳入国家教育系统当中，但由于大部分难民儿童属于基础教育适龄儿童，因此基础教育受到的挑战最大。以目前情况来看，政府将持续与国际基金会以及非政府组织合作，将改善难民教育问题视为教育事业主要发展目标。[1]

第三节 基础教育的挑战和对策

毫无疑问，埃塞俄比亚在扩大基础教育规模方面取得了较大成就，但实现高质量的基础教育仍然是一个挑战，这也正在成为该国教育事业的发展瓶颈。相关研究表明，埃塞俄比亚基础教育阶段学生的数学运算以及文字阅读能力明显不足。2007 年进行的国家学习评估显示，埃塞俄比亚能够熟练掌握四年级阅读内容的小学毕业生仅占 14.6%，而熟练掌握数学运算能力的也仅有 17.2%。[2] 除此之外，根据世界银行提供的数据，埃塞俄比亚的文盲率高达 49%，[3] 这意味着近半的公民还处在文盲状态。直到 2015 年，埃塞俄比业小学阶段辍学率仍然较高，只有 1/5 的学生能完成八年级的考试。虽然政府试图从多方面改善埃塞俄比亚基础教育领域的质量问题，但暴增的入学率与匮乏的资源不断限制着教育质量的提高，使得相关努力收效甚微。

一、问题与挑战

目前来看，埃塞俄比亚基础教育主要面临着三个难题：教师数量不足，

---

[1] 资料来源于埃塞俄比亚教育部官网。

[2] 资料来源于埃塞俄比亚教育部官网。

[3] 资料来源于世界银行官网。

教师的工作积极性较低；教育的地区不平等、性别不平等现象严重；弱势群体的受教育权难以得到保障。

（一）教师数量不足

教育质量不理想的一大根源是师资问题。一方面，对于埃塞俄比亚青年来说，教师并不是理想职业，大多数青年不愿意加入教师队伍。另一方面，已入职的教师工作积极性不高，缺乏职业责任感，教师离职率较高。一项针对埃塞俄比亚在职教师的调查显示，93.7% 的受访者表示自己是出于无奈才加入教师行业，仅有 6.3% 表示教书育人是他们的第一选择；调查还发现，埃塞俄比亚基础教育教师花在教学上的时间比花在自己的私人工作上的时间要少许多。这意味着绝大多数教师缺乏工作积极性。[1]

造成这种状况的原因主要有二。一方面，教师的薪酬较低，待遇较差，教师职业缺乏吸引力。以亚的斯亚贝巴市为例，作为埃塞俄比亚经济发展相对最好、资源最为充裕的地区，亚的斯亚贝巴的小学教师依然面临薪酬偏低的问题。调查结果显示，约 2/3 的教师对职业现状或多或少感到不满。当被问到"你的收入能否支撑你的家庭开销"时，所有教师均表示"无法支撑日常家庭花费"。一位受访者甚至表示："虽然教师这个职业很重要，但当我们都生活在贫困之中时，我们如何教书育人？"虽然政府也为教师提供了一定的福利，例如住房补贴和报销公共交通费用，但受访者表示获得的住房补贴并不足以支付房租。也正因此，基础教育教师的离职率很高，不少受访者表示自己离职的唯一原因是"工资太低"。另一方面，学校的行政管理缺陷也对教师的积极性造成打击。65.6% 的受访者表示，学校的管理

[1] SHISHIGU A. Teacher as a key role player to induce quality education: challenges and prospects of primary schools in Addis Ababa[C]. 4th Annual Educational Research Symposium of Addis Ababa City Government Education Bureau, 2018.

缺乏透明性，在各种教学活动开展上缺乏与教师的沟通以及信息传达。[1]

（二）教育不公平现象严重

对于发展中国家来说，公平性对于教育事业的可持续发展至关重要。近些年来，埃塞俄比亚基础教育阶段性别间的不公与地区间的不公尤为突出，贫困地区学生和女性学生的受教育权依然无法获得保障。目前，在埃塞俄比亚基础教育系统的各阶段里，女童的毛入学率仍低于男童。以小学为例，1999—2000 学年，男童毛入学率为 60.9%，而女童为 40.7%；到了 2016—2017 学年，男童毛入学率为 117.0%，女童毛入学率为 105.7%，男女童的性别平等指数（GPI，等于女童入学率 / 男童入学率）由 0.67 上升至 0.90，尽管性别差距的确呈现缩小趋势，但性别间的不公平仍然存在（见表 5.1）。[2] 性别的不公平现象存在着地域特点，经济上越落后的地区，男女比例失衡现象越为严重。2016—2017 学年，在经济发达的亚的斯亚贝巴市，女童小学入学比例比男童还要高出 23%，但在索马里地区，男童入学比例高出女童 37%。[3]

表 5.1 埃塞俄比亚基础教育毛入学率情况

学年	1999—2000	2011—2012	2016—2017
小学男生毛入学率	60.9%	97.9%	117.0%
小学女生毛入学率	40.7%	92.9%	105.7%

---

[1] SHISHIGU A. Teacher as a key role player to induce quality education: challenges and prospects of primary schools in Addis Ababa[C]. 4th Annual Educational Research Symposium of Addis Ababa City Government Education Bureau, 2018.

[2] 资料来源于埃塞俄比亚教育部官网。

[3] 资料来源于埃塞俄比亚教育部官网。

续表

学年	1999—2000	2011—2012	2016—2017
GPI	0.67	0.95	0.90
中学男生毛入学率	7.0%	10.0%	31.5%
中学女生毛入学率	6.6%	7.6%	28.7%
GPI	0.94	0.76	0.91

从表 5.1 可以看出，相比中学，小学阶段毛入学率较高，尤其是 2016—2017 学年，小学毛入学率突破 100%，但这种现象是由部分入学学生为非适龄儿童导致的。另一方面，虽然差距在逐渐减小，但目前在中小学阶段，女童入学机会都比男童少，虽然中学阶段 GPI 指数较高，但毛入学率总体较低，这说明中学男女学生的入学机会都非常少。[1] 基础教育毛入学率的不平等意味着大量适龄女童无法接受基础教育，间接导致了埃塞俄比亚女性识字率低下。根据 2011 年的年度识字率统计数据，在埃塞俄比亚 15—24 岁年龄段人群中，63% 的男性能够读写，而女性能够读写的人数比例只有 47%。在范围更大的"15 岁及以上"年龄段中，2012 年的识字率统计数据表明，15 岁及以上的埃塞俄比亚妇女中有 82% 是文盲（男性为 58%）。年轻一代的教育情况有所改善，但仍不容乐观。[2]2017 年，根据官方数据，女性文盲人数为 13 758 043 人，仍然远多于男性（7 289 109 人）。[3]

导致教育性别不平等的因素有很多种，如政治动荡和暴力事件、贫穷、消极的文化价值观和早婚传统等。埃塞俄比亚父母或许会送家里的女儿去上学，但他们仍然希望女儿能够履行"传统职责"（如做家务），而非按时

[1] 宋亚军，陈松鹤，张纪朋. 埃塞俄比亚基础教育中小学入学机会差异分析 [J]. 西藏科技，2015（2）：34-37.

[2] TESEMA M. and BRAEKEN J. Regional inequalities and gender differences in academic achievement as a function of educational opportunities: evidence from Ethiopia[J]. International journal of educational development, 2018(60): 51-59.

[3] 资料来源于埃塞俄比亚教育部官网。

完成家庭作业或准时到校上学。这一问题在农村地区更为严重。此外，埃塞俄比亚基础教育配备的卫生设施大多都存在设计问题。比如，男女生需共用厕所等。以上种种情况正是导致埃塞俄比亚女童缺课或辍学的主要原因。[1]

此外，城乡间基础教育发展的差距也十分明显。在入学率方面，首都亚的斯亚贝巴市的小学毛入学率能够达到 108%，但经济发展相对落后的阿法尔州却仅有 44.9%。[2] 中学阶段的问题类似，亚的斯亚贝巴市毛入学率最高，为 100.5%，甘贝拉州与提格雷州紧随其后，分别为 77.3% 与 44.2%，阿法尔州与索马里州入学率最低，分别仅有 14.2% 与 21.8%。[3] 在教育质量方面，甘贝拉、阿法尔等贫困地区学生得分（平均得分 42 分与 47 分）也远低于埃塞俄比亚经济相对发达地区，如亚的斯亚贝巴市和迪雷达瓦市（平均得分 53 分与 52 分）。[4] 这样悬殊的差距势必会对基础教育的发展产生负面影响。由于埃塞俄比亚优秀的学校以及教师资源基本都集中在城市，因此农村有条件的家庭往往倾向于送孩子到城市接受教育，这就造成了农村人口往城市迁徙。大规模的人口流动会导致经济发达地区劳动力过剩，落后地区劳动力不足，从而加剧区域教育资源分配不公，形成恶性循环。

（三）特殊需求学生入学人数少

埃塞俄比亚的残疾儿童数量无法确定，长期以来埃塞俄比亚在规划残

---

[1] TESEMA M. and BRAEKEN J. Regional inequalities and gender differences in academic achievement as a function of educational opportunities: evidence from Ethiopia[J]. International journal of educational development, 2018(60): 51-59.

[2] 资料来源于埃塞俄比亚教育部官网。

[3] 资料来源于埃塞俄比亚教育部官网。

[4] TESEMA M. and BRAEKEN J. Regional inequalities and gender differences in academic achievement as a function of educational opportunities: evidence from Ethiopia[J]. International journal of educational development, 2018(60): 51-59.

疾儿童入学保障政策时使用的一直是世界卫生组织的数据。世界卫生组织估计，全球人口中有约 15% 的残疾人口，这意味着在埃塞俄比亚 4—18 岁的学龄人口中有超过 3 350 万的残疾人口，而 2013—2014 学年，埃塞俄比亚只有 77 850 名学生以特殊需求儿童身份接受教育。根据埃塞俄比亚 2019—2020 年教育年鉴统计数据，该学年共收入有特殊教育需求的小学生 323 748 人（见表 5.2），毛入学率达到 11%。虽然比上个学年增长了 2.4 个百分点，但仍远远不及教育发展规划中 75% 的入学率目标。

表 5.2 2019—2020 学年埃塞俄比亚小学阶段特殊需求学生入学数（单位：人）[1]

地区	男童	女童	总数
提格雷州	12 711	9 525	22 236
阿法尔州	150	126	276
阿姆哈拉州	9 548	7 716	17 264
奥罗莫州	48 932	33 896	82 828
索马里州	1 113	886	1 999
本尚古勒-古马兹州	3 359	2 111	5 470
南方各族州	101 480	84 132	185 612
甘贝拉州	1 355	991	2 346
哈拉尔州	1 242	816	2 058
亚的斯亚贝巴市	1 571	1 350	2 921
迪雷达瓦市	481	257	738
全国总数	181 942	141 806	323 748

[1] 资料来源于埃塞俄比亚教育部官网。

中学特殊需求学生入学人数则更为惨淡，全国入学人数仅有 37 351 人（见表 5.3），毛入学率 2.8%，远不及教育规划中制定的 45% 的目标，并且这一入学率已连续三年不变。这意味着成千上万特殊需求儿童被边缘化的情况在近三年内都没能得到改善，仍然受排挤和歧视，无法像其他同龄孩子一样接受正规教育。

表 5.3 2019—2020 学年埃塞俄比亚中学阶段特殊需求学生入学数（单位：人）

地区	男童	女童	总数
提格雷州	2 373	1 899	4 272
阿法尔州	—	—	—
阿姆哈拉州	865	510	1 375
奥罗莫州	3 906	2 306	6 212
索马里州	8	7	15
本尚古勒-古马兹州	370	238	608
南方各族州	13 331	9 956	23 287
甘贝拉州	204	135	339
哈拉尔州	8	7	15
亚的斯亚贝巴市	710	505	1 215
迪雷达瓦市	7	6	13
全国总数	21 782	15 568	37 351

埃塞俄比亚教育部意识到，特殊需求学生入学人数较少主要是因为社会仍然缺乏相关意识、决心和相应能力来支持、扶持特殊群体，从政府机构、学校到家庭都是如此。政府缺乏可靠数据来了解和帮助有特殊需求的儿童，也缺乏适当的融资手段；学校则缺乏特殊需求人群需要的相关基础设施和学习材料。

二、应对策略

近年来，针对基础教育领域存在的一系列问题，埃塞俄比亚政府也提出了相关解决方案，并已经取得了一些效果。

对于师资短缺的问题，埃塞俄比亚政府已经意识到了教师质量在教育发展中的重要性，并在第四个教育发展五年规划中提出通过教师教育学院为各教育阶段培养具备学术素养和职业道德的教师，计划在第四个教育发展五年规划收官之际，将合格小学教师的比例从38%增至100%。虽然这一目标并未实现（至2014年，合格小学教师的比例为70%），但教师合格比例已有了相当大幅度的增长，短短五年间几乎翻了一番。不过，青年不愿意加入教师队伍这一问题目前还没有针对性的解决方案。相关专家提出，除了加强教师培训政策制定以外，提高薪酬和完善管理制度也有助于提高教师工作满意度和工作积极性，从而提升教师职业的吸引力。

针对教育公平问题，埃塞俄比亚政府也一直致力于促进入学机会公平以及提高教育质量。为此，埃塞俄比亚政府与世界银行合作，共同设计并开展了普通教育质量改进方案。该项目旨在提高全国教育质量，并通过提高对教科书与其他教育资源的投入来改善学习效果与入学公平性，目前国内学校数量激增也得益于这一项目。在保障女童受教育权利方面，"联合国女童教育倡议"自2005年以来也一直与埃塞俄比亚紧密合作，促进女童教育，关注该国贫困地区。长期以来，政府一直在通过出台各种政策倡议努力实现全民教育，如1994年推行《国家职业技术教育和培训战略》，1997年起开始颁布教育发展五年规划，以减少教育不平等现象。其中，2005—2006年度制定的第三个教育发展五年规划旨在解决地区间入学不公、性别不公以及教学质量下滑等方面问题，明确提出要加强农村和经济落后地区的基础教育建设，解决地区与地区间、城市与农村间、性别间的不公。2006年"年轻生命研究会"统计调查表明，教育发展五年规划的颁布提高了贫困家庭和贫困社区的基础教育水平，显著减少了小学阶段的性别不平等现象。总体而言，埃塞俄比亚政府正在通过各种措施实现为全国儿童提供受教育机会、提高教育质量的目标，并正在努力解决城乡间、男女间、地区间入学不公问题。[1]

政府还采取了一系列措施以保障弱势群体和其他特殊需求群体的受教育权利。"我们必须改善教育环境，以满足所有学习者的需求，"埃塞俄比亚政府发布的 2019—2020 年教育年鉴中写道，表明了政府照顾弱势群体的决心。《埃塞俄比亚联邦民主共和国宪法》与《埃塞俄比亚特殊教育 / 全纳教育总体规划》中也明确规定有特殊需求的学生与其他公民同样拥有受教育权。目前，埃塞俄比亚正致力于提供"全纳教育"，即全体公民不分性别、种族、语言、身体状况以及财产状况都能够接受教育，还提出保障被边缘化、被排挤和成绩不佳的学生群体的受教育权。埃塞俄比亚意在改善学校整体系统，包括教学环境、教学风格、教学方针、教学内容以及学校设施环境，以适合来自不同背景的儿童。政府还通过现金补贴及其他保护性政策来保证弱势儿童受教育机会。例如，"残障儿童教育保护计划"通过建立专门学校、培训特教教师、发放盲文课本等方式，使越来越多的残障儿童能够有机会上学。埃塞俄比亚政府在第四个教育发展五年规划中也特别提出要提高特殊需求学生入学人数。[2]

埃塞俄比亚政府高度重视基础教育的发展，过去几十年，在政府和国际社会的双重推动下，埃塞俄比亚的基础教育系统发生了巨大的变化，教育规模不断扩大，接受教育人数不断上升，中小学的入学率和公民识字率

---

[1] WOODHEAD M, AMES P, VENNAM U, et al. Equity and quality? Challenges for early childhood and primary education in Ethiopia, India and Peru[J]. Bernard van Leer Foundation, 2009(9): 13-28.

[2] 陈明昆，张晓楠，姚娇娇. 埃塞俄比亚初等教育发展取得的成就及面临的问题与挑战 [J]. 非洲研究，2017（1）：182-193.

有了显著提高。然而，快速发展的同时，一系列问题也浮现出来：教学资源不足和行政管理体系不完善导致师资流失，教学质量下滑；教育发展过程中性别比例失衡，地域发展不均衡现象严重；特殊群体的受教育权利有待保障。在认识到这些问题后，政府积极干预，在调整政策的同时，也努力寻求国际援助。然而，对于埃塞俄比亚这样的发展中国家来说，发展基础教育所需的资金、合格师资以及社会动员能力都需要长期发展积累，落后的社会观念、地区差异也并非一朝一夕能够改变。真正实现科学、平等、普惠、可持续的基础教育，埃塞俄比亚还有很长的路要走。

第六章 高等教育

受过良好高等教育的人才是国家社会和经济发展的中流砥柱，完善的高等教育机制本身也是促进社会阶层流动的重要动力，尤其是对于经济社会发展水平相对较低、贫富差距较大的埃塞俄比亚来说，高等教育的意义尤其重大。埃塞俄比亚的现代高等教育萌芽于 20 世纪 50 年代，经历数十年的缓慢发展后，于 20 世纪 90 年代迎来了快速发展期。自埃革阵上台以来，高等教育备受当局重视，并在政府主导下经历了跨越式发展，取得了令人瞩目的成就：高校的入学率逐年增长，高等教育从精英走向平民，高等教育内容与经济社会发展的需求更加契合，高校的国际交流与合作也日趋密切。然而，在快速发展的同时，高等教育也面临质量滑坡、不公平加剧、经费紧张等一系列问题，面对种种挑战，政府也出台了一系列新的政策措施积极应对。

第一节 高等教育的发展和现状

埃塞俄比亚现代高等教育的历史虽短，却已经形成了较为完整的体系，基本能为国家经济发展和建设提供必要的后备人才。自 1991 年埃革阵执政以来，政府高度重视高等教育的发展，并对高等教育管理体制和录取机制进行了本土化改革。自此，埃塞俄比亚高等教育伴随着本国的经济建设经历了前所未有的发展。

一、发展历程

（一）早期：发展缓慢

埃塞俄比亚的高等教育经过了一个不断完善和发展的过程。海尔·塞拉西一世登基后，现代化高等教育正式在埃塞俄比亚开启。塞拉西皇帝充分比较了各国高等教育模式的优点，主要借鉴了美国大学管理模式。他建立了多所学院，覆盖多种科目，如文学艺术、工艺技术、公共卫生、建筑、法律、社会工作、商业、农业、神学等，并于1961年成立了海尔·塞拉西一世大学，即如今的亚的斯亚贝巴大学。然而，海尔·塞拉西一世虽然借鉴了西方的教育模式，本人却仍受传统思想的影响。他认为高等教育的主要职责是培养忠君、爱国、信教的国民，忽视了高等教育的现代化。随着埃塞俄比亚与非洲大陆乃至西方世界的交流逐渐增多，人民民主意识不断加强，塞拉西皇帝所持有的传统观念越来越受到年轻一代的反感。[1]

1974年，以门格斯图为首的军事政权取代了塞拉西皇帝的统治。这一时期，埃塞俄比亚高等教育体制僵化、价值取向单一，发展难以推进。军政府摒弃了帝制时期的教育体制，改为照搬苏联教育模式，确立了教育为生产服务、为科学服务和为社会服务的三大目标。在苏联、民主德国等地教育顾问的指导与帮助下，与生产实践相结合的职业技术教育得到一定的发展。同时，埃塞俄比亚政府派遣了许多学生到苏联等地接受高等教育。

---

[1] 陈明昆. 埃塞俄比亚高等教育研究 [M]. 北京：中国社会科学出版社，2009：47-56.

1975年，军政府开始了"教育国有化"运动，除了教堂附属学校以外，全国所有私立大学、中学、小学全部改为国有，转变为公立学校。除此之外，军政府还关闭了海尔·塞拉西一世大学和所有高中，此举的目的是将学生以及教师派到农村地区推进土地改革运动，同时进行全国扫盲。然而，教育资源供给却未能匹配上日益扩大的教育规模，学校数量短缺、校舍不足、教室拥挤等现象日益严重，全国各地皆是如此。因此，学校不得不采用轮班制，让学生分批分段进行学习。除此之外，不时发生的战乱还导致大量教学设施遭到毁坏和掠夺，教育资源短缺的问题更是雪上加霜。[1]

1988年，埃塞俄比亚爆发内战，许多学校被迫关闭。1991年8月，由埃革阵领导的过渡政府上台。新政府把发展教育提高到了国家战略高度，实施了一系列教育改革发展政策，其中高等教育的重要性被格外强调。此后，埃塞俄比亚的高等教育进入快速发展阶段。[2]

（二）近现代：快速发展

埃革阵执政以来，埃塞俄比亚国内局势相对稳定，国家发展重新步上正轨。2003年，埃革阵发布了《高等教育宣言》，确定了高等教育发展方向，并连续颁布了多份教育发展五年规划，为高等教育发展明确了阶段性目标。

在政府的支持下，埃塞俄比亚的高等教育本科入学人数从2004年的56 072人飙升至2017年的788 033人，其中大部分学生就读于公立大学，只有约1/10的学生在私立大学接受高等教育。得益于本科教育的高速发展，硕士、博士教育在埃塞俄比亚也初具雏形，人数保持快速增长，从2003年的2 560人提升至2017年的72 345人。[3]然而，教育规模的快速扩张也对埃

---

[1] 陈明昆，苏兵. 当代埃塞俄比亚教育发展困境及原因分析 [J]. 非洲研究，2013（4）：254.

[2] 陈明昆，苏兵. 当代埃塞俄比亚教育发展困境及原因分析 [J]. 非洲研究，2013（4）：255-256.

[3] 资料来源于埃塞俄比亚教育部官网.

塞俄比亚高等教育的基础设施、师资水平提出了不小的挑战，对高等教育的质量带来了一定的负面影响。

二、教育模式

在埃塞俄比亚现行的高等教育体系中，高等教育机构由大学（学士教育 3—4 年、硕士教育 2 年以上、博士教育 3 年、医学及法律专业教育多为 5 年）和大学学院（2 年制的大专教育和 3 年制的学士教育）组成。大学实行学期制，每学期为 16 周，每两个学期构成一个学年，一般学年开始于每年的 9 月，结束于次年的 7 月。学校实行学分制，学生每学期通常要修完 15—19 个学分。大学毕业至少要修满 110 个学分，获得学士学位通常要 3 年。[1]

入学方面，根据《教育与培训政策》，12 年级学生可参加埃塞俄比亚高等教育入学考试，并凭考试成绩进入高等教育机构学习。除高等教育入学考试之外，埃塞俄比亚还设有特殊入学政策。残疾学生，女性学生，有严重健康问题的学生，来自索马里州、阿法尔州、本尚古勒－古马兹州、甘贝拉州、奥罗莫州和南方各族州的学生可根据其入学考试成绩享受优待政策。[2]

三、知名高校

埃塞俄比亚拥有两所知名高校：亚的斯亚贝巴大学与贡德尔大学。根据 2020 年统计数据，这两所大学分别位列世界大学排行榜第 553 名与第 826 名。

---

[1] 陈明昆. 埃塞俄比亚高等教育研究 [M]. 北京：中国社会科学出版社，2009：121.

[2] 资料来源于埃塞俄比亚教育部官网。

其中最为著名的亚的斯亚贝巴大学始建于 1950 年，位于埃塞俄比亚首都，被认为是埃塞俄比亚最古老的高等教育机构。建校时名为亚的斯亚贝巴大学学院，1961 年改为海尔·塞拉西一世大学，1975 年正式更名为亚的斯亚贝巴大学。亚的斯亚贝巴大学一直被视为埃塞俄比亚最杰出的高等教育机构，代表着埃塞俄比亚高等教育的发展成果，现拥有专业证书和学士、硕士、兽医学博士以及哲学博士授予权。截至 2020 年，亚的斯亚贝巴大学稳居非洲大学排行榜第 10 名，其公共环境卫生与职业健康专业世界排名第 125 名、医疗专业世界排名第 196 名、社会科学与公共健康专业世界排名第 372 名。

贡德尔大学位于贡德尔市，以医学专业而闻名，在校生人数达万人以上。20 世纪 50 年代以前，埃塞俄比亚还没有现代医学，人们治病只能依靠传统医学或听天由命。1954 年 10 月，在世界卫生组织等机构的帮助下，埃塞俄比亚建立了贡德尔公共卫生学院培训中心，并于 2004 年更名为贡德尔大学，同时成立了商业与经济、自然科学、社会科学、人文科学四所二级学院。建校以来，贡德尔大学为社会培养了数以千计的医疗卫生专业人才，为公共卫生领域做出了突出贡献。进入 21 世纪以来，伴随全国高等教育发展的大好形势，贡德尔大学的招生规模也迅速扩大，人才培养模式越来越现代化。贡德尔大学的建立使得埃塞俄比亚医疗卫生人员严重不足的局面逐步得到改观。[1] 截至 2020 年，贡德尔大学在非洲排名第 20 名，其公共环境卫生与职业健康专业世界排名第 193 名，医学排名第 312 名。[2]

纵观埃塞俄比亚不到百年的高等教育发展史，其高校从寥寥无几发展到如今公立、私立高校共超过一百所，硕士、博士项目从无到有，入学率大幅增加，可以看出政治稳定、政策连贯对于一个国家高等教育发展的重要性，以及教育体制同本国国情相适应的必要性。

---

[1] 陈明昆. 埃塞俄比亚高等教育研究 [M]. 北京：中国社会科学出版社，2009: 144-153.

[2] 资料来源于《美国新闻与世界报道》官网。

第二节 高等教育的特点和经验

埃塞俄比亚的高等教育在 21 世纪实现了入学人数、院校数量等方面的飞跃。这种跨越式发展的背后离不开埃塞俄比亚政府的支持与推动。埃革阵政府将发展教育事业提升到国家战略的高度，设定了高等教育发展目标和规划，不断加大教育经费投入，强化对高等教育的管理。同时，在政府的大力支持下，埃塞俄比亚与其他国家积极展开高等教育交流与合作，为本国的高等教育发展争取了国际援助，引进了先进经验。

一、跨越式发展

虽然起步较晚，但进入 21 世纪以来，埃塞俄比亚的高等教育显现出高速发展的良好势头。1999 年，埃塞俄比亚全国公立大学与私立大学本科入学人数仅有 3.5 万人，占全国总人口万分之五。公立大学仅有 2 所（亚的斯亚贝巴大学和阿莱玛亚大学，其他均为"学院"，尚未升格为大学），教师人数仅有 2 331 人，其中大部分教师仅持有硕士学位，持有博士学位的教师仅有 430 人。师资不足、入学率低、机构设施匮乏等多方因素使得埃塞俄比亚高等教育陷入困境。针对上述问题，埃塞俄比亚政府在 2002 年出台了第二个教育发展五年规划。该规划提出，将默克莱、季玛、巴赫达尔、阿瓦萨、贡德尔和阿巴明奇的 6 所地方学院升级为大学，并且批准了 5 所私立高校招生。规划发布后，本科生的入学人数直线上升（见表 6.1）。1996 年，高等教育入学人数只有 4.2 万人，2004 年第二个教育发展五年规划完成之际，入学人数已上升到 19 万人。[1] 根据教育部的最新数据，2016—2017 学

---

[1] 李佳宇，王小青. 埃塞俄比亚博士生教育：发展历程、问题及中国经验借鉴 [J]. 学位与研究生教育，2020（2）：71-77.

年，高等教育的本科生人数达到了788 033人。就公办高校而言，公立大学从2000年的2所增加到了2005年的8所，2019年更是达到了50所。[1]私立高等教育机构也经历了从无到有的发展，20世纪70年代以前，由于皇权对高等教育的垄断，埃塞俄比亚并无私立高等教育机构，到2018年，私立大学总数已经超过100所。[2]

这些成就主要得益于政府对高等教育的重视以及一系列相关措施的有效落实。自1991年埃革阵政府上台后，埃塞俄比亚国内政治形势基本稳定，经济持续发展，总体趋势向好，为高等教育发展创造了有利环境。新政府充分认识到发展教育对提高公民素质和促进经济社会发展的重要作用，因此一直将发展教育事业视为重中之重，连续出台了多项教育发展计划，不断增加教育经费投入以支持高等教育的发展。例如，埃塞俄比亚政府在第五个教育发展五年规划中表示，政府将着手扩建和新建一批高等学校，鼓励私人办学，高校自主监管、调整课程安排。这些举措为高校吸收了更多的学生，扩大了办学规模，促进了高等教育事业的全面发展。[3]

表6.1 2003—2017年埃塞俄比亚高等教育本科入学数（单位：人）[4]

学年	男性	女性	总数
2003—2004	44 657	11 415	56 072
2004—2005	105 013	33 146	138 159
2005—2006	130 835	43 066	173 901
2006—2007	150 530	52 869	203 399

[1] 列国志. 转型中的埃塞俄比亚：困境与挑战 [EB/OL].（2018-06）[2020-11-18]. https://www.lieguozhi.com/skwx_lgz/multimedia/OnlineRead?ID=6798531&siteid=45&Type=literature.

[2] 资料来源于《美国新闻与世界报道》官网。

[3] 资料来源于埃塞俄比亚教育部官网。

[4] 资料来源于埃塞俄比亚教育部官网。

续表

学年	男性	女性	总数
2007—2008	199 684	63 317	263 001
2008—2009	219 300	89 792	309 092
2009—2010	286 758	133 629	420 387
2010—2011	326 769	120 924	447 693
2011—2012	355 006	139 104	494 110
2012—2013	387 707	166 141	553 848
2013—2014	413 556	180 018	593 574
2014—2015	475 971	253 057	729 028
2015—2016	512 915	265 851	778 766
2016—2017	506 604	281 429	788 033

博士教育的发展成果也比较突出。亚的斯亚贝巴大学于 1987 年获得哲学博士学位授予权。2002 年，亚的斯亚贝巴大学 3 个学院（理学院、语言学院、社会科学学院）的 7 个专业（历史、生物、化学、物理、数学、英语教学、语言学）均开始招收博士生，为埃塞俄比亚的博士教育起到了示范作用，也成为了本国其他大学的重要参考目标，许多后来开展的博士培养项目与亚的斯亚贝巴大学大致相同。阿莱玛亚大学和贡德尔大学于 2002 年和 2009 年先后开始招收农业和医学与健康领域的博士生。2010 年，阿达玛科技大学、巴赫达尔大学、埃塞俄比亚公务大学和阿瓦萨大学获批为博士生培养单位。2011 年，季玛大学、默克莱大学和安波大学也成为博士生培养单位。到 2011 年，埃塞俄比亚博士生培养单位增加到 10 所，博士生入学人数由 2007 年的 122 名增加到 2017 年的 3 369 名，年平均增长率约为 39%。同时，博士生毕业人数也有所增长，从 2007 年的 20 人增长到 2017 年的

2 806 人，年平均增长率达到 31%。[1]

总体而言，埃塞俄比亚高等教育发展之所以能够取得此等成绩，一是因为政府的重视，政府通过发布政策文件大幅扩张了学校的招生规模，也增加了教学机构数量；二是得益于亚的斯亚贝巴大学的领头作用，亚的斯亚贝巴大学为其他高等院校树立了榜样，也成为了埃塞俄比亚高等教育发展的标杆。两者相结合为埃塞俄比亚高等教育的扩张提供了助力。

二、政府主导

埃塞俄比亚政府对高等教育的主导作用首先体现为制定高等教育的宗旨和宏观发展计划。1994 年，埃塞俄比亚发布了《教育和培训政策》，强调了高等教育的发展目标是巩固并扩大专科和本科教育规模，也促进了首个教育发展五年规划的实施。自 1997 年开始，埃塞俄比亚连续发布了五个教育发展五年规划。在规划的指导下，埃塞俄比亚的高等教育得到了发展与扩张，教育质量与毕业生就业状况也得到了改善。2003 年，埃塞俄比亚政府制定并通过了《高等教育宣言》。该宣言是埃塞俄比亚高等教育史上第一部具有法律效力的议案，为高等教育发展制订了一系列目标与法规，其中包括高等院校建立标准、高校质量监督方式以及高校经费管理标准等。2009 年，埃塞俄比亚对原有的《高等教育宣言》进行了修订，并于同年 9 月通过了新的版本，出台了更多法案限制，对私立大学进行了定义以及约束，继续引领高等教育稳步发展。[2]

埃塞俄比亚政府对高等教育还具有宏观管理作用。2003 年，埃塞俄比

[1] 李佳宇，王小青. 埃塞俄比亚博士生教育：发展历程、问题及中国经验借鉴 [J]. 学位与研究生教育，2020（2）：71-77.

[2] 李俊丽. 政策推动下埃塞俄比亚高等教育发展研究 [D]. 金华：浙江师范大学：2017：16-20.

亚成立了两个部门来分担管理高等教育行政事务：一是高等教育策略中心，为政策指导机构，主要通过开展对高等教育的一般性问题研究、高等教育政策的发展研究等促进国家的高等教育发展，使其适应社会发展的需要；二是高等教育质量监管署，为质量监管机构，目标是通过教育检查评估等手段来监督指导国家高等教育质量发展，主要职责是对所有高等教育机构进行质量监控、教学评估、资格审查和认证工作等。[1] 在不违背国家行政条例和《高等教育宣言》的前提下，这两个机构具有一定的自主权，可以做出具体决策。虽然 2018 年高等教育行政体系得到了重组，但也只是将原有的策略中心与质量监管署归入新成立的科学和高等教育部，埃塞俄比亚高等教育的发展仍然由政府主导。

但是政府对高等教育的过度干预也招致了许多批评。有学者认为政府对高等教育的过分干预"侵犯了高校自主权"[2]，比如政府为保证地域公平而对高校录取工作进行干预，增加贫困地区的招生名额，导致生源质量降低，低起点学生学习动力不足。在硕士生录取方面，高等教育扩招之前，硕士生的录取条件包括"获得公认高等教育机构授予的本科学位，平均绩点高于 2.50；有一定的专业工作经验，有雇主或教授的推荐信"等，且必须通过目标院校的入学考试。然而，在政府对招生进行干预后，硕士院校的入学考试取消了，高校只能决定录取学生的人数，却不能按照自己的录取标准招收学生。[3]

政府在高等教育发展中发挥主导作用的原因主要是埃塞俄比亚高等教育起步晚，整体水平较低，而且基础设施条件较差。在这种条件下，高等教育如果要快速发展就不得不依赖于政府的支持和宏观管理。此外，政府

---

[1] 资料来源于联合国教科文组织官网。

[2] AKALU G A. Higher education in Ethiopia: expansion, quality assurance and institutional autonomy[J]. Higher education quarterly, 2014, 68(4): 394–415.

[3] 李俊丽. 政策推动下埃塞俄比亚高等教育发展研究 [D]. 金华：浙江师范大学，2017: 43-47.

认为，高等教育应当为经济社会发展快速培养大量人才，而高校过高的办学自主性会降低其为公共利益培养人才的积极性和效率，因此对高校内部事务采取了干预。然而，政府对高等教育的过度干预所产生的弊端已经引起了社会的批评。未来，如何平衡政府对高等教育的引导、监督作用和高校的办学自主性将会是埃塞俄比亚高等教育发展路上必须面对的一大问题。

三、国际合作

在政府的大力推动下，埃塞俄比亚高等教育机构的国际交流与合作取得了长足发展。其主要对象包括国外的大学、政府机构、非政府组织及跨国公司等。所开展的国际项目有联合研究计划、联合考核、联合督导等，以及教师海外访问和国际交流活动等。具体国际合作信息见表 6.2。在过去几十年里，向埃塞俄比亚高等教育部门提供财政和技术援助的国家和国际组织包括瑞典、挪威、荷兰、爱尔兰、意大利、联合国教科文组织、世界银行和欧盟等。例如，亚的斯亚贝巴大学研究基金项目和博士课程就从瑞典国际发展合作署和研究部门、荷兰高等教育国际合作组织、英国文化协会、欧盟、世界银行、联合国教科文组织国际发展部和联合国开发计划署等国际合作伙伴处获得了支持与帮助。[1]

---

[1] KAHSAY M. Research and PhD capacities in Sub-Saharan Africa: Ethiopia report[R/OL]. (2018-08)[2021-04-22]. https://www2.daad.de/medien/der-daad/analysen-studien/research_and_phd_capacities_in_sub-saharan_africa_-_ethiopia_report.pdf.

表 6.2 埃塞俄比亚高等教育国际合作信息 [1]

机构名称	国际合作机构	主要合作领域
亚的斯亚贝巴大学	华东师范大学、京都大学、俄亥俄州立大学、霍华德大学、爱德华王子岛大学、于韦斯屈莱大学、南非大学、喀土穆大学等	师生交换、合作研究、博士研究生课程（独立博士学位、"夹心课程"[2]、博士后课程开发和教学等）
阿达玛科技大学	奥尔胡斯大学、阿尔伯特－伊里亚学校	硕士水平研究生课程（授予硕士文凭、课程开发、文科硕士研究项目、咨询、考试、实习等）
安波大学	发展中国家科学院、埃塞俄比亚渔业和水产科学协会、圣雄甘地－杜伦坎普中心、百时美施贵宝基金会等	生态系统保护与可持续发展、教学和研究
巴赫达尔大学	西开普大学、阿伯丁大学、得克萨斯理工大学、加德满都大学等	合作研究、工作人员交换、资料和出版物交换、开展会议和讲习班等
埃塞俄比亚公务大学	格拉茨大学国际法与国际关系研究所、美国律师协会等	研究生教师交换
贡德尔大学	旁遮普大学、俄亥俄州立大学、德国学术交流中心等	博士研究生课程，如护理和公共卫生专业；联合课程开发与审查
阿莱玛亚大学	国际农业发展研究中心、瓦格宁根大学、卡塞尔大学	教师及科研人员交换
阿瓦萨大学	挪威生命科学大学、俄勒冈州立大学、俄克拉何马州立大学、萨斯喀彻温省大学、瑞典农业科学大学、克里斯腾森基金、科罗拉多州立大学等	教学、研究、培训、员工交换
季玛大学	布朗大学、罗斯托克大学等	学生交换、职工交换、合作研究

---

[1] KAHSAY M. Research and PhD capacities in Sub-Saharan Africa: Ethiopia report[R/OL]. (2018-08)[2021-04-22]. https://www2.daad.de/medien/der-daad/analysen-studien/research_and_phd_capacities_in_sub-saharan_africa_-_ethiopia_report.pdf.

[2] 又称"三明治课程"（Sandwich Courses），一种将在校授课与企业实习相结合的人才培养模式。

续表

机构名称	国际合作机构	主要合作领域
默克莱大学	鲁汶大学等	改善埃塞俄比亚农村生活水平、开发人力资源、设立与完善研究生课程、促进大学改革、对有特殊需求的学生给予特别支持、促进大学与产业界的联系

此外，为了缓解教师资源紧缺问题，提高教学质量，政府近年来采取公派留学、聘任外籍教师、接受国际援助、增强国际合作等方式增加教师数量，并通过加强国内外学术交流合作提高教师的教学科研水平。埃塞俄比亚高校近年来外聘教师情况见表 6.3。

表 6.3 2012—2017 年埃塞俄比亚高等教育机构外聘教师数（单位：人）

学年	2012—2013	2013—2014	2014—2015	2015—2016	2016—2017
公立高校	1 848	1 812	1 078	1 437	1 870
私立高校	36	36	50	62	29

其中，中国与埃塞俄比亚在高等教育领域展开了多方面合作。早在 2009 年，中国就根据 2004 年签订的《中华人民共和国教育部与埃塞俄比亚民主联邦共和国教育部教育交流和合作协议》，派遣了两名中国学生赴埃塞俄比亚亚的斯亚贝巴大学学习。这两位学生也是首批前往埃塞俄比亚学习的中国人。[1] 此后，中埃交流日益密切，两国通过孔子学院等项目展开多次访学、培训和文化交流活动。2016 年 1 月 5 日，中国驻埃塞俄比亚大使前

---

[1] 中国文化网. 促进教育交流 首批中国赴埃塞俄比亚留学生入学 [EB/OL].（2009-12-03）[2021-04-22]. https://www.chinanews.com/lxsh/news/2009/12-03/1998355.shtml.

往亚的斯亚贝巴大学，出席了亚的斯亚贝巴大学孔子学院（以下简称亚大孔院）汉语比赛。整场比赛气氛十分热烈，给嘉宾以及评委留下了深刻的印象。[1]2019 年 1 月 25 日，中国驻埃塞俄比亚大使馆文化参赞严向东前往默克莱大学并向该大学赠送了 500 册中文图书。该次会面中，严向东还与校长肯代亚一同探讨了汉语学科的开设、汉语教师的增加以及住宿条件的改善等问题，双方达成一致，将继续扩大影响，提高汉语教学质量。[2] 中国驻埃塞俄比亚大使馆还曾多次向埃塞俄比亚学生提供奖学金。2018 年 8 月 8 日，中国驻埃塞俄比亚大使馆向 29 名埃塞俄比亚学生颁发了中国政府奖学金。[3]2019 年 8 月 13 日，中国驻埃塞俄比亚大使馆向 31 名埃塞俄比亚学生颁发了奖学金。这些收到奖学金的学生都有机会前往中国深造。[4]

四、积极使用信息通信技术

2020 年，新型冠状病毒肺炎席卷世界。同年 3 月，埃塞俄比亚政府不得不无限期关闭全国所有学校。在此背景之下，政府意识到了远程课堂以及远程技术的重要性以及自身在这方面的不足。2020 年 12 月，埃塞俄比亚科学和高等教育部发布了《高等教育与职业教育国家 ICT 政策》。ICT（Information and Communication Technology）指的是"信息通信技术"。此政

[1] 中国驻埃塞俄比亚大使馆文化处. 驻埃塞大使出席亚的斯亚贝巴大学孔院汉语比赛 [EB/OL].（2019-08-16）[2021-04-22]. http://cn.chinaculture.org/portal/pubinfo/2020/04/28/200001003002001/cafa579639cb4030a0b8957344f50e19.html.

[2] 中华人民共和国驻埃塞俄比亚联邦民主共和国大使馆. 默克莱大学孔子课堂中文多媒体图书馆揭幕 [EB/OL].（2019-01-25）[2021-04-22]. http://et.chineseembassy.org/chn/zagx/t1632538.htm.

[3] 中国新闻网. 29 名埃塞俄比亚学生获中国政府奖学金 [EB/OL].（2018-08-08）[2021-04-22]. http://mil.news.sina.com.cn/2018-08-08/doc-ihhkusku0622367.shtml.

[4] 中国驻埃塞俄比亚大使馆文化处. 中国驻埃塞俄比亚大使馆举办中国政府奖学金颁发仪式 [EB/OL].（2019-08-16）[2021-04-22]. http://cn.chinaculture.org/portal/pubinfo/2020/04/28/200001003002001/87a72babc06e40af9b5dd912e22ca5e4.html.

策的目的是发展埃塞俄比亚职业教育与高等教育的信息通信应用，将信息通信技术运用在教学、研究、管理、信息传递等方面。

《高等教育与职业教育国家 ICT 政策》的最终目标是于 2030 年让职业教育以及高等教育能够全面运用最新的信息通信技术，以此推进职业教育和高等教育的发展及科研，让学生和教师能够使用相关技术开展教学活动，让研究人员能够运用技术提高创新及研究能力。[1] 政策的展开主要有九大方面：高等教育与职业教育的教学，科学研究与科技创新，行政管理应用，图书馆文库，安全保障，基础设施，管理、系统框架搭建以及用户支持，开放式教育资源，以及人工智能[2]。

科学和高等教育部还考虑到了信息通信技术发展的实际情况，意识到目前高等教育与职业教育中的信息通信技术运用较少，想要达到上述目标绝非易事。政府部门需要从零开始，在各个学校建立相关设施，如供电设施、通信设施以及互联网基站。还需要大量采购各类硬件及软件，以满足教学需求。同时也需要吸纳相关人才，对相关设施、硬件以及软件进行更新与维护，并开发和发展所需的硬件软件设备。[3] 总体来看，虽然信息通信技术在高等教育中的应用才刚刚起步，但埃塞俄比亚科学和高等教育部的政策考虑可以说是比较周全。

第三节 高等教育的挑战和对策

埃塞俄比亚的高等教育在快速发展的过程中也面临各种挑战，师资力量匮乏、生源质量堪忧、学术研究薄弱等问题都制约着高等教育发展。此

---

[1] 资料来源于埃塞俄比亚教育部官网。

[2] 资料来源于埃塞俄比亚教育部官网。

[3] 资料来源于埃塞俄比亚教育部官网。

外，地区间不平衡、性别不平等、经费缺乏也正在成为高等教育可持续发展的掣肘。为此，埃塞俄比亚政府已经出台了相应的政策措施，并取得了一定成效。

一、问题与挑战

埃塞俄比亚高等教育的发展目前主要存在着公立大学经费短缺、教育质量堪忧、不平等现象严重等问题，这些问题如不得到解决，必将对埃塞俄比亚的人才培养乃至社会发展产生负面影响。

（一）公立大学经费短缺

随着近年来高等教育规模的快速扩张，高等教育领域经费短缺的问题日益凸显，免费的公立教育导致了严重的财政负担。

曾经，埃塞俄比亚的高等教育对民众是免费的，高校的办学经费主要依赖政府出资，只要能够考入大学，学生就可以获得免费的教育、食宿、医疗等特殊待遇。按照埃塞俄比亚基本的消费水平，每位大学生每年平均消费大约是 860 美元，除去各种福利性补贴，每位学生每年也需花费政府约 630 美元。虽然这一数字相比其他撒哈拉以南非洲国家并不算高（如乌干达政府每年为每名大学生支付 800 美元，肯尼亚 1 800 美元，坦桑尼亚 3 236 美元），但随着近几十年高等教育招生规模的不断扩张，原有的经费体制越来越无力支持高等教育的发展，公共财政的支出额度与高等教育的发展速度越来越不相称。[1]

---

[1] 陈明昆. 埃塞俄比亚高等教育研究 [M]. 北京：中国社会科学出版社，2009：264-266.

经费短缺造成了两个主要问题。第一，教育质量下滑。经费短缺对高校的教师招聘、课程优化、学生活动等都造成了不小的负面影响，导致大学毕业生质量下滑，不能满足就业市场要求。第二，研究经费极低。资金补贴不足使得埃塞俄比亚的各领域研究一直得不到发展，研究机构的设备设施缺乏维护。[1]仅靠有限的税收来支持高等教育发展已经成为高等教育规模化发展的一大阻碍，对国家财政也造成了极大的负担，这与公众要求接受高等教育的呼声和经济社会发展对高层次人才的需求也极不相符。而且，来自贫困地区的学生难以获得高等教育的机会，而经济条件相对优渥的学生却在进入大学后享受免费教育，从一定意义上看反而加剧了社会不公。

（二）高等教育质量堪忧

埃塞俄比亚的高等教育在近30年内实现了跨越式发展，但高等教育质量的提升速度和教育规模的扩张速度并不成正比。目前可观察到的质量问题体现在三个方面：师资力量薄弱，生源质量参差不齐，科学研究受到轻视。三个问题看似相关性不大，实际上均源自高等教育短时间内的快速发展。

第一，高等教育机构的师资力量薄弱。近些年高校教师人数虽有一定增长，但远没有跟上学生数量的增长速度，高校教师紧缺问题愈发凸显（见表6.4、表6.5）。许多大学表示师资储备紧缺，尤其缺乏拥有博士学位的高级教师，这一情况严重限制了高等教育教学质量的提升和科研事业的发展。由于生师比严重失调，高校对教师需求缺口不断扩大，政府不得不招聘本科毕业生担任高校教职人员。根据世界银行提供的数据，2017年，埃塞俄比亚高校中有约29%的教职人员仅持有本科学位，在工科专业中这一

---

[1] 陈明昆. 埃塞俄比亚高等教育研究 [M]. 北京：中国社会科学出版社，2009：264-266.

比例更是高达 56%。在埃塞俄比亚，高校教职人员中持有博士学位的比例只占总数的 15%。[1]

表 6.4 2016—2017 学年埃塞俄比亚高等教育学生数（单位：人）[2]

	本科	硕士、博士
公立高校学生人数	679 299	68 249
私立高校学生人数	108 734	4 096（仅硕士）
学生总人数	788 033	72 345

表 6.5 2016—2017 学年埃塞俄比亚高等教育教师数（单位：人）[3]

公立高校教师人数	30 631
私立高校教师人数	2 103
教师总人数	32 734
总人数生师比	26：1

第二，高等教育的生源质量参差不齐。为了扩大高等教育入学率，政府放宽了入学条件，接收了许多并未达到相应学力水平的学生进入高等教育机构学习。埃塞俄比亚各地的基础教育水平本就差异极大，经济发达地区的师资力量、基础设施和各类教育资源都远优于经济欠发达的地区。放宽条件后，许多高中毕业生在进入大学后发现自己的知识水平无法与大学衔接，导致无法完成相关的学习任务。

第三，科研没有受到相应的重视。虽然高等教育获得的资源在整个埃

[1] 资料来源于世界银行官网。

[2] 资料来源于埃塞俄比亚教育部官网。

[3] 资料来源于埃塞俄比亚教育部官网。

塞俄比亚教育事业中所占比例较大，但资金主要用于学生教育和学校运营而无力顾及科研领域。这一问题在高等教育学生人数激增的背景下更加突出。2012 年以前，埃塞俄比亚高校几乎没有任何与科研相关的资金支持与补贴。由于目前大部分高等教育机构的重心都在教学上，科学研究、学者交流和其他与科研相关的工作长久以来都得不到重视。加之教职人员的教学任务十分繁重，导致他们没有精力专注于学术研究。此外，由于高等教育机构与相关用户群体之间缺乏互通互联，导致科研成果频频被政策制定方驳回，理由是成果过于学术化，不符合国家社会经济现状。种种因素导致埃塞俄比亚高等教育将资源和精力向人才培养倾斜，而轻视学术研究，科研发展缓慢。埃塞俄比亚的众多高校，尤其办学历史较为悠久的几所名校一直被社会各界批评其研究成果缺乏社会实用性，无法与埃塞俄比亚社会现实接轨。[1]

除此之外，埃塞俄比亚的高等教育目前还缺乏健全的质量保证体系和监管体系。多年以来，政府是高等教育的主要监管机构，来自非政府部门的监管力量严重不足。2003 年，政府建立了"高等教育相关性和质量部门"用来评估高等教育机构的教学质量并公布审核报告。由于该机构对教育部负责，经费由政府拨款，所以其独立性和客观性饱受质疑。同时，机构主要监管私立大学而非公立大学，因而常被诟病在两者间持双重标准。[2]

（三）不平等现象严重

目前，埃塞俄比亚高等教育的公平性难以得到保障，不同地区、民族、性别之间差异明显。截至 2016 年，71% 以上的大学生都来自经济水平较高的地区，农村等贫困地区人口很难有进入高等教育机构学习的机会（见表 6.6）。

---

[1] 资料来源于埃塞俄比亚教育部官网。
[2] 资料来源于埃塞俄比亚教育部官网。

这种不平等现象长期影响着地区经济发展，以及经济欠发达地区公民在国家政治生活和社会决策中的参与度。[1]

表 6.6 2016—2017 学年埃塞俄比亚部分地区高等教育入学数（单位：人）[2]

地区	公立高校	私立高校
提格雷州	15 000	0
阿法尔州	1 000	500
阿姆哈拉州	69 000	5 000
奥罗莫州	91 000	4 500
南方各族州	48 000	5 000
亚的斯亚贝巴市	25 000	15 000
本尚古勒-古马兹州	4 000	5 000
甘贝拉州	2 000	1 400
迪雷达瓦市	3 000	1 000

地区之间的发展不平衡导致了地区间人民接受高等教育的机会不平等，而这种不平衡则由历史、文化、经济和政治等因素所致。虽然已引入成本分担机制，但来自农村的孩子仍然很难支付大学学费。此时，政府补助却"一碗水端平"，富裕家庭的学子可以像贫困生一样申请助学补助，部分贫困生却难以获得补助的机会。

针对高等教育的地区间不平等问题，埃塞俄比亚教育部已于 2018 年教育发展计划[3] 中提出以下解决方案：为弱势学生群体（来自农村、贫困家

---

[1] 资料来源于埃塞俄比亚教育部官网。

[2] 资料来源于埃塞俄比亚教育部官网。

[3] 资料来源于埃塞俄比亚教育部官网。

庭、牧区家庭的学生）设立单独的援助项目，并提供独立资金来源；建立学生数据库，记录学生家庭经济状况、父母受教育水平及家庭住址；停止为全体学生提供助学贷款，转为只给弱势学生群体提供，以此来增加落后地区学生的入学人数。

另一种不平等则是高等教育中的性别不平等。直到 2015 年，埃塞俄比亚男性接受高等教育的比例仍比女性高出一倍左右。2016 年，在本科毕业生中，男性人数 94 525 人，女性人数则只有 47 155 人。虽然近年来女性在校生的比例有所提高（见表 6.7），但女性的辍学和退学比例也大大高于男性。[1]

表 6.7 2012—2017 年埃塞俄比亚高等教育入学数（单位：人）[2]

学年	2012—2013	2013—2014	2014—2015	2015—2016	2016—2017
男性	222 846	232 645	263 883	274 180	275 478
女性	94 953	102 433	145 655	150 766	160 502
总数	317 799	335 078	409 538	424 946	435 980

埃塞俄比亚女性在高等教育中处于劣势的原因主要可以归纳为两方面。一方面，在埃塞俄比亚传统的宗教教育体制下，女性一直被排除在教育体制之外。由于在宗教教育中，女性接受教育的可能性很小，所以女性不接受教育的传统思想根深蒂固，这也导致了高等教育中女性占比明显低于男性。[3] 另一方面，在父权制传统思想和封闭落后的民族习俗的影响之下，埃塞俄比亚社会中依然有相当一部分人认为女性的首要任务就是繁衍后代与处理家务，这种思想使得女性在孩童时期就受到轻视，直接导致埃塞俄比

---

[1] 资料来源于埃塞俄比亚教育部官网。

[2] 资料来源于埃塞俄比亚教育部官网。

[3] 唐天艳. 埃塞俄比亚高等教育中的性别平等问题研究 [D]. 金华：浙江师范大学，2015：42-54.

亚各级教育中女孩入学率都偏低。有些女孩即使有机会接受教育，仍会由于家庭缘故无法专心学业，甚至迫于家庭以及社会压力而中途辍学。[1] 受到成长环境的影响，埃塞俄比亚女性的自我期待总体较低，在完成任务时倾向于降低自我要求，在面临高难度问题时往往会消极应对或是逃避。这使得女性在学习中更容易丧失兴趣、产生厌学心理或出现辍学行为，也成为女性完成高等教育学业的隐性障碍。[2]

二、应对策略

针对公立高校的经费短缺问题，埃塞俄比亚教育部引入了高等教育成本分担机制。成本分担是世界通行的一种方式。根据成本分担与教学活动的时间关系，可把其实现形式归纳为实时收费制、预付学费制和延迟收费制三种。[3] 埃塞俄比亚高等教育采用了第三种形式，即学生以未来的收入或服务形式来支付学费，主要形式有学生贷款、毕业生税、服务合同、奖学金等。其实施具有三大鲜明特点：政治透明、经济可行、社会接受度高。[4] 如今，埃塞俄比亚社会已普遍对毕业生税制度给予了认同，各项执行措施也在积极推进之中。这一制度改善了免费高等教育造成的财政吃紧局面，一定程度上缓解了教育不平等的问题，也直接提升了埃塞俄比亚的高等教育入学率，并且为高等教育的可持续发展打开了新局面。[5]

针对高等教育高速发展过程中产生的质量下滑问题，埃塞俄比亚政府

---

[1] 唐天艳. 埃塞俄比亚高等教育中的性别平等问题研究 [D]. 金华：浙江师范大学，2015：42-54.

[2] 唐天艳. 埃塞俄比亚高等教育中的性别平等问题研究 [D]. 金华：浙江师范大学，2015：42-54.

[3] 宣卫红，徐巾帼，徐海生，等. 高等教育学费延迟付费模式探讨 [J]. 江苏教育学院学报（社会科学版），2007（5）：33-34.

[4] 陈明昆. 埃塞俄比亚高等教育研究 [M]. 北京：中国社会科学出版社，2009：281-282.

[5] 陈明昆. 埃塞俄比亚高等教育研究 [M]. 北京：中国社会科学出版社，2009：292.

在政策规划和导向上做出了调整。政府已经认识到，国家经济发展正在进入结构转型阶段，对人才的需求正在从以数量为中心向以质量为中心转变。为此，埃塞俄比亚政府通过了第四个和第五个教育发展五年规划。这些规划以培养高质量的教师队伍、降低生师比为重要目标。同时，上述两项规划依据社会经济发展需求来设定高校的优先学科发展目标，并进一步细化成各学科领域的具体目标。这些改革有助于高等教育机构清晰地了解社会对各学科教师的需求，并据此扩大重点学科的博士生培养规模，以便为高校教师选拔储备人才。[1] 师资储备问题得到解决后，每个教师的教学压力也会随之得到缓解，进而能够有更多精力进行高质量的科学研究。埃塞俄比亚教育部还提出，高等教育机构的扩张应与其所具备的资源相匹配，不可一味盲目扩张而导致教育质量下降，政府必须对高校起到有效监管作用，动员、激励高校积极开展科研、教研活动。除此之外，埃塞俄比亚教育部也对高等教育相关政策的导向做出了调整。在高等教育课程模式上，教育部呼吁高等教育机构应培养具备批判性、创造性和思辨能力的大学毕业生；要从其他国家的高等教育系统中汲取经验，创造具有明确目标的教育体系，让教育落实到行动与实践当中，旨在培养出全面、好学的公民；还应积极促进学生之间的交流互评和互相学习，培养出能够进行团队合作的社会型人才；改善高等教育机构的整体环境，吸收引进更多的人才，提高高等教育教师的专业性和学术素养。[2] 除此之外，教育部还认识到，只有改革基础教育，才能从根本上改善高等教育生源质量问题。教育部在 2018 年教育发展计划中提出，要着力提高基础教育的水准，全面提升学生的素质水平，形成连贯一体的教学系统，弥合中学与大学之间的知识断档，让学生能够顺利适应大学的学习内容，进而提高高等教育质量。[3]

---

[1] 资料来源于埃塞俄比亚教育部官网。

[2] 资料来源于埃塞俄比亚教育部官网。

[3] 资料来源于埃塞俄比亚教育部官网。

　　自埃革阵上台以来，埃塞俄比亚政府就一直关注各教育阶段普遍存在的女性性别歧视以及教育不公平问题，并针对这一问题颁布了多部法案以及政策。其中，1995 年的《埃塞俄比亚联邦民主共和国宪法》就曾庄严宣告，"为了消除埃塞俄比亚历史遗留下来的对妇女的不平等待遇和歧视，我们必须积极采取行动措施"。1994 年颁布的《教育与培训政策》也明确指出，要给予妇女和缺少教育机会的学生特别关注，为他们提供教育上的援助。此外，《高等教育宣言》也对高等教育中存在的歧视和差别对待问题做出了明确指示，规定接受高等教育的人群没有种族、宗教、性别、年龄或政治派系之分，平等地接受高等教育是每个公民的权利。前文提到的教育发展五年规划也对改善性别问题提供了很大的助力，比如第一个教育发展五年规划就明确提出对弱势群体的特殊政策，通过政策机制来保障女性顺利完成学业，减少辍学率和留级率。[1] 埃塞俄比亚的政府部门还推出了专门的发展项目，如"消除男性和女性在入学率上的差距并扩大现有成果"这一教育项目已在全国得以落实，并得到了国际组织的资助。政府部门加大了有关平权内容的社会宣传力度，旨在改变公众对女性受教育困境的无视态度，还采取了多项举措为女性接受教育提供便利条件，包括通过树立正面范例来改变人们对于女性受教育的消极观念，设立女性俱乐部，为女性提供各种指导和咨询服务，帮助贫困家庭解决学费问题，消除女性接受教育的资金困扰等。[2] 种种措施都是为了给女性提供保障，确保她们能够获得与男性同等的受教育机会，从而能够与男性在社会中公平竞争。这些政策的颁布与实施在一定程度上改善了高等教育系统的性别失衡问题，有力地促进了女性入学率的提高。另外，政府也正在通过加强高等院校的软硬件建设来提升高校的教学质量与科研能力，从而推动国家经济发展，以此循环推动社会性别问题的解决。

---

[1] 唐天艳. 埃塞俄比亚高等教育中的性别平等问题研究 [D]. 金华：浙江师范大学，2015：56-61.

[2] 唐天艳. 埃塞俄比亚高等教育中的性别平等问题研究 [D]. 金华：浙江师范大学，2015：56-61.

近年来，埃塞俄比亚的高等教育入学人数出现了爆发式的增长，同时，随着成本分担机制的引入，越来越多的埃塞俄比亚学生得到了接受高等教育的机会。在管理和教学模式上，埃塞俄比亚高等教育也正在稳步走向现代化，并与世界诸多院校进行了合作，也接受了来自国际各方的援助。然而，高等教育规模的快速扩张并非有利无弊。高等教育入学人数的突然增长导致了多方面的资源匮乏，师资储备不足、教育质量下滑、科学研究停滞等问题一一涌现。在意识到这些问题后，政府积极出台了相关政策性文件，并采取了一系列措施以改变局势。此外，虽然学校已完全采用了现代化管理和教学模式，不平衡的发展以及落后的社会思想仍然导致了高等教育中的许多不平等现象，为高等教育的长期发展带来了不利的影响。总体而言，埃塞俄比亚的高等教育在近些年得到了快速发展，更多人能够进入大学深造，高等教育的发展也有力推动了经济社会的进步。对于实践中的问题，埃塞俄比亚政府能够及时予以关注并积极出台了相关政策。虽然目前还有诸多问题亟待解决，但埃塞俄比亚政府多年的努力已经为高等教育的发展奠定了良好的基础。

第七章 职业教育

进入 21 世纪以来，埃塞俄比亚迎来了经济快速发展时期，成为全球经济发展最快的发展中国家之一。快速发展的社会经济需要素质更高的劳动力，减少贫困、提高人民生活质量也需要全民素质的普遍提高，因此，在普通教育体系之外，政府对职业教育越来越重视。近年来，埃塞俄比亚政府通过发展职业技术教育与培训来增强国家的人力资源开发能力，把人力资源开发作为增强国家发展水平的重要战略手段，以实现综合国力的整体提升。在一系列教育政策和发展规划的推动下，埃塞俄比亚的职业教育实现了前所未有的发展，越来越多的人通过职业教育拥有了一技之长。然而，薄弱的基础、传统观念的束缚、教育质量低下以及师资短缺等问题也为职业教育带来了重重阻力。

第一节 职业教育的发展和现状

埃塞俄比亚职业教育的历史始于 19 世纪 40 年代中期，但当时职业技术教育和培训在埃塞俄比亚并未得到重视，因此直到 20 世纪末，职业教育的发展都十分缓慢。20 世纪 90 年代以来，为了更好地进行人力资源开发，促进经济发展，政府开始通过一系列政策性文件促进职业教育的发展，职业教育已经初步形成了较为完整的体系。

一、发展历程

在现代职业教育体系形成之前，传统形式的手工学徒制已存在于埃塞俄比亚的一些手工业作坊当中。然而学徒们从事的冶金、纺织等手工业往往是被社会边缘化的行业，政府对这些行业也并不重视，因此父母大多不愿意让子女接受职业教育。19 世纪 40 年代中期，职业教育被引入了埃塞俄比亚的教育体系。随着职业教育的制度化发展，职业教育课程的针对性增强，毕业生的就业情况改善，人们的观念也随之发生变化，越来越多的学生进入职业教育机构学习。但是职业学校的数量与规模发展较慢，远不如普通教育。20 世纪，在美国援外使团的帮助下，埃塞俄比亚建立了类似于美国综合高中的模式，工业、家政、商业、农业四个领域的实践性课程被引入中学课程。20 世纪 70 年代，为培养中等层次的熟练技术员和技术专职人员，埃塞俄比亚引入了中等技术教育计划，即在 9—10 年级的学生中开设综合技术课程，再进行 3 年的职业技术教育，这也是埃塞俄比亚现代职业技术教育学制的基础。[1]

20 世纪 90 年代中期开始，埃塞俄比亚政府发布了一系列有关职业教育发展的政策性文献，如 1994 年颁布的《教育与培训政策》、2004 年的《职业技术教育和培训宣言》、2008 年的《国家职业技术教育和培训战略》等。除此之外，1997 年开始陆续颁布的五个教育发展五年规划中也有相当篇幅涉及职业教育发展规划。1994 年的《教育与培训政策》是最早有关职业教育规划的文件，也是这份文件定下了 20 世纪 90 年代末实施职业教育改革的基本方针。这份文件明确规定了职业教育的培养目标、课程结构、考查方式和组织管理模式等问题，为职业教育接下来近 30 年的发展指明了方向。然而，随着国内、国际经济发展形势的变化和教育培训发展理念的变迁，职业教育的发展出现了诸多问题，这一文件已无法适应新时代的职业教育现实。为了适应新的形势，埃塞俄比亚科学和高等教育部于 2020 年 12

---

[1] 章剑坡. "埃革阵"执政以来埃塞俄比亚职业教育及发展研究 [D]. 金华：浙江师范大学，2016：13-14.

月发布了《埃塞俄比亚技术与职业教育培训政策与战略》。该文件指出，埃塞俄比亚职业教育的主要目标是"培养一支有能力、有干劲、适应性强和富有创新精神的劳动力队伍"[1]。这份文件还强调职业教育的发展将以需求为导向，培养市场需要的技术型劳动力，从而为国家繁荣、社会和经济发展做出贡献。这份文件规定了职业教育发展的指导原则，包括市场导向原则、相关性原则[2]、公平性原则、创新性原则、终身学习原则等。

二、办学规模

20 世纪上半叶，埃塞俄比亚仅有 16 所职业学校和培训中心，每年仅能招收不到 1 000 名学员。2002 年，培训机构的数量增加到 126 所，共能招收学员 30 048 名。随后几年，学校数量也基本稳定上升。[3] 截至 2017 年，教育部官方的统计数字显示，全国至少有 582 所职业教育机构（见表 7.1）。这些教育机构的地域分布存在严重不均的现象，部分地区职业教育机构多达二百多所，占据了全国一半；而有的地区只有不到十所。

表 7.1 2016—2017 学年埃塞俄比亚职业教育机构的地区分布 [4]

地区	学校数量（所）
提格雷州	22
阿法尔州	6

---

[1] 资料来源于埃塞俄比亚教育部官网。

[2] 即培训内容与市场需求相一致。

[3] 资料来源于埃塞俄比亚教育部官网。

[4] 资料来源于埃塞俄比亚教育部官网。2016—2017 学年仅有阿姆哈拉州、提格雷州、奥罗莫州和哈拉尔州四个地区按时向教育部提交了统计数据，因此其他地区沿用了在此一至两年前的统计数据。

续表

地区	学校数量（所）
阿姆哈拉州	92
奥罗莫州	253
索马里州	11
本尚古勒-古马兹州	11
南方各族州	74
甘贝拉州	8
哈拉尔州	9
亚的斯亚贝巴市	90
迪雷达瓦市	6
全国	582

相对于其基数而言，埃塞俄比亚职业教育学校的入学人数增长较快。2012—2013 学年，埃塞俄比亚职业教育入学人数为 238 884 人，2015—2016 学年，这一数据已增长至 302 083 人（见表 7.2）。不过，相比于其他教育阶段，职业教育的入学人数仍然较少。

表 7.2 2012—2016 年埃塞俄比亚职业教育入学数（单位：人）[1]

学年	2012—2013	2013—2014	2014—2015	2015—2016
男性	116 457	115 942	146 163	147 066
女性	122 427	122 107	157 976	155 017
总数	238 884	238 049	304 139	302 083

[1] 资料来源于埃塞俄比亚教育部官网。

三、学制与教育形式

目前，埃塞俄比亚的职业教育以中等教育为主，招收初中毕业生。在初中阶段辍学，或未通过埃塞俄比亚普通中等教育证书考试的学生可以选择进入职业学校学习，参加相关的职业教育，并获得相关职业资格证书。职业资格证书共有五个等级。1—2 级职业资格是入门级别，四年级学生毕业后经过四个月的职业教育培训，并通过技能评测，就可获得 1 级职业资格证书；八年级学生毕业后经过八个月的培训，通过评测即可获得 2 级资格证书。3—4 级职业资格是专业水平，学生在十年级毕业后，经过一年的培训，通过评测可获得 3 级职业资格证书；4 级职业资格证书则需要在此基础上再继续一年的培训，并通过相应评测才可获得。而后如继续学习 1 年，并通过一个更加严格的评测，可获得 5 级职业资格证书。一般来说，5 级证书的考查最为严格，只有少数成绩好的学生才能继续学习并获得文凭证书。学生从职业学校毕业后，经过 2—3 年的实践锻炼，可以参加能力中心的考试，成绩优良者还可以进入公立大学深造。

四、师资培养

埃塞俄比亚对职教教师按照不同级别设定了职业标准，教师需要根据每一级别的职业标准进行培训，最终由职业评测中心指派认证的评测专家，运用相应的职业评测工具进行考核。目前，埃塞俄比亚职业教育师资培养根据政府于 2010 年颁布的《职业教育领导者和培训教师资格框架》进行，该文件将职业教师资格证分为 A、B、C 三级，规定职业教育教师至少具有 C 级教师资格证方能从事职业培训课程教学。C 级职教教师具有开展 1—3 级职业教育的资格，B 级教师具有开展 1—4 级职业教育的资格，A 级教师

则具有开展 1—5 级职业教育的资格。该文件还要求职业教育教师具有相关
职业领域的从业经历，充分了解相关技术岗位的具体要求，具备一定的职
业教育研究和分析能力。[1] 埃塞俄比亚职业教育各级教师的地区分布情况见
表 7.3。

表 7.3 2016—2017 学年埃塞俄比亚职业教育各级教师的地区分布 [2]

地区	各级教师数量（人）			未定级教师数量（人）	总教师数量（人）	各级教师比例			
	A	B	C			A	B	C	未定级
提格雷州	195	615	1 080	10	1 900	10.3%	32.4%	56.8%	0.5%
阿法尔州	0	45	157	4	206	0	21.8%	76.2%	1.9%
阿姆哈拉州	103	1 071	2 534	501	4 209	2.4%	25.4%	60.2%	11.9%
奥罗莫州	412	2 422	8 203	5	11 042	3.7%	21.9%	74.3%	0.0%
索马里州	0	67	234	6	307	0	21.8%	76.2%	2.0%
本尚古勒－古马兹州	10	99	342	9	461	2.2%	21.5%	74.2%	2.0%
南方各族州	161	535	1 887	150	2 733	5.9%	19.6%	69.0%	5.5%
甘贝拉州	0	20	68	1	90	0	22.2%	75.6%	1.1%
哈拉尔州	64	75	94	3	236	27.1%	31.8%	39.8%	1.3%
亚的斯亚贝巴市	182	823	1 082	504	2 591	7.0%	31.8%	41.8%	19.5%
迪雷达瓦市	31	163	210	0	404	7.7%	40.3%	52.0%	0.0%
全国	1 158	5 936	15 891	1 194	24 179	4.8%	24.5%	65.7%	4.9%

[1] 邓俊民. 埃塞俄比亚职业教育师资队伍建设 [J]. 职教论坛，2014（4）：94-96.

[2] 资料来源于埃塞俄比亚教育部官网。2016—2017 学年仅有阿姆哈拉州、提格雷州、奥罗莫州和哈拉尔州
四个地区按时向教育部提交了统计数据，因此其他地区沿用了去年或前年的统计数据。

由表 7.3 可以看出，全国普遍缺乏 A 级教师，其中，哈拉尔州情况较好，A 级教师占比达 27.1%，而阿姆哈拉州、本尚古勒 – 古马兹州等 A 级教师占比仅为 2% 左右。另外，教师内部性别比例失调，女性教师占比较低，其中，迪雷达瓦市女性教师占比仅不到十分之一。

埃塞俄比亚计划于第五个教育发展五年规划完成之际建立起强大的师资质量保障体系。其中，符合标准的评测专家人数将达到 55 000 名，职业评测中心的建设力度将进一步加大，达到 27 812 所，实现从州到乡镇的全覆盖，有效扩大技能评测服务的覆盖面。[1]

由于职业教育仍然面临严重的师资短缺问题，在实践中很多职教教师仅仅达到了最低标准就上岗教学，大部分教师缺乏实际工作经验，因此教师培训工作量巨大，建立起一个有效的师资质量保障体系还面临着诸多挑战。

埃塞俄比亚的职业技术教育起步较晚，但发展稳定迅速。目前，职业教育已基本形成了符合国情和经济社会发展需要的教育体系、课程体系和师资培养与管理体系。灵活的学制和培养体系适合埃塞俄比亚在经济转型期迫切需要技术人才的基本国情，同时能使更多的人掌握一技之长，对就业和减少贫困也起到推动作用。

第二节 职业教育的特点和经验

在政府的大力推动下，埃塞俄比亚职业教育正稳步发展，并带有鲜明的本国特色。如今的埃塞俄比亚积极开展职业教育的国际合作、注重职业培训的实用性，正走在非洲职业教育发展的前沿。

---

[1] 杨立学. 埃塞俄比亚职业教育的现状，问题与发展路径 [J]. 中国职业技术教育，2019（15）：90-96.

一、国际合作

埃塞俄比亚职业技术教育吸收国际先进技术，为本国所用，并以此提升埃塞俄比亚各产业的能力与竞争力。通过聘请国际专家、学习借鉴新技术，促进职业技术教育的发展，从而提升各产业的效率。过去，埃塞俄比亚职业教育的发展一直受到来自联合国、美国、苏联、意大利和许多其他国家和非政府组织的援助和支持，近年来多得到中国和德国等国家的支持。本部分将主要介绍埃塞俄比亚与中国、德国在职教领域的合作。[1]

进入 21 世纪以来，中埃两国在职教领域展开了广泛合作。中国对埃塞俄比亚职业教育的援助主要以两种形式进行。其中一种形式是由中国农业部主导，援助对象为埃塞俄比亚农业职业技术学院，通过派遣农业职教教师，为埃塞俄比亚培养一批高素质的农业技术推广人员。中国通过该项目向埃传授农业职教发展的先进经验，协助其建立与本国国情相适应的农业职教体系，进而促进埃塞俄比亚农业发展，并推动中埃农业合作。2001 年，中埃两国签署了《中华人民共和国农业部与埃塞俄比亚联邦民主共和国农业部关于向埃塞俄比亚农业技术职业教育与培训项目派遣中国教师的协议》，由中国农业部选派一批优秀农业职教教师赴埃塞俄比亚农业职业技术学院任教。2012 年，中国政府将该项目纳入国家整体农业援外项目体系。自项目开展以来，中方教师不仅传授技术和知识，还参与了职教标准制定、教科书编写、试验示范、教学培训、简报编写等工作，取得了重要成果。[2] 截至 2020 年 7 月，该项目已正式实施 20 年，累计向埃塞俄比亚 13 个农业职业技术学院派遣 485 人次，在当地教授 50 多门专业课，培训当地教师、学生、农技

---

[1] 章剑坡. "埃革阵"执政以来埃塞俄比亚职业教育及发展研究 [D]. 金华：浙江师范大学，2016：39-40.

[2] 王凯园，王静，杨飏. 关于援埃塞俄比亚农业职业技术教育和培训项目的思考 [J]. 世界农业，2016（2）：4.

人员近 6 万人。[1]

另一种则主要通过援建职教院校、接纳留学生、派遣学者等形式开展。中国根据埃塞俄比亚的实际需要，以项目援助为依托，以高等教育院校为阵地，广泛深入地开展教育援助工作。2008 年，中埃教育部正式签署《埃塞-中国职业技术学院合作办学项目协议》。自当年起，由天津职业技术师范大学（以下简称天职师大）援建的埃塞-中国职业技术学院项目正式投入使用，天职师大作为牵头单位承办了该学院的教学工作。2010 年，中国教育部将该项目列入"中非高校 20+20 合作计划"。这是中国在埃塞俄比亚的首个职教援助项目，也是中国政府对非援建的最大教育项目，主要合作方式是中方派遣专家赴埃进行短期讲学和实地培训。截至 2016 年，该学院开设有机械技术、汽车应用技术、电气自动化技术、电子技术、现代纺织技术、服装设计与制作技术、计算机应用技术等 7 个专业。[2]2009 年 11 月，第四届中非合作论坛召开后，中国开始对埃塞俄比亚职业教育领域进行资金和技术援助。2013 年，亚大孔院启动了中方职教专家赴埃进行短期培训的特色项目，将孔子学院和职教援助相结合，一定程度上缓解了埃塞俄比亚职教师资不足的问题，在办学上也是一种创新。[3]

除中国以外，德国也对埃塞俄比亚职业教育进行了援助。德国从 1991 年就开始参与埃塞俄比亚的职业教育学校改革，参与主体既包括德国政府也包括民间机构。德国的支援是多方面的，首先，德国为埃塞俄比亚的职业教育提供了师资培训。截至 2018 年，德国已为埃塞俄比亚职业教育机构的约 6 000 名教师提供了培训。其次，德国对埃塞俄比亚的职业教育发展提供了大量资金援助。2018 年 8 月，德国与埃塞俄比亚签订了 1 亿欧元的援

[1] 北京周报网. 中国援埃塞俄比亚农业职教项目实施 20 周年征文比赛摘录 [EB/OL]. （2020-10-30）[2021-04-10]. http://www.beijingreview.com.cn/chinafrica/202010/t20201030_800225189.html.

[2] 天津职业技术师范大学. 天津职业技术师范大学援建埃塞 - 中国职业技术学院项目情况介绍 [EB/OL]. （2015-12-24）[2021-05-06]. https://gjjlc.tute.edu.cn/info/1062/1284.htm.

[3] 高莉莉. 非洲孔子学院职业技术特色办学探究——以亚的斯亚贝巴孔子学院为例 [J]. 西亚非洲, 2014（6）: 14.

助协议，用于支持青年的就业增长和培训项目。再次，德国还对埃塞俄比亚职业教育体系的设计产生了巨大影响。埃塞俄比亚企业培训和学校教育相结合的现代职业教育体系就仿效了德国职业教育的发展模式。此外，德国也在埃塞俄比亚的大学内设立了职教中心，提供管理类培训。德国政府近年还安排埃塞俄比亚政府官员赴德参观德国的职业教育机构，为他们提供职业教育相关专业咨询。2017 年 11 月，由埃塞俄比亚联邦各级职业教育系统组成的高级代表团访问了德国的联邦职业教育研究所和德国企业，以学习德国职业教育和培训的先进经验。[1] 德国的援助不但促进了埃塞俄比亚青年的就业，对减贫工作也有所助力。

埃塞俄比亚与中、德两国的深度合作为其职业教育的发展带来了资金、师资和先进经验。随着全球化的发展，埃塞俄比亚职业教育的国际化程度仍在不断提升。

二、重点培养农业人才

埃塞俄比亚政府近些年加大了对职业教育的投入，积极制定新的职业教育政策和发展战略，强调培训内容和实际工作的相关性。2020 年发布的《国家职业技术教育和培训战略》就再次强调，职业教育的发展要以市场需求为导向，培养技术型劳动力。在三大产业中，农业是埃塞俄比亚国民经济和出口创汇的支柱，占国内生产总值近 40%，虽然近些年来埃塞俄比亚将发展重点逐渐转移到了工业和第三产业上，农业的发展依然对本国经济起着重要作用。在此背景下，职业教育与农业的结合成为埃塞俄比亚职教事业发展的一大亮点。

---

[1] 周瑾艳. 中、德在埃塞俄比亚职业教育领域开展三方合作的新机遇 [J]. 德国研究，2018，33（4）：19.

埃塞俄比亚成立了专门的机构负责农业职业教育项目的发展,不仅在政策上提供支持,在教师招聘、课程设计、校舍建设、设备采购等方面也都投入巨大。目前,农业职业教育包括 3 年制的正规学历培训和 1 年制的在职培训,开设有植物科学、动物科学、林学等 16 个专业。埃塞俄比亚政府在学校宿舍、图书馆、教室等基础设施建设方面投入了相当的资金,还为学生提供学费、伙食费、医疗费等补贴。政府格外重视学生实践技能的培训,在就业方面也为毕业生提供大量岗位。学生毕业后可以到农民培训中心担任技术员,也可以在基层政府从事行政工作,还有机会进入私营企业工作。[1]

三、小微企业与职业教育融合

小微企业是小型企业、微型企业、家庭作坊式企业的统称。在埃塞俄比亚,小微企业与职业教育的融合不但提高了职业教育培训水平,促进了职教事业的发展,还在促进就业、推动新产业发展和技术创新方面发挥了一定的作用。

埃塞俄比亚小微企业和职业教育的融合与政府的重视密不可分。为了加强企业在职业教育中的主导作用,提高培训内容与市场需求的相关性,职业教育机构加大了实践学时的比例,要求学员 70% 的学时都需要进行企业实践,以此提高学员实践能力。在此过程中,相对于大企业,小微企业在提供实习培训和就业机会方面表现更为积极。[2] 为了支持小微企业发展,政府在第四个教育发展五年规划中提出了企业延伸服务计划,目标是在职业教育体系内孵化小微企业,开发小微企业的技术能力和管理能力,支持

[1] 赵桂芝. 埃塞俄比亚农业现代化发展历程及经验研究 [D]. 金华:浙江师范大学,2017:34-38.

[2] 杨立学. 埃塞俄比亚职业教育的现状、问题与发展路径 [J]. 中国职业技术教育,2019(15):90-96.

小微企业提高生产力和市场竞争力。这一计划明确提出要在 2014—2015 年度形成完整的实施方案 1 500 项，实验模型 1 200 项，通过测试的模型达到 1 080 项，新的专利达到 45 项；参与职业教育合作的小微企业从 2009—2010 年度的 1 208 家增加到 2014—2015 年度的 30 064 家，约为原来的 23.9 倍；在校企合作模式下培养的学员从 2009—2010 年度的 163 509 人增加到 2014—2015 年度的 901 864 人，约为原来的 5.5 倍。[1]

不过，在实际实施过程中，由于小微企业体量较小，能提供的就业岗位和技术经验有限，而且小微企业极易受外部经济条件变化的影响，抵御金融风险的能力较弱，难以真正解决职业教育中产教融合的问题。产教融合是各国职业教育发展的一个共同挑战，对于教育和经济基础都较薄弱的发展中国家而言更是一个难题，埃塞俄比亚在职业教育中引入小微企业的做法为解决这一难题提供了一个尝试方向。

四、力促性别公平

职业教育在保障教育公平方面发挥着重要作用，相比于其他教育阶段，职业教育尤其注意对弱势群体受教育权的保障，也格外重视性别平等问题，为女性提供了更多机会和上升空间。

不论是最早发布于 1994 年的《教育与培训政策》，还是 2020 年新发布的《埃塞俄比亚技术与职业教育培训政策与战略》，都指出埃塞俄比亚的职业教育体系面向全体公民，且尤其注重对各年级辍学者、未能升入高一级学校深造者、失业者和一些特殊群体受教育权利的保护。为了切实落实这一承诺，进一步扩大职业教育的受益群体，政府在农村落后地区增设了许

---

[1] 资料来源于埃塞俄比亚教育部官网。

多职业教育与培训机构。在此过程中，民间资本的作用被充分发挥出来。自 2011 年开始，政府赋予了民办职业教育学校更多的资源，在职业标准、资格证书、教学资料等方面都给予了民办职业院校更多支持，以鼓励民办职业院校承担更多的社会责任。在第四个教育发展五年规划中，埃塞俄比亚政府明确要求在 2014—2015 学年将女性入学人数的比例提高到 50%，而这一目标在 2012—2013 学年就已提前完成。2012—2017 年，职业教育入学人数中女性的比例为 51.3%—51.9%，相比之下，同期本科阶段入学人数中女性占比为 29.9%—36.8%，研究生阶段女性占比为 8.7%—24.8%。从女性教师所占比例来看，职业教育领域女性教师占比为 16.4%—22.5%，而在高等教育领域，女性教师占比仅为 10.6%—13.6%，这也就意味着，在教师这一工作岗位上，职业教育给了女性更多的工作机会。不仅如此，职业教育中的女性工作者还拥有更大的上升空间和更好的职业前景。第五个教育发展五年规划中，政府明确要求职业教育女性教师的比例要达到 32%，且同等情况下女性候选人优先获得职业院校领导者岗位，以保障性别平等。[1]

从上述数据中不难看出，在职业教育中，女性和其他社会弱势群体的受教育权得到了更好的保障，女性工作者也享有相对平等的就业机会和职业发展前景。

埃塞俄比亚的职业教育在政府的有计划推动下，国际合作不断深化，在积极争取国际援助、汲取国际先进经验的同时，注重与自身国情相适应，与本国经济社会发展目标相适应。政府在发展职业教育时强调产教结合、重视教学内容实用性，不断改进教学模式，提高教学质量。此外，埃塞俄比亚在职业教育领域着力保障女性及其他社会弱势群体的受教育权利，发挥了教育在促进社会公平进步方面的重要作用。

---

[1] 杨立学. 埃塞俄比亚职业教育的现状、问题与发展路径 [J]. 中国职业技术教育，2019（15）：90-96.

第三节 职业教育的挑战和对策

由于发展时间较短，基础薄弱，以及受到传统观念的影响，埃塞俄比亚的职业教育在教学质量、校企合作、师资质量等诸多方面依旧存在问题。

一、问题与挑战

当前，职业教育虽然得到了政府的重视，发展迅速，但其生源质量和毕业生质量仍然较低。虽然政府提出了企业延伸服务计划，意图加强校企合作、提高职业教育培训的市场适应度，但职业教育学校培养出的学员技术水平与企业需求往往有很大出入。职业教育师资方面也面临着师资短缺、教学水平较低以及教师性别结构不合理等问题。

（一）参与度和完成度较低

生源问题是埃塞俄比亚职业技术教育所面临的最大挑战之一。虽然近年来埃塞俄比亚职业教育的入学人数呈现持续增长的态势，但同其他教育阶段相比，职业教育的参与度仍然较低。从表7.4不难看出，目前埃塞俄比亚职业教育学校的入学人数仍然极低，2016—2017学年，全国总入学人数仅有约30万人。在院校数量远超高等教育的情况下，职业教育各级总入学人数不及同年的高等教育本科入学人数（788 033人）一半。除提格雷州以外，其他州的入学人数平均到各个职业院校后均不足千人。这30万学生又大多集中在2级、3级以及4级职业资格阶段学习。这说明，职业教育参与度较低，且顺利升入最高级的学生也较少。

表 7.4 2016—2017 学年埃塞俄比亚各地区职业教育平均每校入学人数 [1]

	院校数量（所）	入学人数（人）	平均入学人数（人）
提格雷州	22	25 711	1 169
阿法尔州	6	1 638	273
阿姆哈拉州	92	70 517	864
奥罗莫州	253	76 288	302
索马里州	11	4 651	423
本尚古勒－古马兹州	11	7 292	663
南方各族州	74	53 404	722
甘贝拉州	8	2 070	259
哈拉尔州	9	5 658	629
亚的斯亚贝巴市	90	40 477	450
迪雷达瓦市	6	5 377	896
全国总数	582	302 083	519

不仅如此，职业学校的学生还面临着较低的毕业率，大多数学生无法顺利完成学业通过测评，这种现象在较高级别的职业资格阶段中更为明显。职业教育在校生大部分在 2 级职业资格阶段学习，高级别职业资格阶段学员明显不足。2016—2017 学年，职业教育学校总录取人数在 30 万左右，其中无论男性还是女性，毕业率均不达 45%。其中，4 级职业资格入学人数 76 427 人，占全国总入学人数的 25.3%，而毕业人数 24 748 人，占全国总毕业人数的 18.9%；5 级职业资格入学人数 6 646 人，仅占全国总入学人数的 2.2%，毕业人数 2 040 人，占全国总毕业人数的 1.6%（见表 7.5）。

---

[1] 资料来源于埃塞俄比亚教育部官网。

表 7.5 2016—2017 学年埃塞俄比亚职业教育各级入学人数与毕业人数及其比例 [1]

	1级	2级	3级	4级	5级	总和
入学人数（人）	43 198	114 489	61 323	76 427	6 646	302 083
比例	14.3%	37.9%	20.3%	25.3%	2.2%	100%
毕业人数（人）	21 560	53 656	29 093	24 748	2 040	131 097
比例	16.4%	40.9%	22.2%	18.9%	1.6%	100%

造成这一现象的原因有二。一方面，在社会传统观念的影响下，公众对职业教育仍然抱有偏见。职业教育往往和薪水低、发展前景差等负面印象联系在一起，再加上技能型工作往往耗费更多体力，工作环境也不如文职工作舒适，很多父母还是希望子女能进入大学深造，从而可以从事更为体面、更受社会尊重的工作。另一方面，职业教育起步晚，教育资源不足，教育质量也不高。特别是在较偏远和经济欠发达地区，职业学校的基础设施和服务不完善，学生难以顺利毕业，这也导致了许多家长和学生不看好职业教育。

（二）校企合作受挫

目前来看，职业教育的校企合作模式进展并不顺利。国内学者调查发现，埃塞俄比亚职业学校的学生学习内容与工作表现同用人企业的要求和预期相去甚远。研究表明，目前 67% 的企业都表示更加信任企业自己开展的岗前培训，对商业机构和职业院校的培训信任度只有 33%，而对政府培训机构的信任度则为 0。[2] 企业认为目前的职业教育毕业生的专业知识不够扎实、知识面狭窄、解决问题能力不足，知识储备也过于陈旧。除此之外，

---

[1] 资料来源于埃塞俄比亚教育部官网。

[2] 张金泽. 埃塞俄比亚职业教育产教融合影响因素研究 [J]. 天津职业院校联合学报，2020，22（5）：5.

职业学校的学生大多侧重于学习成绩，轻视技能认证，而各类企业在用工过程中对技能认证的结果重视程度非常高。这些学生缺乏工作经验，从学校接受到的教育培训也常与企业需求不匹配，这令企业对职业教育的培训成果并不信任。

产生这种问题的原因大致有二：其一，在政府培训机构方面，其教学及培训内容陈旧，基本无法根据企业所提出的要求进行培训，考核形式和内容陈旧老套、灵活性差，不能够完全展示学生的能力和培训成果；[1]其二，埃塞俄比亚的技能认证系统与职业学校教学系统相互独立，缺乏沟通，导致职业学校的学生对技能认证的重视程度不高。种种因素结合导致埃塞俄比亚企业对职业教育学校不信任，学生发展方向不明确。

（三）高素质职教师资短缺、结构不合理

埃塞俄比亚职业教育院校普遍面临高素质师资短缺的问题。2016—2017学年，埃塞俄比亚共有职教教师 27 992 人，其中 96.4% 的教师达标。不过，达标教师中的大部分只具有 C 级教师资格，占 64.2%，具有 B 级教师资格的占 26.6%，具有 A 级教师资格却只有 5.6%，也就是说，大部分达标教师仍处于较低水平，高等级师资仍处于短缺状态。不仅如此，高层次的职教师资主要是毕业于普通院校的硕士、博士，他们大都是通过兼修或校外培训方式获得职业教师资格的。这些教师虽然学历较高，但是缺乏企业实践经验，更缺乏在职业学校学习、任教的经验，教授内容重理论、轻应用，难以适应职业学校的要求，也难以满足市场需要。

此外，尽管近年来职教师资中女性的比例有所上升，但男性为主的倾向仍然比较明显。近五年来，女性教师在职教师资中所占比例为 20% 左右，

---

[1] 张金泽. 埃塞俄比亚职业教育产教融合影响因素研究 [J]. 天津职业院校联合学报，2020，22（5）：5.

职业教育领导者中女性占比更小，仅为 2%。由于不同性别对技术的体验方式和操作模式存在差异，男性占多数的师资结构势必影响到女性学生对技术的体验方式和操作模式，不利于女性技术技能人才潜能的开发。[1] 以男性为主的领导层作为职业院校的决策者，也难免会对女性技术专业方向的开设、相关培养方案的制订乃至合作培养企业的选择产生一定负面影响。

二、应对策略

埃塞俄比亚政府对职业教育的发展十分重视，对于职业教育发展面临的问题也已采取了一系列措施，其中一些措施已经取得了比较明显的效果。

针对职业教育生源质量和教学水平问题，政府决心通过对职业教育进行相关改革，提升家长、学生对职业教育的信心，增强职业教育的吸引力，由此吸引更多优质生源进入职业院校学习。首先，埃塞俄比亚政府通过国际合作汲取国外先进经验，同中、德等国合作，引进经验丰富的师资，以降低生师比，提高教学质量。其次，政府在职业教育相关政策中提出，要优化基础教育与职业教育的衔接，吸收更多优秀人才接受职业教育，通过吸收优质生源改善职业教育质量。再次，政府还制定相关政策，听取多方意见，改革职业教育评测标准，建立质量保障体系，让学生、家长、企业能够认可职业教育。最后，对于资源短缺的问题，政府已在官方文件中强调了校舍建设和维护的重要性，考虑为职业技术教育领域注入更多资金。[2]

在校企合作方面，政府曾牵头开展过短期培训以培养实用型人才，但由于经验不足，培养效果并不好。企业为提高员工水平和素质也曾尝试与商业培训机构、职业院校以及政府培训机构接触与合作，但收效甚微。一份关于

---

[1] 杨立学. 埃塞俄比亚职业教育的现状、问题与发展路径 [J]. 中国职业技术教育，2019（15）：90-96.

[2] 资料来源于埃塞俄比亚教育部官网。

职业院校曾实施过的校企合作方法的调研显示，"职业技术传播和培训"在校企合作应用中最为广泛，采取该种方式的院校约占总数的65%。相比之下，其他的合作形式如课题研究合作、联合办学、科研合作中心等占比均在20%以下。近些年，埃塞俄比亚的职业技术教育系统引进了德国、澳大利亚等发达国家的职业教育体系和大纲，也从中国借鉴了许多教育体系与教学方法，有了较为明显的进步。其中，亚大孔院在校企合作中的实践尝试较为丰富，已与多家企业开展了就业支持、短期实习等多项合作。但目前埃塞俄比亚的校企合作形式还较为单一，技术传播在全部合作模式中占绝对多数，其他合作模式尚处于摸索阶段。[1]

为解决高素质师资短缺的问题，政府近年也通过接受国际援助以提高整体师资水平。其中，中国援建埃塞俄比亚联邦职业技术教育与培训学院就是一个典型案例。自2008年起，中方开始派职教专家赴埃指导当地教师培训，帮助打造既具有学历证书又具有职业资格证书、既能进行理论教学又能指导技能实践，拥有良好的职业道德、教学能力和管理能力的职教师资队伍。同时，针对职业教育中女性教师、女性领导者比例偏低的现象，政府已经在第五个教育发展五年规划中提出保障女性在职业教育中的就业机会，提高女性在教师队伍中的比例和女性领导者在决策层中的比例，增加女性话语权。[2]

纵观埃塞俄比亚的职业教育，可以发现，同教育体系中其他方面类似，职业教育的发展时间也较短，面临着经验不足、受传统观念桎梏等诸多发展问题。然而，通过引进外资、外智，制定符合本国经济发展现状的教育目标和教学内容，埃塞俄比亚正在逐渐探索出一条适合本国的职业教育发展之路。职业教育与普通教育对于一个国家的经济发展和社会进步有着同

[1] 张金泽. 埃塞俄比亚职业教育产教融合影响因素研究 [J]. 天津职业院校联合学报，2020，22（5）：5.
[2] 杨立学. 埃塞俄比亚职业教育的现状、问题与发展路径 [J]. 中国职业技术教育，2019（15）：90-96.

等重要的意义，对于培养应用型人才、推动社会生产力发展起着不可或缺的重要作用。在当前形势下，如何进一步转变观念、消除人们对职业教育的偏见、提高职业教育入学率，如何深化产教融合、校企合作，如何为职业教育输送更多高素质的师资、提高职业教育整体教育质量和毕业率，是埃塞俄比亚职业教育发展必须解决的问题。

第八章 成人教育

作为社会最主要的劳动力，成年人文化素养水平的提高对于社会整体进步，以及实现可持续发展都有着十分重要的意义。由于近现代以来埃塞俄比亚经历了数次政权更迭，其成人教育发展也走过了一段曲折的历程。如今，在埃塞俄比亚这样正处于经济快速发展期的发展中国家，成年人需要新的知识、实用的技能和与时俱进的态度来跟上时代的步伐，政府也越来越意识到成人教育与国家发展之间的重要关系。目前，埃塞俄比亚的成人教育主要由政府主导，以降低文盲率为主要目标，同时普及阅读、算数等基本技能。自 2004 年开始，政府通过教育发展五年规划等政策性文件建立了成人教育和其他非正规教育项目，正在努力实现降低文盲率、提高人民素质和减少贫困的目标。然而，受到社会经济发展水平的限制，成人教育发展也面临师资匮乏、教育质量低下、性别比例失衡等诸多问题。

第一节 成人教育的发展和现状

一、发展历程

在海尔·塞拉西皇帝统治时期，埃塞俄比亚的教育被贵族垄断，平民百姓几乎没有接受正规教育的机会。尽管在 1948 年，塞拉西皇帝曾颁布法律，称要让帝国内全体人民能够识字，但这一项目进展并不顺利。当时国民识字率极低，据估计不到 10%。20 世纪 70 年代后期，帝制被推翻，军政府上台，并很快展开了一场全国规模的识字运动。在这段时间里，成人教育以教学质量为基础，主要由具有大学和高中学历的志愿服务学生参与。识字运动一共进行了 12 轮，共计提高了阿姆哈拉语、奥罗莫语、提格雷语和索马里语等 15 种语言的识字率，惠及全国 93% 的人口。到 20 世纪 80 年代第 12 轮识字运动结束时，全国大约有 1 700 万人报名参加了识字班学习，1 200 万人通过测试，其中 50% 为女性。1984 年，根据官方统计数据显示，识字率已提高到 63%。不过有观察家指出，这一数据存在虚高可能，[1] 但不可否认的是，军政府的措施确实提高了埃塞俄比亚的识字率。[2] 识字运动还得到了国际社会的肯定，1980 年，联合国教科文组织授予了埃塞俄比亚"国际阅读协会识字奖章"。[3]

20 世纪 80 年代末，饥荒、战乱导致扫盲工作中止，大部分刚刚脱离文盲状态的公民由于无法接受教育再次回到了文盲状态。经过数年动荡后，埃革阵领导的新政府于 1991 年上台。新政府高度重视教育，将其置于国家

---

[1] 一些其他国际渠道统计显示，1991 年埃塞俄比亚的识字率才刚刚突破 60%。

[2] 陈明昆. 埃塞俄比亚高等教育研究 [M]. 北京：中国社会科学出版社，2009：17-21.

[3] NEGASSA T. Challenges of the implementation of Integrated Functional Adult Education (IFAE) in Ethiopia: a case of Oromiya National Regional State[J]. African educational research journal, 2019(7): 103-117.

政策的核心，但事实上，新政府发展教育的重点放在了包括基础教育、高等教育在内的正式教育体系和能够直接输送劳动力的职业教育上，政府议程中一度不见成人教育的身影。直到 1994 年，政府才在《教育与培训政策》文件中重提成人扫盲问题，但仍未给出具体的发展方案和计划。进入 21 世纪以来，埃塞俄比亚政府重新认识到，如果不能解决成人文盲率居高不下的问题，国家就不可能在短期内实现经济增长，更不可能脱贫。因此，埃塞俄比亚教育部在 1996 年发布的第一个教育发展五年规划中增加了对成人教育的拨款，并于 2008 年正式发布了《国家成人教育战略》，其中阐明了成人教育的目标，即"建立一个计划周密、组织有序和协调一致的成人教育体系，使青少年和成年人有机会参与高质量的学习项目，使其有能力参与国家社会、经济和政治发展"[1]。随后，在国际社会的帮助下，政府于 2011 年制定了"成人综合实用读写能力"计划，该计划为 15—60 岁的不识字公民提供为期 2 年的综合教育，将写作、阅读、算术等基本技能与其他基本职业技能培训联系起来，旨在降低全国的文盲率，提高人民素质，促进经济社会整体发展。为促进这一计划的实施，由政府和一些非政府组织组成的工作团队制定了一系列关于该计划的文件，其中包括成人教育课程实施框架、实施准则以及质量评估等内容。不过，与其他教育阶段相比，成人教育的发展仍然十分缓慢。

总体来看，埃塞俄比亚成人教育起步较晚，虽然近年来政府对成人教育的重视程度有所提高，但由于文盲率较高，文盲基数过大，成人教育的主要任务还是扫盲。教育部在第四个教育发展五年规划中的目标是在下一个五年里将 95% 的成人文盲纳入"成人综合实用读写能力"计划中，然而实际情况却与这一目标相差很大，扫盲工作仍然任重而道远。

---

[1] 资料来源于埃塞俄比亚教育部官网。

二、入学情况

根据埃塞俄比亚教育年鉴统计，2019—2020 学年全国约有 287 万成年人参与了"成人综合实用读写能力"计划，这一数据比 2018—2019 学年减少了约 40 万人。从性别来看，男性入学人数比女性略多，约占总数的 53.2%，不过提格雷州、索马里州、本尚古勒–古马兹州、南方各族州、亚的斯亚贝巴市等地女性入学比例略高于男性。从地区来看，南方各族州所占比例最大，构成了全国总入学人数的 42.3%，[1] 这可能是该州本身文盲人口基数较大的缘故（见表 8.1）。

表 8.1 2019—2020 学年埃塞俄比亚成人教育入学数（单位：人）

地区	一年级		二年级		全部	
	男性	女性	男性	女性	男性	女性
提格雷州	27 914	31 724	25 653	25 371	53 567	57 095
阿法尔州	3 911	2 545	2 140	1 516	6 051	4 061
阿姆哈拉州	272 766	193 220	244 514	154 068	517 200	347 288
奥罗莫州	216 067	166 555	106 927	82 231	322 994	248 786
索马里州	8 828	10 150	6 366	82 231	322 994	248 786
本尚古勒–古马兹州	11 161	12 353	7 077	7 588	18 238	19 941
南方各族州	328 519	363 660	254 405	268 389	582 924	632 049
哈拉尔州	3 072	1 274	1 716	744	4 788	2 048
亚的斯亚贝巴市	2 064	7 694	1 223	3 717	3 287	11 411
迪雷达瓦市	3 619	2 621	2 151	1 452	5 770	4 073
全国	877 921	791 796	652 172	551 880	1 530 093	1 343 676

---

[1] 资料来源于埃塞俄比亚教育部官网。

"成人综合实用读写能力"计划从 2011 年左右开始实施，实施的前几年，入学人数呈现持续增长的态势。从表 8.2 可以看出，从 2010—2011 学年到 2015—2016 学年，埃塞俄比亚成人教育入学人数持续增长，但从 2016—2017 学年至今，该项目入学人数持续下跌。此外，该项目从启动至今，每年男性总入学人数一直高于女性。

表 8.2 2010—2020 年埃塞俄比亚成人教育入学数（单位：人）

学年	男性	女性	总人数
2010—2011	197 843	136 567	334 410
2011—2012	1 281 951	810 283	2 092 234
2012—2013	2 116 620	1 299 156	3 415 776
2013—2014	3 722 306	2 784 004	6 506 310
2014—2015	3 427 604	2 562 805	5 990 409
2015—2016	3 748 692	3 154 373	6 903 065
2016—2017	2 945 940	2 533 693	5 479 633
2017—2018	2 650 142	2 290 920	4 941 062
2018—2019	1 745 084	1 525 318	3 270 402
2019—2020	1 530 093	1 343 676	2 873 769

三、毕业情况

尽管累计入学人数较高，但成人教育项目的毕业率并不尽如人意，距离 100% 毕业率的目标还相去甚远。埃塞俄比亚教育部 2019—2020 学年发布的教育年鉴统计数据显示，2019—2020 学年有 464 373 名成年人毕业于成人教育项目，比 2017—2018 学年同期数据有所下降。将二年级入学人数与毕业人数进行对比可以发现，2019—2020 学年只有 39% 的学生顺利毕业，也就是说大部分入学的成年人没能完成学业。从性别来看，参与成人教育项目的男性毕业率为 80%，远高于女性的 43%。

四、机构数量和师资

目前，埃塞俄比亚全国范围内共有至少 31 558 个成人教育中心，其中 36.6% 设立在校园内。这一数据与 2018—2019 学年度相比减少了 723 个，但是埃塞俄比亚教育部并不认为这代表教育中心的实际数量下降，而很可能是某些地区的数据汇报不准确所致。成人教育中心的分布有很强的地域特点，总体而言，南方各族州、阿姆哈拉州和奥罗莫州的分布比较密集，全国 2/3 的成人教育中心都分布在这些地区（见表 8.3）。

表 8.3 2019—2020 学年埃塞俄比亚成人教育中心分布情况 [1]

地区	教育中心总数（个）
提格雷州	1 009
阿法尔州	246
阿姆哈拉州	8 957
奥罗莫州	8 323
索马里州	206
本尚古勒－古马兹州	456

[1] 资料来源于埃塞俄比亚教育部官网。

地区	教育中心总数（个）
南方各族州	11 733
甘贝拉州	—
哈拉尔州	117
亚的斯亚贝巴市	361
迪雷达瓦市	150
全国总数	31 558

2019—2020 学年，埃塞俄比亚全国仅有 28 433 名成人教育教师，生师比超过 100∶1，而过高的生师比势必会影响教学质量。有学者指出，相当一部分的成人教育教师并不是专业教师，而是 10 年级或 12 年级的学生，他们没有接受过专业培训，也缺乏足够的教学经验。[1] 此外，从表 8.4 可以看出，和其他教育领域类似，成人教育的师资也存在性别失衡的情况。

表 8.4 2019—2020 学年埃塞俄比亚成人教育师资分布情况 [2]

地区	男性（人）	女性（人）	总数（人）
提格雷州	314	428	742
阿法尔州	84	5	89
阿姆哈拉州	2 501	3 010	5 511
奥罗莫州	6 478	3 007	9 485
索马里州	3	—	3

[1] AWGICHEW S, SEYOUM Y. Integrated functional adult literacy: existing practices and challenges in Eastern Ethiopia[J]. International journal of education and literacy studies, 2017(5): 86-97.

[2] 资料来源于埃塞俄比亚教育部官网。

续表

地区	男性（人）	女性（人）	总数（人）
本尚古勒－古马兹州	295	163	458
南方各族州	8 246	3 213	11 459
甘贝拉州	—	—	—
哈拉尔州	92	27	119
亚的斯亚贝巴市	159	312	471
迪雷达瓦市	83	13	96
全国总数	18 255	10 178	28 433

第二节 成人教育的特点和经验

考虑到埃塞俄比亚文盲率偏高的特殊国情，埃塞俄比亚的成人教育实践多年来都以扫盲为基本目标，成人教育课程也是以识字、算术等基本生活技能和实用性较强的职业培训为主。近些年来，受终身学习理念的影响，埃塞俄比亚也提出了将成人教育和其他正式教育相衔接的综合培养方式，不过由于资源限制，成人教育的发展和转型仍然面临诸多问题。在此背景下，成人教育领域除联邦政府外还有许多地方机构和非政府组织的参与。

一、以扫盲为主要任务，同时培训其他基本技能

埃塞俄比亚成人教育发展时间短、发展基础薄弱，在 1991 年之前，成人教育主要以"识字运动"的形式展开，唯一目标就是扫盲。然而，由于 20 世纪末的政治动荡，扫盲运动中断，得来不易的成果又遭到严重打击。

近年来，政府提高了对成人教育的重视程度，颁布了《国家成人教育战略》，计划建立一个现代化的成人教育体系，并制定了"成人综合实用读写能力"计划。这个计划意味着埃塞俄比亚的成人教育正在从"扫盲"走向"终身学习"。不过，由于文盲基数大，加之能投入到成人教育中的经费十分有限，埃塞俄比亚成人教育在实践中的主要目标和任务依然是扫盲。在第四和第五个教育发展五年规划中，政府都将文盲率的降低程度作为衡量成人教育发展成果的重要指标，并将扫盲作为成人教育发展的主要目标。

在基本扫盲任务以外，埃塞俄比亚的成人教育系统还计划在为期2年的综合教育中将基础的算术、识字技能同农业、卫生、公民和文化教育等方面的知识和实践技能培训相结合，满足公民多样化的学习需求，打造学习型社会。在完成2年的成人教育后，这些学生将有机会转学至正规教育机构或者职业教育机构。[1]这一构想符合世界范围内达成共识的终身学习理念，有助于增强公民对社会的适应力，为本无法接受正规教育的人们提供继续教育的机会。不过，由于资源和经验的局限，这一综合教育计划在实践中的效果远未达到预期。[2]

二、以政府为主导，多主体参与

埃塞俄比亚成人教育的一大特点就是政府主导，多主体参与。由于成人教育牵涉的领域较多，项目实施时的沟通协调比较复杂，埃塞俄比亚成人教育政策通常由多个部门和机构共同负责设计，如教育部、农业部、卫生部、商业部等，再由各级地方机构，如学校、地方行政机构、地方教育

---

[1] 资料来源于埃塞俄比亚教育部官网。

[2] AWGICHEW S, SEYOUM Y. Integrated functional adult literacy: existing practices and challenges in Eastern Ethiopia[J]. International journal of education and literacy studies, 2017(5): 86-97.

办事处等执行。由于政府能投入的经费有限，埃塞俄比亚成人教育的发展在相当程度上还要依赖非政府组织和社区的参与。

目前，参与埃塞俄比亚成人教育的主要非政府组织有"德国成人教育协会""埃塞俄比亚基础教育网""埃塞俄比亚成人和非正规教育协会"和"埃塞俄比亚公约"。这些非政府组织与埃塞俄比亚政府有着良好的合作关系，在设计成人教育框架、提供培训内容、提供教材和师资等方面都发挥着重要作用。其中，"德国成人教育协会"的贡献尤为突出，这一组织同埃塞俄比亚教育部在2011年合作制定了"成人综合实用读写能力"计划，该计划沿用至今。[1]

第三节　成人教育的挑战和对策

近年来，快速发展的成人教育不仅提高了埃塞俄比亚的成人识字率，在基础识字、算术技能和基础知识普及方面也发挥了重要作用，一定程度上促进了社会发展，但是成人教育自身的发展仍然存在诸多问题。

一、问题与挑战

目前看来，埃塞俄比亚的成人教育缺乏结构性、计划性和组织性，项目发展中面临着严重的师资短缺和教学质量低下问题，在入学率、毕业率方面还存在性别失衡的问题。

---

[1] ABIY D S, KABETA G, MIHIRETIE D M. Developing a lifelong learning system in Ethiopia: contextual considerations and propositions[J]. International review of education, 2014(60): 641-642.

（一）教学质量低下

目前来看，参与过成人教育的学员对埃塞俄比亚成人教育系统的评价十分矛盾。一方面，他们中的许多人表示自己的确学到了新知识，也有部分学生通过成人教育项目得到了进入正规教育机构学习的机会。另一方面，也有部分学生批评成人教育项目教学质量低下，无法根据学生需要有效地传授技能。在 2017 年年初进行的一个成人教育项目质量调查中，一位接受采访的学生表示，参加项目后自己具备了简单的阅读以及书写能力，但仍然不能很好地掌握字母顺序和算术技能，尤其无法掌握减法、乘法、除法等内容。另外，一些项目参与者还表示，成人教育中心缺乏基础设施，各部门之间缺乏协调，部分工作人员态度较差，出勤管理不严格，项目结束后也没有后续跟进，导致一些学生在学习结束不久后再次回到文盲状态。

产生这种现象的主要原因是埃塞俄比亚成人教育项目目前采用的是"代际教育"模式，也就是将 15—60 岁不同年龄、不同知识基础的学生混合在同一班级中进行教学，这就导致了部分未成年人和成年人同时接受教育，其中有些学生甚至与自己的父母一同上课。而如此之大的年龄跨度就意味着学生所具备的知识、能力基础和期望学习的技能有所不同。成年人大多想要学习数学或其他应用技术，因为这些技能对于他们的日常生活和工作而言更为实用。但对于未成年人来说，学习基础的阅读和写作则是更为重要的。当不同需求、不同能力水平的学生在同一个班级里上课时，教授的课程内容往往只能满足其中一部分人的需求。除了需求不同以外，心理因素也是影响学生学习积极性的一大原因。相当一部分成年人不愿意和未成年人一起学习，而有些未成年人认为成年人跟不上自己学习的步伐，不愿意与成年人一同讨论课堂内容，也不会积极参与课堂活动。这导致成人教育项目的完成率很低，许多成年人出于各种原因中途放弃学习，部分未成年人在项目结束时也无法达到预期水平，项目整体的学习氛围、教学质量和效率都受到影响。埃塞俄比亚教育部发布的教育年鉴显示，从 2016 年开始，成人教育项目参与者数量急剧下滑，从 690 万人骤降至 2017 年的 540 万人，此后几年也一直呈下降趋势。2020 年，埃塞俄比亚成人教育学生仅有 280 万余人。[1]

从根本上来说，之所以不同年龄段的学生只能一起接受教育，还是因为资源不足。由于资金有限、师资不足、基础设施落后，要在短时间内实现文盲率的大幅度降低，只能采取这种方式。如果成人教育能够获得更多资源，那么不同年龄段、不同基础水平的学生就能够分班接受教育，这将大大提高成人教育的质量以及毕业率。虽然埃塞俄比亚政府已提出要扩大成人教育师资力量以及机构数量，但如何获取更多资金，如何在不同部门之间建立有效的合作协调机制，如何提高教育质量和效率，仍然是短时间内难以解决的问题。

（二）师资短缺

教师在教学过程中起主导作用，优质的师资队伍对于教育质量有着至关重要的作用。而相对于其他教育阶段来说，成人教育的教师需要有更开放包容的态度，更强的管理能力，在教学时应当有更多的技巧。同时，由于成人教育面临的学生群体年龄跨度更大，身份更加多样，教师更应当做到尊重每一个学生个体。然而，当前埃塞俄比亚成人教育的教师不论是在教学水平还是教学态度上都难以令人满意。[2]

---

[1] NEGASSA T. Challenges of the implementation of Integrated Functional Adult Education (IFAE) in Ethiopia: a case of Oromiya National Regional State[J]. African educational research journal, 2019, 7(3): 103-117.

[2] NEGASSA T. Challenges of the implementation of Integrated Functional Adult Education (IFAE) in Ethiopia: a case of Oromiya National Regional State[J]. African educational research journal, 2019, 7(3): 103-117.

从埃塞俄比亚 2019—2020 年度的教育年鉴来看，埃塞俄比亚成人教育面临严重的师资紧缺问题。目前，埃塞俄比亚的成人教育项目中有 287 万成年人需要接受教育，而教师数量不到 3 万。在师资素质方面，全国总计约 28 000 名登记教师中超过 2 500 名为志愿教师，经过培训和认证的专业师资人数不超过 10 000 人，这其中大部分教师只有中学文凭。这些教师对成人教育的教学理念缺乏了解，同时也缺乏教学实践，很难负担起管理课堂秩序的责任，对待教师职业也缺乏端正的态度。他们仅能教授识字和算术等基本内容，但无法按照培养计划中的要求传授学生在职业中需要的应用性技能。[1] 除此之外，由于待遇较低、发展空间不足、社会地位不高等原因，教师这一职业在埃塞俄比亚缺乏吸引力，在职的大部分教师也对这份工作不抱有太大希望，缺乏教学动力和责任感。

（三）性别不平等

在埃塞俄比亚，女性的文盲率一直高于男性，且女性受教育的机会远少于男性。即使得到机会进入校园，许多女性也无法顺利完成学业。根据 2009—2010 年度联合国教科文组织发布的《全民教育全球监测报告》，埃塞俄比亚全国成人文盲率为 64%，其中男性文盲率 50%，而女性则高达 77%。从近几年的成人教育项目入学人数来看，男性入学人数一直高于女性，且男性毕业率也远高于女性。2019—2020 年，参与成人教育项目的男性毕业率高达 80%，而女性只有 43%。这种状况对埃塞俄比亚社会生产力的发展、女性地位的提升来说都是巨大的阻碍。

大部分女性无法顺利进入校园、完成教育与埃塞俄比亚社会根深蒂固的传统观念有很大关系。目前，埃塞俄比亚大部分接受成人教育的公民年

---

[1] AWGICHEW S, SEYOUM Y. Integrated functional adult literacy: existing practices and challenges in eastern Ethiopia[J]. International journal of education and literacy studies, 2017(5): 86-97.

龄在 21—41 岁，正是年轻力壮、精力充沛的年纪。这个年龄段的女性如果能够接受良好的教育，学会识字和基本运算，对于促进社会生产力发展、推动社会进步来说都将是十分强大的一股力量。

二、应对策略

成人教育中的性别不平等问题已经引起了政府的重视。埃塞俄比亚教育部在第五个教育发展五年规划中明确提出，要提高女性在成人教育中的参与度。然而就近几年的入学和毕业数据来看，性别平等的实现仍然任重道远。若要改善这一问题，政府还须在政策上继续给予女性一定倾斜，通过教育和文化宣传抨击落后思想，传播性别平等观念，鼓励女性接受教育，让女性能够摆脱落后观念的桎梏，进入校园，走向社会。[1]

埃塞俄比亚的成人教育起步比较晚，相对于基础教育、高等教育和职业教育来说，政府在成人教育上的投入一直比较少，在巨大的文盲基数面前，成人教育在师资和基础设施方面一直面临着困难。虽然近些年来埃塞俄比亚政府不断增加教育拨款，政府相关负责人也提出要加强成人教育教师的职前培训、建立有效的在职培训制度、对教师定期进行教学技能考查和专业培训，但成人教育毕竟不是政府教育政策的重心所在，能够投入的精力始终是有限的。

不难看出，埃塞俄比亚近年来的成人教育规划和发展策略都传递着终身学习的理念，教育目标也正逐渐从降低文盲率向打造学习型社会转移。近年来，埃塞俄比亚的成人教育取得了一些成就，越来越多的公民通过参

---

[1] AWGICHEW S, SEYOUM Y. Integrated functional adult literacy: existing practices and challenges in eastern Ethiopia[J]. International journal of education and literacy studies, 2017(5): 86-97.

与政府主导的成人教育项目而得以摆脱文盲状态。不过，受到资源不足的限制，成人教育还面临着基础设施不完善、师资水平较低等发展困境，导致成人教育的质量难以得到实质性的提升。在成人教育的发展过程中，性别不平等的社会问题也十分突出，严重阻碍了公民整体素质的提高。埃塞俄比亚计划在 2025 年迈入中等收入国家行列，这一目标的实现需要公民素质的整体提升来保障。因此，进一步完善成人教育体系、提高成人教育的质量、促进社会公平就显得至关重要。

第九章 教师教育

合格的教师才能引导学生在学习过程中丰富自我，把学生培养成为国家所需要的栋梁之材，因此，提高教师水平是提高一个国家教育质量、发展教育事业的重中之重。尤其是对于埃塞俄比亚这样正处于快速发展中的国家而言，师资队伍的建设对整个教育事业的发展都起着举足轻重的作用。21世纪以来，埃塞俄比亚各级教育的快速发展带来了普遍的师资不足现象，为了进一步扩大师资规模，加强师资队伍建设，提高教师队伍素质，政府格外重视教师在教育体系中的角色，对教师教育制度进行了多次改革，也取得了一定的效果。目前，埃塞俄比亚的教师教育已经形成了较为完整的培训体系，师资队伍不断扩大，教师培训速度不断加快。然而，受限于历史和现实的多重因素，教师教育仍面临着参与人数较少、培训质量较低、职业信仰危机等重重挑战。

第一节 教师教育的发展和现状

埃塞俄比亚的教师教育事业自帝制时期开始，在军政府时期得到了一定发展，并在1991年新政府上台后迎来了快速发展期。新政府对于教师教育十分重视，通过一系列政策性文件确立了教师教育的发展理念，开办了数个教师教育学院以快速培养国家教育发展急需的人才，并开创了"教学研究生文凭"这一符合本国国情的教师培养模式。目前，埃塞俄比亚的教师教育已经形成了一套完整的体系，每年能够吸纳众多人才进入师资队伍。

一、发展历程

埃塞俄比亚的教师教育萌芽于孟尼利克二世至海尔·塞拉西一世当权的帝制时期，并于 1944 年初步形成了独立的教师教育制度和体系。在帝制时期，教师教育的主要内容是培养学生的沟通技巧和官僚体系必备的数学基础知识等。20 世纪 50—60 年代，埃塞俄比亚通过大量引进国外人才缓解国内的师资短缺问题，并逐步探索建立师资速成体系以加强本土师资建设。[1] 到了 20 世纪 60 年代末，埃塞俄比亚的教师教育制度已经相对完善，有了专门的教师教育机构，并能够为教师提供资格证书以及相应文凭。军政府时期，各级中小学教师的培训工作在军政府主导下缓慢发展。

20 世纪 90 年代以来，国内政局渐趋稳定，教育事业的发展也翻开了新篇章。新政府高度重视教育事业的发展，把质量、机会、实用性、公平等作为埃塞俄比亚教育发展在国家层面的新目标，并颁布了一系列教师教育培训政策。为了促进这些政策的实施，新政府还专门成立了任务组，负责研究埃塞俄比亚教师教育现行制度中存在的质量和效能问题。[2] 进入 21 世纪后，埃塞俄比亚加快了本国的师资队伍建设速度，采用留学、培训、联合培养等措施来提升教师素质水平。在第三个教育发展五年规划中，教师

---

[1] TIAN X. The evolution of Ethiopian education system and education policy[J]. Asia-Pacific journal of educational sciences, 2019(1): 13-17.

[2] AHMAD S. Teacher education in Ethiopia: growth and development[J]. African journal of teacher education, 2014, 3(3): 9-10.

的岗前和在职培训被列为重要事项，在其影响下，全国有超过 30% 的大学生选择师范类院校，并且在毕业后从事教师工作，教师队伍正在不断壮大。[1]

二、发展现状

从帝制时期到 21 世纪，埃塞俄比亚的教师教育体系发生了很大的变化。这种变化不只体现在教育理念上的转变，办学模式和课程大纲设计也随着国家发展发生了变化。如今，埃塞俄比亚的教师教育已经形成了一套比较清晰、完整的体系，这套体系正在不断为各级教育培养具备专业技能、教学水平良好的教师。

（一）教育理念

埃塞俄比业长久以来有教会教育传统，许多教育者、知识分子都曾在教会学校中接受教育。传统的教会教育为现代学校的教学实践提供了文化框架，教师的教学理念和习惯很大程度上受到教会教育传统的影响。许多教师仍强调"以教师为中心"的教学方式，这导致学生们常常缺乏学习的主动性、积极性。传统的思想观念与现代教育强调"以学习者为中心"的教育范式相左，为教育理念转变增加了难度。尽管如此，1994 年以来，埃塞俄比亚的教育理念依然发生了较大的变化，逐步迈向现代化。

埃塞俄比亚教育部于 1994 年颁布的《教育与培训政策》阐明了埃塞俄比亚教师教育发展的核心理念和原则，这些理念和原则一直延续至今。该

---

[1] TIAN X. The evolution of Ethiopian education system and education policy[J]. Asia-Pacific journal of educational sciences, 2019(1): 13-17.

文件阐明，教师教育的目标是"确定教师受训者具备与所从事职业相匹配的能力、态度、专业兴趣以及身心素质"，并确定了教师教育和培训机构在运行中的基本原则和要求，即"教师教育和培训机构将注重基础知识、职业道德规范、教学方法以及教学实践的培训……教师培训机构，包括高等教育机构，将自主运作，并有必要的权力、责任以及问责制度"。[1] 该文件还特别提到鼓励女性等弱势群体参与工作，并采取各种方式促进、鼓励公民从事特殊教育工作以及贫困地区的教育工作。

由此可见，埃塞俄比亚提高对教师专业技能、职业素质方面的要求，并通过多种形式保障教师教育的质量，推动教师教育走向科学化、现代化。

（二）办学模式与课程设置

1994 年，埃塞俄比亚教育部发布了《教育与培训政策》，对教师的素质以及能力提出了明确要求。如今，埃塞俄比亚已经根据不同教育阶段的特点对教师教育的方式、机构、标准做出了不同的规定。

在学前教育方面，根据埃塞俄比亚联邦教育部的最新规定，只有高等学校毕业，并接受过额外 3 个月的学前教育教师培训的教师才能从事学前教育。

对于初等教育而言，政府通过教师教育学院向有意成为小学教师的 10 年级学生提供为期 3 年的教育和教学技能培训，并通过常规班、夏季班和延长班（晚班和周末班）课程项目提供相关培训并颁发相应文凭。[2] 教师教育学院的基本目的是为埃塞俄比亚未来的教师提供其所需的专业知识、教学态度、行为和技能方面的培训，以便教师在工作中能够更加得心应手。

---

[1] 资料来源于埃塞俄比亚教育部官网。

[2] TIAN X. The evolution of Ethiopian education system and education policy[J]. Asia-Pacific journal of educational sciences, 2019(1): 13-17.

其中，小学第一阶段（1—4 年级）教师要接受"集群模式"培训。在该模式下，教师将学习多种互相关联的科目，以培养教师对全部科目的宏观了解，这些科目包括语言、社会科学、自然科学、数学、艺术与设计等。其中，小学第一阶段集群模式包括 4 个学习领域，受训教师需要在 3 年内修满113 个学分（大约每学期 20 个学分，1 年 2 个学期，共 3 年）。具体如表 9.1所示。

表 9.1 埃塞俄比亚"集群模式"课程学分要求

领域	学分
综合学科	58
公共课程	14
专业课程	27
实践课程	14
总计 113 学分	

小学第二阶段（5—8 年级）教师需要接受"线性模式"培训。"线性模式"培训强调将各个科目一一串联，形成连贯的知识储备。"线性模式"课程涵盖阿姆哈拉语、英语、历史、地理、政治、化学、生物、物理、数学、教育规划与管理、成人和非正规教育、音乐、艺术、卫生和体育等科目。[1] "线性模式"培训包括 6 个学习领域，共 112 个学分（每学期大约 20学分，1 年 2 个学期，共 3 年）。前 3 个领域侧重于学习科目，后 3 个领域侧重于公共、专业和实践型课程，具体如表 9.2 所示。

---

[1] 资料来源于联合国教科文组织官网。

表 9.2 埃塞俄比亚"线性模式"课程学分要求

领域	学分
主修课程	35
辅修课程	15
选修课程	7
前三领域共 57 学分	
公共课程	14
专业课程	27
实践课程	14
六大领域共 112 学分	

对于中等教育而言，为保障教学质量，中学教师必须取得高等教育级别的相关文凭。换言之，中学教师必须在 12 年级毕业后通过考试进入高等教育院校的教育系，接受 4 年的教师专业教育，并取得学士学位才达到成为中学教师的门槛。根据《埃塞俄比亚教师资格条例》规定，9—10 年级（即中学第一阶段）授课教师的学历要求是具有学士学位，11—12 年级（即中学第二阶段）的授课教师则需要具有硕士学位才可上岗。"教学研究生文凭"的出现是为了加快师资培养的步伐，进一步提高本科毕业"准教师"的教学水平和职业素质。"教学研究生文凭"要求中学第二阶段的教师在正式上岗之前，还需要接受为期 1 年的专业课程培训以及实习。培训合格后，学员将获得"教学研究生文凭"证书（该证书与硕士研究生文凭有同等效力），从而获得执教资格。从 2011 年开始，这种培训模式在埃塞俄比亚全国范围内展开。该项目的启动为埃塞俄比亚中学教师选拔与培训方式的一次重要革新。[1]

---

[1] AWAYEHU M. Secondary school teacher education in Ethiopia: practices and challenges[J]. Ethiopian journal of education and sciences, 2017, 13(1): 103-118.

和教师教育学院类似，"教学研究生文凭"项目也提供常规班、夏季班和延长班，供学生选择。[1]"教学研究生文凭"的培训时间为 10 个月，分为 3 个学期，每个学期 3 个月，经培训合格后方可进入师资队伍。培训课程设置见表 9.3。

表 9.3 埃塞俄比亚"教学研究生文凭"课程设计

学期	科目	学分	每周课时
第一学期	学校与社会	3	4
	心理学基础与学习发展	3	4
	中学课程与教学	4	5
	中学英语教学	3	4
	多元文化教学	2	3
第二学期	科目教学法 I	4	5
	教师教学实践反思	3	4
	学习评估	3	4
	包容性教育	3	4
	教学技术	2	3
第三学期	实习	4	每月 5 小时实习
	科目教学法 II	4	
	研究项目	2	

[1] 应永祥. 埃塞俄比亚中小学教师教育研究 [J]. 西亚非洲，2009（11）：5.

（三）入学与就业

自 20 世纪 90 年代以来，埃塞俄比亚教育部接连颁布五个教育发展五年规划，采取了扩大教师教育规模、革新教师培训制度等方式来提高师资质量，从而实现国家教育质量的总体提高。

教育部在第一个教育发展规划中就明确指出，优质师资的缺乏是实现高质量教育的主要障碍之一。在 20 世纪 90 年代初，9—12 年级的教师中只有 40% 的上岗教师拥有与该岗位相匹配的学位。[1] 为了激励更多埃塞俄比亚青年成为教师，教育部于 2002 年发布的第二个教育发展五年规划中提出，扩大教师培训学院规模，并且通过常规、远程以及暑期项目增加培训数量。这一举措有效扩大了当时的小学师资规模，接受过培训的教师比例从 37% 提高到了 60%。到了 21 世纪初，大部分小学教师（其中包括 1—4 年级阶段与 5—8 年级阶段）都持有专业的培训资格证书。[2]

2005 年，第三个教育发展五年规划将小学教师培训系统再次革新，代替了曾经的教师资格证书系统，将其改为"10+3"机制。在此机制下，希望成为小学教师的人需要在读完 10 年级（即中学第一阶段）后，再进行 1—3 年教师培训方可获得教师资格，这一系统沿用至今。当时，将已有的机制推翻意味着曾经持证上岗的小学教师们需要再次回到校园，通过夏季班或远程学习项目来更新教师资格。到第三个教育发展五年规划结束时（2011 年），埃塞俄比亚全国范围内 29 家教师教育学院已通过各种渠道为埃塞俄比亚培养了众多的小学教师。

2019—2020 学年，埃塞俄比亚已有教师教育学院 39 所，所有课程（包

---

[1] 当时埃塞俄比亚的基础教育分为三个等级：小学（1—6 年级）、初中（7—8 年级）、高中（9—12 年级）。相对应的教师学位为：小学教师学位（需接受一年教师培训）、初中教师学位（需接受两年教师培训）以及高中教师学位（需接受四年教师培训）。

[2] 资料来源于埃塞俄比亚教育部官网。

括常规课程、延长课程和夏季课程）的总入学人数为 132 495 人 [1]，男性占比 58%，女性占比 42%。吸收新生最多的是延长班，约占总人数的 36.5%，其次是常规班和夏季班，分别占 34.8% 和 28.7%。总入学率与 2018—2019 学年相比减少了 36 个百分点，[2] 造成这种现象的一个原因是大量 10 年级的学生直接升入 11 年级。因此，虽然教师教育学院入学人数减少，但这并不是坏事，意味着更多的学生能够升入 11 年级，有机会进入高等学府深造，也就意味着未来中学师资问题有望得到缓解。

毕业后，完成教师培训的教师会进入各级教育系统。2019—2020 学年，埃塞俄比亚共有学前教育和基础教育教师 700 838 人，其中学前教育教师 35 501 名、小学教师 537 596 名、中学教师 127 741 名（见表 9.4）。"零年级"项目、小学和中学教师人数和上一年相比增加了 11 951 人。在小学和中学，大部分教师仍然是男性，占教师总人数的 63%。然而，学前教育的情况正好相反，高达 93% 的教师为女性。在小学教师方面，奥罗莫州、阿姆哈拉州和南方各族州的教师人数最多。此外，亚的斯亚贝巴市的学前教育教师人数最多，占全国的 39.2%，其次是奥罗莫州和南方各族州。从表 9.4 可以看出，因地区发展差异以及文化传统影响，个别地区，如阿法尔州、本尚古勒－古马兹州、迪雷达瓦市、哈拉尔州以及甘贝拉州仍然师资紧缺。[3]

---

[1] ABEBE W, WOLDEHANNA T. Teacher training and development in Ethiopia: improving education quality by developing teacher skills, attitudes and work conditions[J]. Young Lives Department of International Development at the University of Oxford, 2013.

[2] 资料来源于埃塞俄比亚教育部官网。

[3] 资料来源于埃塞俄比亚教育部官网。

表 9.4 2019—2020 学年埃塞俄比亚各地区各级教师数（单位：人）

	学前教育		小学		中学		总数
	男	女	男	女	男	女	
提格雷州	72	1 776	17 904	19 063	7 468	2 164	48 447
阿法尔州	45	203	4 287	1 373	806	118	6 832
阿姆哈拉州	182	2 930	75 146	65 419	27 180	8 848	179 705
奥罗莫州	1 119	9 856	99 996	70 315	31 789	6 337	219 412
索马里州	2	—	9 857	1 713	2 303	225	14 100
本尚古勒－古马兹州	14	147	4 800	2 604	1 496	291	9 352
南方各族州	606	3 715	85 502	43 773	22 097	4 835	160 528
甘贝拉州	89	141	2 839	1 038	1 005	84	5 196
哈拉尔州	30	290	1 083	912	371	96	2 782
亚的斯亚贝巴市	426	13 478	13 455	13 904	7 657	1 902	50 822
迪雷达瓦市	23	357	1 685	928	561	108	3 662
全国总数	2 608	32 893	316 554	221 042	102 733	25 008	700 838

通过表 9.5 可知，截至 2019—2020 学年，埃塞俄比亚全国中学第一阶段达标教师的比例达到了 93.2%，教师教育学院功不可没。但中学第二阶段达标教师仅不到 20%，达标人数仅有 7 201 人，这种现象是埃塞俄比亚硕、博教育入学率与教育质量较低导致的，因为第二阶段达标教师要求持有教育学硕士学位，但大部分教师仅持有学士学位。但根据上文可以做出相对乐观的推测，因为更多学生能够进入高等教育学习，这一问题有望在未来几年内得到改善。[1]

---

[1] 资料来源于埃塞俄比亚教育部官网。

表 9.5 2019—2020 学年埃塞俄比亚中学各阶段达标教师人数及比例 [1]

	第一阶段		第二阶段	
	达标人数（人）	达标比例（%）	达标人数（人）	达标比例（%）
提格雷州	7 160	99.8	631	25.7
阿法尔州	269	65.0	20	6.6
阿姆哈拉州	24 808	97.2	2 082	19.9
奥罗莫州	25 333	95.0	2 573	22.4
索马里州	—	—	—	—
本尚古勒－古马兹州	1 217	89.6	64	15.6
南方各族州	16 470	85.4	1 037	13.6
甘贝拉州	603	70.4	46	19.0
哈拉尔州	322	92.0	35	29.9
亚的斯亚贝巴市	4 568	89.9	706	24.2
迪雷达瓦市	446	97.0	7	3.8
全国总数	81 196	93.2	7 201	19.2

第二节 教师教育的特点和经验

埃塞俄比亚政府越来越重视教师教育模式和课程方面的改革以及调整。为了提高教师教育质量、扩大教育范围、增加教育效率，埃塞俄比亚将信息通信技术引入了本国教师教育系统，这一举措对改善教育质量卓有成效。此外，埃塞俄比亚在教师教育领域也积极展开国际合作，通过汲取他国先

---

[1] 资料来源于埃塞俄比亚教育部官网。

进经验改进教学方法，更新教学理念。近年来，埃塞俄比亚政府在提高教师素质和教学质量方面取得了巨大进展。

一、积极利用信息技术

信息通信技术在教育中的使用已经引起普遍重视，联合国教科文组织在 2005 年发布的一份文件中提到："我们必须使用信息通信技术帮助我们打开教育之门。"[1] 目前，信息通信技术已经引入埃塞俄比亚的教育系统，以提高教育效率，加强教育质量。埃塞俄比亚的教师教育项目强调，要提高教师学员在各种基础学科的学习过程中使用信息通信技术的能力。

作为教育部的重要合作伙伴，卡马拉教育集团于 2011 年签署了一项为期 5 年的协议，为埃塞俄比亚各地的学校和教师培训机构提供技术支持、教育材料和教师培训。这一集团已为近 840 所学校提供了大约 21 000 台计算机。该集团还为教师提供信息通信技术相关培训，为 5 040 名教师提供了计算机设备操作培训，使教师们能够通过教师门户网站、办公软件、多媒体程序等渠道获取更多信息，也可以在全国各所学校之间进行信息共享。[2]

在信息技术的协助下，在校园内外，教师与学生的距离都大大拉近了。信息技术还为教师提供了更多学习以及交流机会，这对教师的个人提升也十分有益。总体而言，埃塞俄比亚积极投入使用信息技术对其教师教育以及整体教育事业发展带来了正面的影响：一方面，信息技术的应用有利于教师的自我提升，有助于教师在教学技术上不断进步，也提高了相关课程教学质量；另一方面，信息技术能够让教师与学生、教师与教师、学校与学校之间的交流更为便捷，提高了教育系统的运转效率，有助于校际合作

---

[1] 资料来源于埃塞俄比亚教育部官网。
[2] 资料来源于卡马拉教育集团官网。

和交流。虽然信息技术的高昂成本将成为其发展的一大限制，但发展带来的成果是不容忽视的。[1]

二、积极开展国际合作

尽管埃塞俄比亚多年来一直对发展教师教育事业十分重视，但由于国家整体经济发展水平较低，教师教育的发展也受到经费、资源等多方面的制约。因此，在过去 20 年里，埃塞俄比亚在教师教育方面积极开展国际合作，不但获得了大量资金援助，也得到了来自外国专家的培训。埃塞俄比亚的合作对象既包括外国政府也包括国际非政府组织。

全球教育伙伴组织是与埃塞俄比亚教育部最早建立合作关系的组织之一，多年来为埃塞俄比亚的教师教育以及基础教育发展提供了强有力的帮助。从 2008 年开始，全球教育伙伴组织就一直与埃塞俄比亚教育部保持着密切合作，截至 2020 年，已给予埃塞俄比亚约 3.68 亿美元的资金援助，覆盖学校 40 000 余所。该组织对埃塞俄比亚的支援主要集中在改善学习环境、提供教师培训等方面，其中教师培训包含职前教育和在职培训。目前，共计207 000 名在职教师通过该组织的援助得到了教师资格晋级；98 000 名教师参加了重点科目（如数学、科学、英语等）培训。2014—2019 年，118 000 名教师学员从相关教师培训项目中顺利毕业。除此之外，全球教育伙伴组织及其合作伙伴还向埃塞俄比亚全国教师提供了教学指导教材和补充材料。[2]

除国际组织外，埃塞俄比亚教育部也曾与外国政府进行过类似合作。2011—2014 年，直属日本外务省的日本国际协力机构曾与埃塞俄比亚在基

---

[1] AHMAD S. Teacher education in Ethiopia: growth and development[J]. African journal of teacher education, 2014, 3(3): 13-14.

[2] 资料来源于全球教育伙伴组织官网。

础教育以及教师教育领域展开深度合作，其中包括为埃塞俄比亚教师提供培训。培训的主要目标是提高 7、8 年级数学和科学教师的教学能力，将埃塞俄比亚教育中的"填鸭式"教学转变为"以学生为中心"的教学。该项目的培训对象包括了全国各地 2 300 余名在职教师。在项目结束后，接受过培训的埃塞俄比亚中学教师授课明显更为生动，课堂氛围更加活跃，学生也更加愿意参与课堂互动。虽然该项目所涉及人数远不如全球教育伙伴组织主导的项目，但也在一定程度上改善了埃塞俄比亚教师教育以及基础教育的质量。[1]

随着"一带一路"倡议的全面推进，中埃关系迎来了更多的发展机遇，中埃双方在教育领域也展开了合作。在这个教育信息化不断发展的时代，如何利用信息通信技术帮助非洲国家提升教育水平已经成为中国对非教育援助的一大重点。在此背景下，旨在利用信息通信技术，提高非洲国家教师培训质量，提升非洲国家教师教育能力的中国援非教师培训项目（UNESCO-China Funds-in-Trust Project on "Enhancing Teacher Education for Bridging the Education Quality Gap in Africa"，简称"CFIT 项目"）正式启动，而埃塞俄比亚是该项目首批 8 个资助对象国之一。2015 年 12 月，埃塞俄比亚完成了项目第一阶段的实施工作。该项目在埃塞俄比亚共组织培训 12 次，陆续培训了 566 位教育工作者。该项目具体的实施计划包括对信息通信技术相关教师培训课程进行审查并更新、创建示范性的信息通信技术强化型教室、提高在职教师在教学时运用信息通信技术的能力和水平、加强机构间网络学习资源共享等。该项目的目标既包括提高达标教师比例、提高教师培训的水平，同时也包括为未来的教师培训创设良好的信息通信技术环境。

在 CFIT 项目中，埃塞俄比亚充分利用所获得的援助资金为选定的教师培训机构配置了信息通信相关设备，创建电子图书馆并为其配备相应的电

---

[1] 资料来源于伯尔根项目官网。

子书、学习软件，提供互联网连接，并专门搭建在线学习平台。CFIT 项目不仅在硬件设施上为埃塞俄比亚的教师培训提供了便利，还为其在教育领域应当如何有效利用信息通信技术提供了新思路。CFIT 项目为教师专业发展项目增设了信息技术课程板块，开发了一系列与信息通信技术有关的培训课程，有效提高了教师使用信息通信技术的能力，真正做到了将信息通信技术带来的主动学习等理念充分融入教学，切实提高了教师培训的质量。[1]

第三节　教师教育的挑战和对策

1994 年以来，埃塞俄比亚政府颁布了一系列教育政策和国家教育战略，旨在通过多方努力更新教师培训方式，提高教师能力，提升教师的职业上升空间和职业吸引力。然而，由于经验不足、经费有限，埃塞俄比亚的教师教育事业发展还面临着许多问题。当前，埃塞俄比亚各级教育都存在着不同程度的师资缺乏或是达标教师比例过低问题。教师作为一种职业仍然缺乏吸引力，愿意接受教师培训、走上教育之路的学生数量十分有限。而对于真正参加教师培训项目的学生来说，这些项目的培训质量也并不理想。以上现象严重打击了教师的从业积极性，也是发展教师教育的极大障碍。

一、问题与挑战

根据相关调查显示，埃塞俄比亚教师入职率低、离职率高。其主要原因是教师待遇差、工作环境差，且社会地位低，很难得到尊重。此外，当

---

[1] 陈力涵. 中国援非教师培训项目（CFIT）实施研究 [D]. 金华：浙江师范大学，2018：45-52.

前很多埃塞俄比亚教师也因为职业上升路径模糊而对这份职业感到气馁。在职教师中，也有相当一部分教师尚未达到合格标准，且埃塞俄比亚目前的教师教育培训模式也存在明显缺陷。这些问题都严重影响了教育的整体发展。

（一）教师从业人数危机

教师这一行业在埃塞俄比亚并不受欢迎，出于种种原因，埃塞俄比亚的年轻人不愿进入教师行业，而在职教师的离职率也一直居高不下。一方面，埃塞俄比亚接受教师教育的人数很少。教育部公布的教育年鉴显示，2019—2020学年，接受教师教育的总人数仅有132 495人，其中接受第一年教师教育的新生人数有25 928人。相比之下，2016—2017学年，埃塞俄比亚仅职业教育入学新生人数就已高达302 083人，是教师教育的两倍多，其中接受"一级学位"的新生人数也有43 134人之多。由此可见，埃塞俄比亚青年对于成为教师是缺乏积极性的。[1]

另一方面，在缺少新鲜血液注入的同时，教师离职率却非常高。2019—2020学年教师教育毕业人数为64 011人，但根据表9.6，同年教师行业离职人数却有12 801人。其中大部分人的离职并非出于"退休""患病"等客观原因，而是主观上希望"离开行业"，57%的小学教师和59%的中学教师离职原因均是如此。这样的高离职率直接导致了教师队伍扩充速度缓慢。[2]另外，"年轻生命研究会"的调查表明，埃塞俄比亚的教师对工作缺乏基本的热情是因为现存的工作体系缺乏一个积极的升职框架。

---

[1] 资料来源于埃塞俄比亚教育部官网。

[2] 资料来源于埃塞俄比亚教育部官网。

表 9.6 2019—2020 学年埃塞俄比亚基础教育教师离职数（单位：人）

	小学教师离职数			中学教师离职数		
	男	女	总	男	女	总
提格雷州	358	177	535	191	41	232
阿法尔州	135	42	177	23	9	32
阿姆哈拉州	667	409	1 076	230	45	275
奥罗莫州	1 974	1 014	2 988	859	114	973
索马里州	—	—	—	—	—	—
本尚古勒－古马兹州	86	18	104	71	15	86
南方各族州	2 605	916	3 521	1 015	241	1 256
甘贝拉州	28	5	33	8	6	14
哈拉尔州	21	18	39	4	0	4
亚的斯亚贝巴市	560	429	989	320	95	415
迪雷达瓦市	34	18	52	—	—	—
全国总数	6 468	3 046	9 514	2 721	566	3 287

    不过，当前教师的处境并不意味着他们对教育事业完全丧失了信心。"年轻生命研究会"的调查显示，埃塞俄比亚的教师以及"准教师"能够认识到教书育人的重要性和其责任所在，如果不是教师工作难以维持生计，这些教师其实对教育事业还是怀有很大的荣誉感。若上文提到的种种问题能够有所改善，教师职业仍然具有相当的吸引力。另外，对于许多教师来说，虽然目前的薪资水平不高，但如果职业前景光明，这份职业也值得做下去。

（二）高年级达标教师稀缺

中学第二阶段在埃塞俄比亚的基础教育中扮演着十分重要的角色。只有中学第二阶段毕业后，学生才有机会进入高等教育，因此中学第二阶段被视作通往高等教育的阶梯。但是，即使在 2019—2020 学年埃塞俄比亚各级基础教育合格教师比例都见长的情况下，中学第二阶段合格教师比例也仅有 19.9%。教育系统中如此重要的组成部分却面临着如此严重的师资质量问题，这对教育事业整体发展而言无疑是十分负面的。

这一现象其实是整体教育质量不佳的结果：基础教育薄弱导致有机会接受高等教育的学生数量极少，从而导致高等教育人才稀缺；高等教育人才稀缺导致进入师范专业并顺利毕业的人数稀少，也就意味着优秀师资匮乏；师资问题又势必进一步影响基础教育的发展，从而形成一个恶性循环。基础教育 10 年级毕业生若无法接受高等教育，还可以接受职业教育。但职业教育毕业仅能满足小学教育以及中学教育第一阶段的师资人才补充，仍无法培养出合格的中学第二阶段教师，这就导致整体师资团队发展陷入僵局。

（三）"教学研究生文凭"项目实施效果不佳

早在 2011 年，埃塞俄比亚政府就在 10 所大学中启动了"教学研究生文凭"项目。项目启动后，中学教师的选拔标准与培训方式发生了变化。这些"准中学教师"首先需要考入大学并且顺利毕业，在正式上岗前还需要接受为期 1 年的专业课程培训以及实习。培训结束后，学员获得"教学研究生文凭"证书，就能成为一名合格的中学教师。尽管这一计划的初衷是由政府主导培养训练有素且经验丰富的教师，但在现实中，该计划并没有根据相关规定要求展开，教学质量一直不高，实施效果并没有达到预期。

"教学研究生文凭"项目实施效果不佳的背后有着多重原因。首先,埃塞俄比亚教育部在该项目上的沟通以及协调有所欠缺。在课程开展初期,以 2014—2015 学年为例,埃塞俄比亚教育部为本应参加"教学研究生文凭"项目的授课教师分配了常规教学任务,而对"教学研究生文凭"项目教学只字未提。2015 年 1 月,教育部突然安排培训,而此时大部分拟定的授课教师都忙于自己的教学任务,无法参加。于是在人手极度紧缺的情况下,教育部就安排了一些非教学人员或没有经验的教师进行授课,这无疑对那一年的教学质量造成了不小的打击。其次,很大一部分教师不愿意参加"教学研究生文凭"项目的原因是该项目的授课质量和学习体验较差。项目课程常常在空间狭小的报告厅中进行,而参与培训的人数极多,上课环境极为拥挤。很多学员在课程期间往往不是在专心听课,而是在浏览网页或者做作业。再次,项目的整体学习氛围也不理想。埃塞俄比亚教师工资不高,并且福利很少,很多参训学员本不想成为教师。所以他们在参加项目时的态度并不积极,往往只是将教师职业视作临时选择,最后,还有一部分参训学员在培训的同时还有其他工作,这样的情况扰乱了项目整体氛围,对其他学员造成了不好的影响。相关调查证明,许多参与"教学研究生文凭"项目的学员在中途退出。2010—2011 学年和 2014—2015 学年,分别有50.08% 和 55.97% 的学员选择了中途退出项目。当他们在学校的调查问卷中填写放弃原因时,一部分人直接选择了"获得了其他工作机会",一部分人写下了不同的原因,例如家庭原因、健康问题等等。当研究人员对他们进行采访时,许多人还是表示,因为当教师实在不是一份好差事,如果有其他的工作机会,他们一定不会选择步入教育行业。[1] 由此可见,现实问题对埃塞俄比亚的教师教育发展影响十分明显。在这种氛围下,学员们从一开始就很难融入教学项目,也很难说服自己积极投身于教育事业。

---

[1] AWAYEHU M. Secondary school teacher education in Ethiopia: practices and challenges[J]. Ethiopian journal of education and sciences, 2017, 13(1): 103-118.

目前，埃塞俄比亚教育部还未针对这一情况做出任何政策性指导，但有埃塞俄比亚学者提出，为提高"教学研究生文凭"项目质量，教育部应该对项目进行整改，加强协调，让教育部、学员和教师之间沟通更为密切。另外，为了提高课堂质量，高等教育机构也应该提供更多授课场所，改善教学环境，营造良好的学习氛围，让教师和学生都能全身心投入授课以及学习中。目前，埃塞俄比亚的中学教育，尤其是中学第二阶段的师资十分匮乏，如果这一项目无法得到有效改善，将直接影响到后续的高等教育事业发展。[1]

（四）学前教育教师缺乏培训

随着"零年级"项目和"儿童对儿童"计划的开展，埃塞俄比亚的学前教育入学人数迅速增加，但其教师培训却未能跟上发展的步伐。截至2019—2020 学年，仅有三分之一学前教育教师持有相关教学文凭。[2] 大部分学前教育教师都只持有小学第一阶段教学资格，虽然他们都接受过教育方面的培训，但大多都从未接触过幼儿教育，这也就大大影响了埃塞俄比亚学前教育的质量。

合格的学前教育教师人数之所以如此稀少，是因为埃塞俄比亚政府一直没有资助相关培训课程。目前埃塞俄比亚的大多数学前教育培训都由私人营利机构提供，参与这些培训的学员必须自费参加为期 3—12 个月的课程。由于提供这些课程的机构鱼龙混杂，培训标准和效果也很难得到保证。

虽然埃塞俄比亚教育部尚未针对这一问题提出解决方案，但基于目前

---

[1] AWAYEHU M. Secondary school teacher education in Ethiopia: practices and challenges[J]. Ethiopian journal of education and sciences, 2017, 13(1): 103-118.

[2] 资料来源于埃塞俄比亚教育部官网。

的数据以及资料来看，若要解决这一问题，政府应该在发展学前教育项目的同时给予学前教育教师培训更多关注，扩展教师培训学院项目，为学前教育教师提供更多机会。这将减轻学前教育与基础教育之间的割裂现象，也能让全国学前教育的系统化迈出第一步。

二、应对策略

2016 年以来，埃塞俄比亚政府在发布的各项教育相关政策中都对教师教育表现出了相当高的关注度。以《高等教育与职业教育国家 ICT 政策》《埃塞俄比亚技术与职业教育培训政策与战略》《埃塞俄比亚特殊教育 / 全纳教育总体规划》为例，这三份文件在各自的改革或创新领域中都提到了教师培训计划。在《埃塞俄比亚特殊教育 / 全纳教育总体规划》中，教育部就提到了要让"特殊教育教师得到相应的待遇"，《高等教育与职业教育国家 ICT 政策》也对教师技术培训有所涉及。不过，由于这些文件发布时间较晚，目前仍缺乏相关研究数据，其实施效果还有待进一步观察。

针对师资质量问题，政府也做出了相应努力，比如启动"教学研究生文凭"项目。这一项目启动后，本科毕业生不需要取得硕士学位就能成为一名中学教师，他们只需在本科毕业后接受为期 1 年的培训，获得"教学研究生文凭"证书后即可上岗。这一项目旨在提高中学教师的培养效率，为中学输送更多达标教师。然而，如上文所述，这一项目的进展并不理想，培训质量也未达到预期效果。

教师是素质教育的宝贵资源，教师的能力和素质与教育质量直接关联，因此，教师教育在整个教育事业发展中的作用不可忽视。总体而言，在一系列的政策和规划的指导下，埃塞俄比亚的师资队伍逐年壮大，教师教育制度和体系也日益健全。在积极引入信息通信技术和开展国际合作后，埃塞俄比亚的教师教育发展取得了一定成果。目前来看，埃塞俄比亚基础教育阶段教师培训课程比较多样化，教师培训中的实习实践也得到了更多的重视。但教师教育当前仍然面临许多问题：教师微薄的薪酬和较低的社会地位使得这一职业仍然缺乏吸引力；全国缺少高质量的师资人才；相关培训项目进展困难，管理混乱。为改善这种状况，政府部门应该在中学、地方教育局、大学及培训机构之间建立强有力的伙伴关系，重视相关培训项目，改善培训条件，以此促进教师的职业发展。同时，政府应当为教师群体谋求更多福利，提高教师职业的吸引力，改善教师行业的工作氛围。

第十章 教育行政与教育政策规划

1994 年 12 月，埃革阵政府上台，埃塞俄比亚通过新宪法，将国体改为联邦制，实行议会内阁制。现行宪法将埃塞俄比亚国家行政分为联邦和地方两级，教育部门也是如此。埃塞俄比亚的教育事务在联邦层面大致由联邦教育部、科学和高等教育部负责，其中联邦教育部主要负责学前教育、基础教育、教师教育和成人教育等事务，科学和高等教育部主要负责职业教育和高等教育事务。两个部门相互独立，分别制定相关教育领域的宏观政策和发展战略。地方教育行政部门根据联邦教育政策指示，结合本地具体情况落实相关教育政策，管理教育机构和教职人员，同时可以制定本地区的教育政策。

第一节 联邦教育行政

一、联邦教育部

联邦教育部由教育部部长和常务秘书领导。教育部部长既是联邦教育部最高行政首长，也是高等教育委员会、全国扫盲运动联邦协调委员会、教科文组织全国委员会主席。[1] 自 2018 年改革以来，联邦教育部主要负责除职业教育和高等教育以外的宏观教育政策和战略规划，其中包括：制定教育和教师培训标准以及确保标准得到实施，确保各级教育培训中心的教育质量，根据国家教育、培训和课程大纲政策管理国家考试，发放相关证书，向全国公开教育培训成果。[2]

联邦教育部下设四个部门，分别为教育质量保障部、教育发展部、成人和继续教育部、学校改善部。[3]

（一）教育质量保障部

教育质量保障部直属于联邦教育部，致力于提高埃塞俄比亚教育质量、吸引具有教学能力的人才投身于教育事业、鼓励教育工作者在教育行业中自我提升。

该部门的主要任务有六项，分别是：制定计划并帮助协调、指导相关工作；制定工作预算以及策略；确保人力资源、经费、后勤以及其他相关要素得到合理安排；编写、评估和审查计划执行报告，监督机构运作情况并将情况汇报给有关机构；回复有关证件办理以及证件换新方面的投诉；跟进计划进展，将情况提交给有关机构等。

（二）教育发展部

教育发展部旨在为公民提供更为优质的教育，主要职责为课程开发与实施、教师管理与师资队伍建设、数学与科学教育的推广。

---

[1] 王玉华. 埃塞俄比亚教育及其改革 [J]. 西亚非洲，2006（5）：59-62.

[2] 资料来源于埃塞俄比亚联邦政府官网。

[3] 资料来源于埃塞俄比亚联邦政府官网。

课程开发与实施在实际操作中分为两个部分。其中课程开发专注于为学校提供更为优质的教学内容以及教学资源，工作包括出版发行教科书和教师手册等。课程实施则指的是进行与授课质量相关的信息收集，以保障课程质量、效率和有效性。课程开发与实施的核心功能包括：根据国家规定的教育资格框架和课程框架，进行课程开发以及实施，向学生提供高质量的课程，向教师提供其所需的指导类手册以及教科书；制定国家级政策，以指导课程开发及改进，制定课程质量评价标准；制定联邦政府层面政策，以推进课程开发；与地区政府合作开展高中课程，并联合开展教科书编写以及改进工作；通过课程开发和课程改进来改善地区教学能力。

教师管理与师资队伍建设主要指的是教师能力提升以及教师管理规范化。其主要目的在于招募更多优秀青年进入教师行列。具体职责包括为教师和教育行业领导者制定能力定级框架、为教师提供在职培训、确保"准教师"具有合格的水平以及增强学校领导人的管理能力。

此外，该部门还负责加强埃塞俄比亚的数学和科学教育。埃塞俄比亚十分关注数学和科学的学科发展、重视提升学生的数学和科学能力，这与埃塞俄比亚的社会背景有关，也是为改善该国未来的科研环境做出铺垫。

（三）成人和继续教育部

埃塞俄比亚成人和继续教育部在提高该国识字率和国家人类发展指数方面起到了重要作用，因此政府十分重视成人和继续教育部。该部门有六大职责：提供成人教育；提高妇女在成人教育中的参与度；进一步扩展远程教育和夜校规模；扩大成人职业教育规模；扩大替代教育 [1] 容量；建立健全成人和非正式教育体系。

---

[1] 替代教育是一种专门为辍学或因其他原因如交通不便而难以接受基础教育的学生提供的非正式教育项目，旨在让没能按时接受基础教育的公民有机会接受教育。

（四）学校改善部

对于学校改善部，联邦教育部没有提供具体信息。该部门主要职责在于改善学校伙食营养，确保学生身体健康以及推动特殊教育和全纳教育发展，以让更多弱势群体的学生也能够接受教育。

二、科学和高等教育部

2018 年发布的《1097 号宣言：行政机关职权定义》文件中设立了一个全新的部门，即科学和高等教育部，这一部门实际上接管了原属于联邦教育部管辖的高等教育和职业教育事务，与联邦教育部相对独立。该部门主要负责高等教育和职业教育的整体规划，具体职责包括：扩大高等教育规模；将高等教育发展与国家政策、国情相结合，制定高等教育发展路线；为职业教育设计发展规划，并对职业教育发展实施监管；提高职业教育和高等教育的科学研究能力；促进高等教育机构与产业间的联系，创造有利于科技发展的环境；制定高等教育大纲框架；制定高等教育与职业教育机构标准；确保高等教育与职业教育机构能够提供符合标准的教育及培训；提高公立高等教育机构的教学水平；确保入学公平。

目前，科学和高等教育部下辖 7 个直属机构，分别为：高等教育策略中心、教育质量监管署、亚的斯亚贝巴科技大学、阿达玛科技大学、埃塞俄比亚公务大学、联邦职业教育与培训机构、联邦职业教育与培训局。[1]

---

[1] 资料来源于埃塞俄比亚联邦政府官网。

（一）高等教育行政管理

高等教育策略中心和教育质量监管署原本是 2003 年由教育部成立的半自治机构，专门负责高等教育管理任务。2018 年，埃塞俄比亚科学和高等教育部正式成立，高等教育策略中心和教育质量监管署并入科学和高等教育部，成为其下属分支机构。[1]教育质量监管署的主要职责是对所有高等教育机构，包括私立高校进行质量监控、教学评估、资格审查和认证工作等。[2]

（二）职业教育行政管理

2008 年，埃塞俄比亚教育部发布了《国家职业技术教育和培训战略》，对当时的职业教育行政状况进行了反思。在此之前，埃塞俄比亚的职业教育培训并不直属于国家教育体制，彼时的职业教育理事会也是一个没有实际职能的咨询机构，对职业教育的发展造成了负面影响。[3]这一阶段，埃塞俄比亚职业教育行政管理分为联邦和州两级，联邦级管理机构由联邦职业教育与培训局和联邦职业教育与培训理事会构成。[4]2018 年 10 月，职业教育和高等教育行政移交给了新成立的科学和高等教育部管理。现在，职业教育由科学和高等教育部下属的两个分支共同管理，分别为联邦职业教育与培训机构和联邦职业教育与培训局。

联邦职业教育与培训机构旨在培养专业的职业教育教师和领导人，具体有四大目标：为职业技术教育培训教师、相关技术人员以及领导者，向上述人群提供本科、研究生或短期培训项目；提高埃塞俄比亚职业技术教

---

[1] 资料来源于埃塞俄比亚联邦政府官网。

[2] 资料来源于联合国教科文组织官网。

[3] 资料来源于埃塞俄比亚教育部官网。

[4] 资料来源于埃塞俄比亚教育部官网。

育的总体能力；提高埃塞俄比亚工业生产效率以及竞争力；推动职业教育相关研究，以增强埃塞俄比亚职业技术教育能力。[1]

联邦职业教育与培训局的职责则是改革职业技术教育以及为职业教育发展做出规划，其主要工作内容则是：制定制度改革政策性文件；进行劳动力市场需求分析；根据国家职业技术教育培训资格框架制定职业评定标准；引入更多职业教育培训方式，如合作培训和公司内部培训；搭建职业评估与认证制度；增强公立职业教育机构的人力资源开发以及基础设施建设；为私立职业教育机构提供支持；为小微企业提供支持；为技术转让活动提供支持。

总体而言，联邦职业教育与培训机构负责职业教育中的教师以及领导培养，联邦职业教育与培训局则主要负责完善职业教育的教学内容，使职业教育的发展更加符合国情。[2]

第二节 地方教育行政

埃塞俄比亚各自治州与行政区均设有地方教育行政机构，地方教育行政机构同联邦教育行政机构共同组成了一个完整的教育行政管理系统。

一、地方教育行政机构

埃塞俄比亚的教育管理是联邦教育部、各地区州级教育部门和区级教育办事处的集体责任。埃塞俄比亚目前分为 10 个民族州和 2 个直辖市，每

---

[1] 资料来源于埃塞俄比亚教育部官网。

[2] 资料来源于埃塞俄比亚教育部官网。

一个民族州和直辖市都设立了本地区的教育部门，州级教育部下设区级教育办事处，从而组成了一个完整的地方教育行政管理系统。各个自治州与行政区的资金来源于联邦拨款，州级机构收到拨款后，再拨发给各区。各区级教育办事处根据当地的收入、需求以及其他因素（如学校的注册人数增长情况）来分配资金。[1]

二、地方教育行政的改革

近年来，埃塞俄比亚着力扩大学校办学的自主权和教育改革，鼓励学校中的教职工协会积极地参与到管理中（包括学生就读学校问题和财政捐助问题），并且监督学校表现。[2]2008 年发布的《埃塞俄比亚职业教育资格框架》提出要从他国吸取经验，将更多权力下放到各个职业教育机构当中。埃塞俄比亚教育部认为，只有当地政府才了解当地的资源管理和计划安排，将权力下放各个机构，各个机构才能因材施教，培养出符合市场需要的职业教育人才。[3]埃塞俄比亚第五个教育发展五年规划中也明确提出，将各级教育行政权限下放，实现简政放权，从而推进各个教育机构的发展，以提高教育总体质量。

总体而言，埃塞俄比亚教育行政现分为联邦与地方两级。联邦从总体上进行规划、管控以及拨款，各州主要根据联邦教育部指示部署教育事务。近些年，联邦教育部出台的相关文件政策中提出简政放权，提高地方教育行政机构的自主性，这或许将成为埃塞俄比亚教育行政体系的改革趋势。

---

[1] 王玉华. 埃塞俄比亚教育及其改革 [J]. 西亚非洲, 2006（5）: 59-62.

[2] 王玉华. 埃塞俄比亚教育及其改革 [J]. 西亚非洲, 2006（5）: 59-62.

[3] 资料来源于埃塞俄比亚教育部官网。

第三节 教育政策规划

进入 21 世纪以来，埃塞俄比亚政府格外重视发展教育，希望通过教育为经济和社会发展培养高素质人才。近年来，埃塞俄比亚发布了多份具有重要意义的政策性文件，包括《高等教育宣言》《高等教育与职业教育国家 ICT 政策》《埃塞俄比亚技术与职业教育培训政策与战略》《埃塞俄比亚特殊教育 / 全纳教育总体规划》等。其中《高等教育与职业教育国家 ICT 政策》《埃塞俄比亚技术与职业教育培训政策与战略》均为 2020 年新发布的政策文件，在本书编写时还未正式实施，因此缺乏相应数据。

一、政策与规划

多年以来，为提高教育普及率以及教育质量，埃塞俄比亚联邦政府制定了多项教育改革政策。这些政策不但改革了以往的教育体制，还在一定程度上推动了教育的现代化及科技化。

（一）《高等教育宣言》

2003 年，埃塞俄比亚发布了《高等教育宣言》，并于 2009 年对其进行了修订。《高等教育宣言》为高等教育制定了发展目标及原则，是埃塞俄比亚高等教育的核心政策文件。[1]

《高等教育宣言》共有六大部分。第一部分对埃塞俄比亚高等教育相关名词做出了定义，包括学术群体、教学人员、行政人员、技术人员等，其

---

[1] 李俊丽. 政策推动下埃塞俄比亚高等教育发展研究 [D]. 金华：浙江师范大学，2017：16-19.

中最为重要的是对私立以及公立高校做出了区分，并指出，本宣言不适用于由宗教组织创办的高校。除此之外，《高等教育宣言》第一部分还明确了高等教育的发展目标，如提高国家竞争力，培养有知识、有能力、有责任的优秀毕业生，为国家发展提供知识和技术保障等。

第二部分内容包括高校、高校教职工以及学生三个方面。文件不仅明确了各高校的权责范围，还提出了高等教育机构必须贯彻的理念，即：追求和表达真理；履行职能，提升高等教育机构的声誉；提升学术竞争力，加强与其他机构的合作；实行问责制，拥有自治权；坚持法治与国家参与式治理；公平公正；打击腐败；提供优质且快捷的服务；节约资源，维护资产；坚持民主和多元文化主义。此外，该部分提出，任何高校都应该设立切合实际的发展目标和确保教学以及研究正常运行的管理系统。高校的主要职责是提供高等教育、开发研究项目，为国家培养有知识、有技能、态度端正的毕业生。此外，高校还应承担项目调查与研究、在全国或重点领域进行社区服务的任务。在条件允许的情况下，高校可以提前分享研究结果以造福人民。高校在完成上述使命的同时，应当享有自治权，自治权包括：制定、实施、开设或撤销相关课程和研究项目，建立高校自己的组织并制定组织内部规则；建立透明的内部竞争机制，自由聘用学术人员及其他工作人员、按需决定工作人员职责；提名校长、副校长和其他董事会成员，任命学术单位或行政机关带头人；管理资金以及财产。每个公立高校在行使自治权时，必须保证行为合法、有效、透明、公平，并建立明确的问责制度。

《高等教育宣言》第二部分对高校教职工以及学生的责任和义务也做出了要求。文件将教职工划分为四类，即教学人员、技术人员、管理人员以及医护人员，要求每所高校都应具备充足的教学人员，教学人员必须完成政府部门设定的工作指标。学生则必须依照高中成绩和大学入学考试成绩进行录取。文件特别指出，每所大学都有权利与责任去录取学生，并且必须尊重学生的选择。其中还特别强调了对弱势群体的特殊录取办法。

第三部分介绍了公立高校的管理办法。所有公立高校都应包含管理机构、学术团体、行政技术部门以及开展活动所必备的设施。各学术单位的设立应以教育和研究为核心。本部分还对经费预算做出了相关规定。公立高校的经费均来自联邦政府，因此，为了合理利用经费，各公立高校须有相应的经费预算，并对资金收支进行详细的记录。

第四部分对私立高校做出了规定。该部分指出，私立高校须达到由教育部规定的最低课程质量标准，服从教育部指导，并须每年定期进行自我评估。除此之外，私立高校还须定期提交详细的教育计划和教育活动报告。每所私立高校的认证有效期为3年，须在期满前重新认证才能继续运营。

第五部分主要介绍联邦教育部[1]、教育质量评估处及教育策略中心的职责。教育质量评估处为高校课程及活动制定评判标准，关注毕业生就业情况。教育策略中心则向联邦教育部提出有关高校管理、经费投入、教育体制改革等方面的建议，从国家层面制定高等教育政策，提高高等教育质量，促进高等教育发展。

第六部分涉及高校学生的学费问题。公立学校学费将由董事会决定，私立学校学费则由负责的团队决定，其中还提到了成本分担机制[2]。

2009年修订发布的《高等教育宣言》从宏观角度对埃塞俄比亚的高等教育发展进行了规划，内容涵盖了高校的建立、机构的治理、教育质量的提升、教职人员的管理、学生的录取和培养、研究项目的推进等，是埃塞俄比亚高等教育发展的重要政策性文献。

---

[1] 2018年，科学和高等教育部成立，联邦教育部不再管理高等教育事宜。

[2] 具体内容详见第六章第三节。

（二）《埃塞俄比亚技术与职业教育培训政策与战略》

2020 年 11 月，埃塞俄比亚科学与高等教育部发布了《埃塞俄比亚技术与职业教育培训政策与战略》，该文件提到，1994 年发布的《教育与培训政策》虽然取得了一定成就，但已与时代脱轨，需要及时得到更新。新政策包含六大核心提案：

（1）提高埃塞俄比亚职业教育的实用性、质量、公平性和覆盖面；

（2）推动埃塞俄比亚职业教育的科学研发、创新和技术转化；

（3）促进埃塞俄比亚的科学文化发展以及动员社会参与；

（4）加强埃塞俄比亚职业教育基础设施建设；

（5）改革埃塞俄比亚职业教育行政体制；

（6）建立职业教育监测以及评价机制。

第一个核心提案为新政策中篇幅占比最大的提案。简而言之，这一提案主张通过重新制定国家资格标准让更多的人参与职业教育。新的国家资格标准将原有的 5 级制度改为 8 级制度。其中，12 年级的毕业生可以参与"正式职业教育"，辍学学生、求职人士、农村人口以及其他人群可以参与门槛更低的"非正式职业教育"，以提高职业教育的普及率。

在这一核心提案的指导下，职业教育将迎来全新的职业评定标准，以确保毕业学生达到技能标准，符合劳动力市场需求。新标准将由各大行业与政府机构共同制定，紧密围绕市场需求展开，并以国家和地方为参照、结合国际形势及国内经验，确保该标准与现实情况更加贴合。

为了与国际劳动市场接轨，"正式职业教育"的教学语言将全部改为英语。教学大纲设计也将以国际市场需求为核心展开。其中 6—8 级的大纲设计还会参照国际案例，以打造国际化人才。在培养职业所需技能的同时，新的教学大纲还将向学生教授基本知识技能，如听说读写、计算机技能、沟通能力、合作能力、问题解决能力以及外语能力。教学方式将更与各大行业紧密相连，实践课与理论课比例将改为 7 ：3。

第二个核心提案与第一个关系十分紧密，遵从同一理念。第一个核心提案强调"将人才培养与现实结合"，而第二个核心提案则关注于"将职业教育发展与现实结合"。虽然该政策文件并未提出具体实施方式，但给出了本提案的最终目标：鼓励职业教育人士参与科研活动、创造适合科研的职业教育环境、动员全员学习新技术、加强科研与创新质量、保护科研知识产权、确保科研工作与国家发展相符以及加强技术转化能力，让科研成果能够投入使用。

第三个核心提案更加贴近文化层面，提倡发展埃塞俄比亚的科学文化并动员社会参与。科学与高等教育部提出要保护埃塞俄比亚的"本土知识与技能"，其定义为"随时间在某一文化中发展形成并且对可持续发展做出了积极贡献的知识与技能"。该政策文件提出要通过将"本土知识与技能"融入职业资格评估当中，建立"本土知识与技能"中心，通过动员专家将"本土知识与技能"更好地运用，鼓励人们运用"本土知识与技能"，推进"本土知识与技能"的传播。该提案的第二个重心是社会参与，指的是让社会能够与职业教育机构保持相互促进的紧密关系，在帮助职业教育发展的同时，也让职业教育反过来解决社会问题。该政策将推动这一发展，保证社会与职业教育之间的关联，同时也鼓励社会人士以及职业教育参与者增加互动，共同解决问题。

第四个核心提案涉及职业教育基础设施发展，强调职业教育的数字化。自新冠肺炎疫情暴发以来，埃塞俄比亚科学和高等教育部一直高度关注本国教育事业的数字化发展趋势，2020 年年底推出的这一政策文件更是将数字化发展目标提上了新的高度。根据该政策指导，职业教育机构将开始建立基础信息通信技术规划设施，并在此基础上为职业教育系统中的所有人员提供相关技术培训，以确保职业技术教育整体实现数字化。

第五个核心提案主要围绕职业教育的管理、宣传、人力资源、国际合作展开。该政策希望改革职业教育行政体系，去除本国国民对职业教育的偏见，吸引尖端人才投身职业教育，推动埃塞俄比亚的职业教育走向国际舞台，实现国际化。

第六个核心提案提出要建立一个监测系统，以供各部门追踪职业教育的发展状况。具体实施方式为设计开发一个职业教育数据库，用以追踪各类不同数据，将本政策文件中提及的所有条例转化为具体的指标，再将具体指标与国家发展指标相结合，保障政策的合理性和可行性。

总体而言，《埃塞俄比亚技术与职业教育培训政策与战略》希望对埃塞俄比亚的职业教育体系进行全面的改革。该政策除了确定新的分级标准、引入更多资源、推动数字化转型以外，还计划将埃塞俄比亚的职业教育进行国际化改革，为埃塞俄比亚职业教育未来的发展指明了方向。

（三）《埃塞俄比亚特殊教育/全纳教育总体规划》

2016年10月，埃塞俄比亚教育部发布了《埃塞俄比亚特殊教育/全纳教育总体规划》。政府希望通过这份文件让更多公民接受基础教育。这份文件强调提高有特殊需求的学生的教育福利。政府希望从教师培养入手，让埃塞俄比亚教育体系对特殊学生更加具有包容性，也希望能够培养出更多特殊教育教师，并为这些教师打造一个良好的工作环境和成长体系。

文件明确了全纳教育并非仅限于残障儿童，还包括因其他原因失学的儿童以及青年。埃塞俄比亚政府视教育为一项基本人权，尽力为所有公民提供受教育机会。文件提到，教育部希望教育体系中的各级领导以及基层工作人员都能意识到特殊教育的重要性，希望所有相关人员都能够对此问题高度重视。因为如果特殊教育得不到重视，原本就身患残疾的学生不仅会遭受歧视，他们的处境还会进一步恶化，最后只能被迫辍学，甚至流落街头。教育部认为，以上问题可以通过学校来解决。所以特殊教育不仅要扩大教育体系所能惠及的人口范围，还要保证特殊人群能够得到应有的照顾，确保他们的人权以及尊严不受侵犯。另外，此文件将全纳教育的概念进行了扩展，旨在为所有可能面临任何类型特殊需求或学习困难的人提供教育。文件提出了2016—2025年全纳教育发展的6个要点：创建良好的政策环境；完善管理结构；大力发展教师培训；扩大教育资源覆盖范围；扩展融资渠道；及时调整和完善教育政策。

二、实施与挑战

近年来，埃塞俄比亚教育始终面临着资金问题和特殊教育问题两大挑战。一方面，在资金方面，埃塞俄比亚教育规模扩张速度较快，入学人数大幅增长，而基础教育和高等教育费用都由政府承担，这就给政府带来了极大的财政负担，当前，埃塞俄比亚教育系统整体都面临资金短缺问题。虽然高等教育已经引入了成本分担机制，这一机制也在一定程度上有效减轻了政府的财政负担，但是职业教育仍然面临着严重的资金问题。因此，在最新的职业教育政策中，政府为解决职业教育领域的资金问题提出了解决方案。

另一方面，2016年埃塞俄比亚提出将接受非洲各国难民，并将为难民儿童提供教育。但埃塞俄比亚本身还是发展中国家，人力、物力均十分有限，在为难民儿童提供教育的同时，不得不考虑现实问题，因此，如何开展特殊教育成了眼下的一个重要议题。

（一）职业教育经费改革

埃塞俄比亚科学和高等教育部意识到职业教育发展需要大量资金投入，但目前的职业教育发展却十分缺乏经费，导致教学资源匮乏，这一状况严重限制了职业教育质量的提高。

因此，教育部在《埃塞俄比亚技术与职业教育培训政策与战略》中提出，职业教育资金来源要"去中央化"，即不仅依靠政府拨款，也接受其他来源的资金。政府提出，职业教育的相关支出应由政府、企业等社会各界共同承担，这样一来，既能减轻政府财政负担、筹集更多资金，还能提升职业教育发展与社会整体需求的相关性，提高职业教育培训效率。因此，在新的职业教育政策中，政府提出要动员更多非政府机构为职业教育注入资源。

总体而言，《埃塞俄比亚技术与职业教育培训政策与战略》在职业教育的资金问题上做出了改革，计划将各方社会力量以及政府资源相结合，三方合作以解决目前的资金短缺问题。

（二）特殊教育政策具体实施方案

教育部在《埃塞俄比亚特殊教育／全纳教育总体规划》中为特殊教育政策提出了六个发展关键要素，分别为：政策框架、教育结构与管理、能力培养及人力资源、教育供给、政策制定以及支出与资金。

政策框架主要考虑营造一个对特殊教育发展有利的政策环境，强调特殊教育事业发展应该贯穿整个教育体系。该文件提出，政府需要通过相关法案以确保特殊人群能够接受教育。法案应该确保特殊人群在教育中能够得到特殊照顾，比如手语教学等。学校应该设有心理咨询处，或配有心理咨询师，以对学生进行心理健康的疏导。法案还应该确保相关教师持证上岗。

教育结构与管理关注国家教育部门的管理结构以及问责机制，以确保埃塞俄比亚的特殊教育具有其应有的包容性。因此，政策首先提出要对教育部的内部结构进行调整，教育部应当设有特殊教育／全纳教育分支部门，由该部门负责特殊教育中的计划制定。政策还提出应该加强联邦政府与基层政府之间的交流，以确保政策实施协调性，并强调教育机构应配有充足的相关人员，特殊教育教师也应有合理的薪水以及升职空间。

能力培养及人力资源关注教师培训。该政策将扩大教师培训范围，将特殊教育纳入教师培训，确保各类教师在接受培训时能够掌握特殊教育相关的知识。在该政策的指导下，教育部还将推出一项为期3年的特殊教育培训项目，以培养特殊教育专精教师。

教育供给主要聚焦特殊教育的普及范围以及普及程度。各级学校应该对特殊教育高度重视，教育部也应当在该政策的指导下提高社会各界对特殊人群的关注，以确保更多有特殊需求的儿童有机会进入学校学习。培养对特殊人群的包容意识也将贯穿整个教育体系。教育供给还强调特殊群体学生的升学应该得到保障，教育部应该设计合理的升学体系以确保特殊群体学生的升学通道畅通。

政策制定强调在特殊教育政策制定过程中应当契合现实状况，并充分结合相关经验。教育部将设计开发数据收集系统，以有效收集特殊教育开展中的各项数据信息，并结合这些信息制定更多政策，教育部也将与中央数据机构合作，以获得更多一手资料。

最后，支出与资金规定了特殊教育资金管理问题。政策提出要在中央以及地方两级设立资金系统，并确保该系统资金仅用于特殊教育发展。此外，政策还提出建立资金流动监管机制，确保资金使用公开透明。

在政策层面，埃塞俄比亚政府立足现实、与时俱进，针对不同教育阶段的特点颁布了多项多角度覆盖的政策性文件，并积极对已有的政策文件进行了更新。虽然资源匮乏，基础也较为薄弱，但政府对教育的重视态度和系统规划对该国今后的教育发展无疑是十分有益的。

第十一章 中埃教育交流与合作

中国与埃塞俄比亚同属发展中国家，有着广泛的共同利益，也肩负着共同的发展任务，因此有着深厚的合作基础。早在 1970 年，两国就建立了外交关系，此后，随着改革开放的推进，中埃两国经贸往来增多，政府和民间的交往也越来越频繁。20 世纪 70 年代，中国接纳了来自埃塞俄比亚的第一批留学生，中埃教育交流的大门从此打开。21 世纪以来，中国政府加大了对埃塞俄比亚的教育援助力度，采取捐赠物资、派遣师资、援建学校、开办研修班等方式与埃塞俄比亚开展教育交流与合作。中国对埃塞俄比亚的援助取得了良好的效果，中国援建院校的毕业生就业率较高，院校与中资企业的合作不仅促进了当地青年的就业，还拉动了当地的经济发展，有助于当地民生改善。不过，中埃合作的一些项目也暴露出了资源缺乏、学员流失率高、师资队伍不稳定等严重影响项目可持续发展的问题，需要在考虑当地实际情况的基础上对项目进行改革和创新。

第一节 交流历史

中国与埃塞俄比亚之间的教育交流始于 20 世纪 70 年代，随着中国改革开放的推进，中埃两国在教育方面的合作不断深化。在"一带一路"的框架下，中埃教育合作正从单向援助的模式转变为双向交流，两国之间的关系也日益密切。

一、中埃教育交流的开端

中国和埃塞俄比亚之间的教育交流最早可追溯到 20 世纪 70 年代。1976 年，包括埃塞俄比亚前总统穆拉图·特肖梅在内的一批埃塞俄比亚青年被公派到中国留学，开启了中埃两国教育文化交流的历史。穆拉图总统是中国人民的老朋友，也是北京语言大学和北京大学的校友，曾在中国求学多年，他本人的经历正是中埃教育交流早期历史的鲜明写照。穆拉图先是在北京语言学院（现北京语言大学）学习汉语，1 年后转到北京大学就读哲学专业本科。后来，在中国导师的指引下，穆拉图转而攻读国际政治专业，几年后取得了博士学位，并在毕业后回国进入了埃塞俄比亚外交部工作。由于这段留学经历，穆拉图始终对中国抱有深厚的感情。他高度重视中埃关系，在任期间也几次造访中国，为中埃交流与合作做出了重要贡献。[1]

二、改革开放以来的中埃教育合作

改革开放以来，中国教育事业快速发展取得的成就受到了许多发展中国家的关注与认可，中国也开始向非洲的发展中国家提供教育援助。同样作为发展中国家，埃塞俄比亚自新政府上台以来就把职业教育放在了发展教育事业的中心位置。埃塞俄比亚十分重视中国的经验，希望借鉴中国的

---

[1] 文摘报. 穆拉图，北大走出的总统 [N/OL]. (2014-04-05) [2021-05-10]. https://epaper.gmw.cn/wzb/html/2014-04/05/nw.D110000wzb_20140405_3-06.htm.

职业教育发展经验来促进本国职业教育的发展。2000 年以来，中国政府将职业教育列为援助的重点，积极推广中国职业教育办学模式，通过培养技术人才来促进埃塞俄比亚各项社会事业的发展。2001 年，中埃两国农业部签署了《中华人民共和国农业部与埃塞俄比亚联邦民主共和国农业部关于向埃塞俄比亚农业技术职业教育与培训项目派遣中国教师的协议》。根据该协议，中方将选派农业专家到埃塞俄比亚的职教学院任教，[1] 介绍中国的农业生产技术和课程开发经验，推广中国农业职教模式和农业发展经验，以提高办学水平，更高效地培育实用型农业技术人才。[2] 截至 2018 年，埃塞俄比亚农业职教项目组累计派出 18 期共 452 名中国农业职教教师，先后在埃塞俄比亚的 13 所职业院校工作，为当地的职业教育发展和农业发展做出了重要贡献。[3] 中国与埃塞俄比亚在农业职教领域的合作对埃塞俄比亚职业教育发展和农业生产水平提高都起到了促进作用，也成为互惠互利的南南合作典范。

在中非合作论坛的框架下，中国与埃塞俄比亚还通过合作办学的方式进一步加强了在职业教育领域的合作。2007 年，由中国政府援建的埃塞－中国职业技术学院正式竣工。2008 年，中国教育部委托天职师大作为牵头单位，承担埃塞－中国职业技术学院的教学工作。2011 年，学院改名为埃塞联邦职教学院。[4] 自 2012 年 9 月起，该项目被纳入中埃双边经济合作协议框架，转由中国援外资金支持。[5] 自成立以来，该校探索出了独具特色的"汉语＋职业技术培训"教学模式，培养出了大量经济建设亟需的复合型技术人才。

[1] 王凯园、王静、杨飏. 关于援埃塞俄比亚农业职业技术教育和培训项目的思考 [J]. 世界农业，2016（2）：195-198.

[2] 杨静、胡克祖. 中国援助对埃塞俄比亚职业教育的影响 [J]. 武汉职业技术学院学报，2018，17（6）：5-7.

[3] 杨静、胡克祖. 中国援助对埃塞俄比亚职业教育的影响 [J]. 武汉职业技术学院学报，2018，17（6）：5-7.

[4] 周瑾艳. 中、德在埃塞俄比亚职业教育领域开展三方合作的新机遇 [J]. 德国研究，2018，33（4）：18-34.

[5] 王凯园、王静、杨飏. 关于援埃塞俄比亚农业职业技术教育和培训项目的思考 [J]. 世界农业，2016（2）：195-198.

三、"一带一路"倡议下的中埃教育合作

随着"一带一路"建设和中埃合作不断深化，中埃两国在高等教育层面的合作不断深入，两国的教育合作从中国对埃塞俄比亚的单向援助逐渐向双向交流发展。近年来，中国连续多年向埃塞俄比亚的优秀学子提供赴华留学名额和中国政府奖学金，越来越多的中国学生也前往埃塞俄比亚留学。以北京外国语大学（简称北外）为首，越来越多的中国高校响应"一带一路"倡议，开设与非洲语言和非洲社会与文化相关的课程和研究项目。2013 年，北外开始正式教授阿姆哈拉语（埃塞俄比亚官方语言），亚的斯亚贝巴大学先后派遣两位专家赴北外开展教学工作。2015 年，亚的斯亚贝巴大学代表团访问北外，两校计划在阿姆哈拉语学科建设、教材研发和编写、教师培养等领域开展合作。[1]2020 年，北外招收了第一届阿姆哈拉语本科生，成为国内第一所也是唯一一所开设阿姆哈拉语本科专业的高校。这对于进一步深化两国教育文化合作、加深两国传统友谊和战略合作伙伴关系都有着深刻的意义。[2]

第二节　现状、模式与原则

21 世纪以来，在中非合作全面深化的大背景下，中国政府全面加强与埃塞俄比亚的交流合作，在互相尊重、互利共赢的基础上不断扩大与埃塞俄比亚在教育领域的合作，为埃塞俄比亚减轻贫困、改善民生和提高社会

---

[1] 北京外国语大学新闻网. 埃塞俄比亚亚的斯亚贝巴大学代表团访问我校 [EB/OL].（2015-09-28）[2021-05-15]. https://news.bfsu.edu.cn/archives/251515.

[2] 北京外国语大学新闻网. 我校阿姆哈拉语本科专业正式开班 [EB/OL].（2020-09-22）[2021-05-15]. https://news.bfsu.edu.cn/article/281403/cate/4.

经济水平提供了助力。在教育合作中，两国政府在发挥主导作用的同时也鼓励各高校积极开展校际合作和校企合作，有针对性地开展人才培训和文化交流，取得了显著的成果。

一、中埃教育交流合作主要方式

目前，中埃教育交流与合作的主要方式包括师资派遣、合作办学、校际合作、开办研修班等。目前来看，中方向埃方提供师资和技术援助仍是主流的合作方式。

（一）师资派遣

虽然近些年埃塞俄比亚以发展工业为主，但农业仍是其经济非常重要的一部分，占国民经济的33%。[1] 然而，埃塞俄比亚的农业领域存在着严重的土地利用率低和生产率低下的问题。相比其他领域，中国政府对其农业职业教育的援助力度是最大的，不仅在物质资源上提供了价值1 000万人民币的实验设备，[2] 还向当地的职教学校派遣了一批高素质的师资，旨在为埃塞俄比亚培养一批高素质的农业技术推广人员，协助其建立适用于本国的农业职教体系并逐步完善，创造良好的农业转型环境，提高当地的农业生产水平和人民生活水平。

自2001年中国与埃塞俄比亚签署合作协议以来，中国政府每年都会派遣职教教师前往当地的职教学院进行教育援助。2001—2018年，来自中国的450余名职教教师在埃塞俄比亚共培训了2 500名当地教师、1 300名农业

---

[1] 资料来源于埃塞俄比亚国家银行官网。

[2] 杨静，胡克祖. 中国援助对埃塞俄比亚职业教育的影响 [J]. 武汉职业技术学院学报，2018，17（06）：5-7.

技术人员、41 000 名学生，传授了 70 多门实用的职业技术，涵盖动植物科学、自然资源、兽医等 5 个学系和 56 门专业课。中国教师结合当地情况编写了 40 多门课程讲义和 8 门实习手册，中国专家李荣刚带领中埃两国职教专家共同编写并出版了《家禽生产》《动物疫病防治》《奶牛生产》《水土保持》等多本教材，这些材料为埃塞俄比亚职业教育的发展提供了很好的学习范本和实践指南。[1]

不仅在农业职教领域，中国与埃塞联邦职教学院的主要合作方式也是由中方派遣专家赴埃提供短期培训。在埃塞联邦职教学院和天职师大的支持下，埃塞俄比亚职业教育孔子学院（以下简称埃塞职教孔院）于 2013 年启动了中方职教专家赴埃短期实地培训的特色项目，由天职师大派遣职教专家赴孔子学院进行有关职业技术方面的短期讲学和实地培训，以实现对口援助。

（二）合作办学

2008 年 12 月 24 日，中国与埃塞俄比亚在北京签署了《中华人民共和国教育部与埃塞俄比亚联邦民主共和国教育部关于埃塞 – 中国职业技术学院合作办学项目协议》。埃塞 – 中国职业技术学院项目是中埃最大的政府间合作办学项目，该校采用中国高等职业学校的模式办学，已经成为当地一所示范性职业教育院校。[2]

天职师大作为该项目的牵头单位，不仅负责教学管理和师资配备，还将本校独特的"双证书制"办学模式引入了埃塞俄比亚。在这种办学模式下，学生在毕业的时候需要通过理论考核、技能测试并且取得所学专业的

---

[1] 杨静，胡克祖. 中国援助对埃塞俄比亚职业教育的影响 [J]. 武汉职业技术学院学报，2018，17（6）：5-7.

[2] 中华人民共和国中央人民政府. 埃塞 – 中国合作办学项目协议签署 预计 09 年初开学 [EB/OL].（2008-12-25）[2021-05-15]. http://www.gov.cn/gzdt/2008-12-25/content_1187574.htm.

中级职业资格证书，才能成为既持有学位证书也持有职业资格证书的"双证书"硕士。[1]2009年，天职师大与埃塞–中国职业技术学院合作建立了埃塞俄比亚首家孔子学院，创造性地将职业教育与汉语教学相结合，培养复合型人才。截至2015年，天职师大已经牵头为教师提供了技术培训、教学法培训，开展了多项基础研究，编写了填补埃塞俄比亚职教空白的专业教材，还参与了埃塞俄比亚的国家职业标准审定工作。[2]自成立以来，这所学校为埃塞俄比亚培养了数百名紧缺的汉语、职业教育和工程技术类人才。[3]

另一个中埃合作办学的案例则是2018年中国政府援建的埃塞铁道学院。2016年，采用全套中国标准的亚吉铁路[4]正式通车，虽然中方已经在铁路修建过程中对当地雇员进行了技术培训，但铁路的运营以及后续的维护仍然需要大量高素质专业人才。为了提高铁路人才储备，保证亚吉铁路和沿线经济走廊的发展，埃塞俄比亚向中方提出建校请求。[5]2018年5月，在西南交通大学的引荐下，埃塞俄比亚德雷达瓦职业技术学院院长和亚的斯亚贝巴大学机械工程学院教授等人赴湖南高铁职院考察，并与该校签订合作办学战略协议。湖南高铁职院将在师资培训、教学管理等方面为埃塞俄比亚提供支持，协助培养一批高素质的本土铁路人才。[6]这次合作不仅能为埃塞俄比亚培养基础建设缺乏的人才，也有利于中国高铁"走出去"，扩大"一带一路"的影响力。

[1] 杨静，胡克祖. 中国援助对埃塞俄比亚职业教育的影响 [J]. 武汉职业技术学院学报，2018，17（6）: 5-7.

[2] 天津职业技术师范大学. 天津职业技术师范大学援建埃塞–中国职业技术学院项目情况介绍 [EB/OL].（2015-12-24）[2021-05-15]. http://gjjlc.tute.edu.cn/info/1062/1284.htm.

[3] 申丽，王茹. 埃塞俄比亚来华留学生回国就业状况调查——以天津职业技术师范大学留学生为例 [J]. 天津职业技术师范大学学报，2017，27（3）: 59-66.

[4] 亚吉铁路（Addis Ababa–Djibouti Railway），全称亚的斯亚贝巴至吉布提标准轨距铁路。这条铁路连接了埃塞俄比亚首都亚的斯亚贝巴和吉布提，是东非地区首条标准轨距电气化铁路。

[5] 周瑾艳. 中、德在埃塞俄比亚职业教育领域开展三方合作的新机遇 [J].德国研究，2018，33（4）: 18-34.

[6] 新湖南. 中国高铁"走出去"，湖南高铁职院与埃塞俄比亚院校将开展合作办学 [EB/OL].（2018-05-27）[2021-05-15]. https://www.hunantoday.cn/article/201805/20180527210500420.html.

自"一带一路"倡议提出以来，中国在国际教育交流方面不断尝试突破，力求升级合作内容，创新合作方式。在这样的背景下，致力于培养具有实践能力和创新精神人才的"鲁班工坊"项目应运而生。"鲁班工坊"是天津市推动实施的职业教育国际品牌，采取学历教育与职业培训相结合的方式，采用"工程实践创新项目（EPIP）"教学模式，以实际工程项目为引导，以实践应用为导向，以创新能力培养为目标，以项目实践为统领，旨在提升学生的技术应用能力和创新能力。[1] 在天津市政府和市教委的支持下，天职师大承办了"鲁班工坊"建设任务，2021 年 4 月 28 日，埃塞俄比亚技术大学"鲁班工坊"云揭牌仪式以视频连线方式举办。"鲁班工坊"主要定位于人工智能领域，对接埃塞俄比亚技术大学的机械制造、电子与信息通信、电气电子技术 3 大类本科专业和工业传感器、机电一体化、工业控制、机器人 4 个技术方向。天职师大为"鲁班工坊"配备了世界先进的教学实践设备，提供了 4 套双语教材、4 套课程教学方案以及配套的专业培训视频资料，还为"鲁班工坊"的本土教师提供了培训。[2] "鲁班工坊"对提高埃塞俄比亚人工智能专业化水平、推动人才队伍建设、助力青年就业以及促进国家经济转型都将发挥重要作用。[3]

（三）校际合作

中国与埃塞俄比亚早在 20 世纪 70 年代就曾在高等教育领域开展合作，埃塞俄比亚前总统穆拉图就是最早一批赴华留学人员的杰出代表。进入 21 世

---

[1] 新华网. 鲁班工坊出国，中国职教开始反哺世界 [EB/OL].（2019-05-10）[2021-05-15]. http://www.xinhuanet.com/mrdx/2019-05/10/c_138048308.htm.

[2] 今晚报. 中埃联手培养人工智能人才 [N/OL].（2021-04-29）[2021-05-15]. http://epaper.jwb.com.cn/jwb/html/2021-04/29/content_15354_4388869.htm.

[3] 中华人民共和国驻埃塞俄比亚联邦民主共和国大使馆. 赵志远大使出席埃塞技术大学"鲁班工坊"云揭牌仪式 [EB/OL].（2021-04-29）[2021-05-15]. http://et.china-embassy.org/chn/zagx/t1872460.htm.

纪，中埃两国经贸往来日益频繁，教育合作也进一步加强，中国政府奖学金名额逐年增加，埃塞俄比亚赴华留学人数逐年上升，两国教育文化交流事业正在蓬勃发展。

2004 年，中国同埃塞俄比亚签订了涉及两国互换留学生的《中华人民共和国教育部与埃塞俄比亚民主联邦共和国教育部教育交流和合作协议》。2006 年，天职师大招收了首批来自埃塞俄比亚的中国政府奖学金留学生。[1]2009 年，中国天津工程师范学院派遣了潘良、魏秀东两位学生前往亚的斯亚贝巴大学进行为期 2 年的学习，攻读非洲历史和埃塞俄比亚历史专业的硕士学位。埃塞俄比亚为两位学生提供了奖学金，并承诺为这两名学生提供住宿和生活费。这是埃塞俄比亚首次为中国提供全额奖学金名额，这两名学生也是首批前往埃塞俄比亚学习的中国学生。[2] 中国也连续多年接收埃塞俄比亚来华留学生，并为优秀留学生提供了政府奖学金。2010 年 6 月 28 日，来自埃塞俄比亚的 14 名硕士研究生在天职师大毕业。他们不仅被授予学位，还经过理论考核、技能测试，取得了与就读专业相对应的中国国家中级职业资格证书，成为了具有中国特色的"双证书"硕士。这 14 名硕士研究生回国后，将前往埃塞 – 中国职业技术学院任教，将他们学到的知识与技术传授给本国的学生。[3]

据不完全统计，中国政府已累计向埃塞俄比亚提供了 1 500 余名政府奖学金名额，所学专业涉及物理、化学、环境、卫生、农林、机械制造、计算机科学与技术、临床医学等。中国在多个学科领域为埃塞俄比亚培养了大量人才，为其加快人力资源建设、提高自身发展能力起到了积极作用，

---

[1] 申丽，王茹. 埃塞俄比亚来华留学生回国就业状况调查——以天津职业技术师范大学留学生为例 [J]. 天津职业技术师范大学学报，2017，27（3）：59-66.

[2] 中国文化网. 促进教育交流 首批中国赴埃塞俄比亚留学生入学 [EB/OL].（2009-12-03）[2021-04-22]. https://www.chinanews.com/lxsh/news/2009/12-03/1998355.shtml.

[3] 中国在线. 职教输出 天津开创"中国模式" [EB/OL].（2010-06-29）[2021-05-15]. http://www.chinadaily.com.cn/dfpd/tj/2010-06/29/content_10034223.htm.

对中埃教育文化交流起到了促进作用，深化了中埃合作。[1]

除留学生互换外，中埃两国高校还开展了其他校际交流合作项目，并定期开展参观和交流活动，如亚的斯亚贝巴大学机械工程学院和天职师大合作的工程训练综合能力培训项目。该项目是天职师大与亚的斯亚贝巴大学开展的交流项目之一，被纳入教育部"中非高校20+20合作计划"，旨在提高亚大师生的机械工程综合能力，有利于进一步深化两校的交流与合作。2016年5月9日，亚大4名师生赴天职师大参加了为期29天的交流培训，天职师大提供了培训课程、制定了计划大纲、配备了指导教师，组织埃塞俄比亚学生和本校学生共同参加培训。[2] 其他校际合作还包括：中国浙江工商大学与埃塞俄比亚贡德尔大学于2018年合作共建的"中国－埃塞俄比亚／非洲法律研究中心和培训基地"[3]、东华大学与埃塞俄比亚贡德尔大学和巴赫达尔大学的交流项目[4]、成都纺织高等专科学校与埃塞俄比亚阿瓦萨职业学院共建纺织服装专业等[5]。

（四）开办研修班

除校际交流外，中国还开设了为埃塞俄比亚政府官员、教育管理者和教师提供培训的研修班和参观交流项目。[6] 截至2017年，已有超过5 500名

[1] 中华人民共和国驻埃塞俄比亚联邦民主共和国大使馆. 埃塞留华人员基本情况 [EB/OL].（2016-02-15）[2021-05-15]. http://et.china-embassy.org/chn/zagx/aslhryjbqk/.

[2] 天津职业技术师范大学. 亚的斯亚贝巴大学师生来我校参加工程训练综合能力培训 [EB/OL].（2016-05-12）[2021-05-15]. http://gjjlc.tute.edu.cn/info/1039/1298.htm.

[3] 中国法学会. "中国－埃塞俄比亚／非洲法律研究中心和培训基地"揭牌暨合作备忘录签署仪式在浙江工商大学举行 [EB/OL].（2018-01-24）[2021-05-15]. https://www.chinalaw.org.cn/portal/article/index/id/10909.ht

[4] 东华大学新闻中心. 落实"一带一路"倡议 深化中非教育合作——朱民书记率团出访埃塞俄比亚和埃及高校 [EB/OL].（2018-09-24）[2021-05-15]. https://news.dhu.edu.cn/0f/a7/c523a200615/pagem.psp.

[5] 成都纺织高等专科学校. 我校与埃塞俄比亚阿瓦萨职业学院签署共建纺织服装专业协议 [EB/OL].（2019-09-10）[2021-05-15]. https://www.cdtc.edu.cn/info/1035/1302.htm.

[6] 中华人民共和国驻埃塞俄比亚联邦民主共和国大使馆. 埃塞留华人员基本情况 [EB/OL].（2016-02-15）[2021-05-15]. http://et.china-embassy.org/chn/zagx/aslhryjbqk/.

埃塞俄比亚官员及技术专家在中国援助框架下赴华参加各类培训。[1] 这些培训项目高度契合埃塞俄比亚在人才培养和教育事业发展等方面的需求，从单纯的技术培训转为涵盖技术、能力、发展模式、领导力等多方面、多层次的教育合作，大大促进了埃塞俄比亚教育事业的发展和国家建设能力提高，增进了两国的友谊。

2002 年，20 名埃塞俄比亚职业学校的教师赴中国进行培训。此后，每年都会有数百名埃塞俄比亚教师、官员等来中国进行职业教育管理培训和专业技能学习，且人数逐年增加。培训内容涉及粮食储藏、水产养殖、电子商务、棉花种植、针灸、食品安全等众多领域。[2]2019 年 6 月，来自埃塞俄比亚 7 所大学和职业院校的 17 位校长及教育官员参加了由天职师大承办的"埃塞俄比亚教育官员中国文化教育研修班"。研修班为期一周，开设了"中国高等教育改革历程与运行机制""中国概况及孔子学院发展历程""中国职业教育发展历程及改革方案"等专题讲座，还安排学员参与研讨会、实地考察等活动，促进了学员对中国教育发展经验和中国文化的了解。[3]

二、中埃教育交流合作特点与原则

中埃教育交流合作呈现出明显的务实特点，即合作内容和形式与经济发展状况和社会需要相契合。中埃以职业教育为重点领域，多年来的合作有效促进了埃塞俄比亚就业水平的提高和民生改善。近年来，有越来越多的高校和企业加入中埃教育合作，合作形式更加多样，能够应对更具体的培训需求。

---

[1] 中华人民共和国商务部. 2018 年埃塞梅莱斯领导力学院公共管理海外研修班在亚的斯亚贝巴成功举办 [EB/OL].（2018-05-28）[2021-05-15]. http://et.mofcom.gov.cn/article/todayheader/201808/20180802781787.shtml.

[2] 杨静，胡克祖. 中国援助对埃塞俄比亚职业教育的影响 [J]. 武汉职业技术学院学报，2018，17（6）: 5-7.

[3] 天津职业技术师范大学. 2019 埃塞俄比亚教育官员中国文化教育研修班在我校开班 [EB/OL].（2019-06-27）[2021-05-15]. http://gjjlc.tute.edu.cn/info/1039/1513.htm.

（一）务实应需

作为一个以农业为基础的国家，埃塞俄比亚在工业化道路上十分需要一支具备中级技能、训练有素的劳动力队伍，而职业教育就是实现这一目标的最直接途径。21世纪以来，职业教育被政府列入了国家重点议程，也是所有教育领域中最受到重视的。埃塞俄比亚人口众多且青壮年占多数，然而由于经济落后，年轻人受教育程度普遍偏低，失业率极高。职业教育能够为无法完成学业的年轻人提供一个提升自身竞争力的机会，为促进就业和减少贫困开辟了道路。自埃革阵政府上台后，埃塞俄比亚学习中国经济发展的经验，在职业教育方面也更加积极地向中国学习。因此，中埃教育合作中，以职业教育合作的规模和成果最为瞩目。

2001年起，埃塞俄比亚与中国开始在农业职业教育领域合作。据调查，埃塞俄比亚人民非常认可中国人的技术能力，他们认为与中国人的合作使他们受益良多。随着中埃双方在职业教育发展领域的合作逐渐推进，越来越多的埃塞俄比亚青壮年获得了一技之长。从职业院校毕业后，他们有的选择继续深造学习，有的进入了相应的中资企业。职业教育的发展对于解决就业问题起到了非常积极的作用，其中中资企业的作用更是不可忽视。埃塞俄比亚投资委员会的数据显示，2012—2017年，279家中国企业为当地创造了28300个工作岗位，这些工作岗位中的相当一部分[1]是由接受过职业教育的学员担任的。

近些年来，越来越多的中资企业进入埃塞俄比亚，根据调查数据，截至2018年，埃塞俄比亚共有600多家中国企业。[2]由于不同企业对员工的能力要求不同，因此企业主导的职教培训形式在埃塞也越来越常见。例如，中国的华坚集团在当地建立了一所能容纳3000名学生的培训学校，用以培

---

[1] 杨静，胡克祖. 中国援助对埃塞俄比亚职业教育的影响[J]. 武汉职业技术学院学报，2018，17（6）：5-7.

[2] 周瑾艳. 中、德在埃塞俄比亚职业教育领域开展三方合作的新机遇[J]. 德国研究，2018，33（4）：18-34.

养未来公司员工；[1] 前文提到的亚吉铁路运营和维护项目也在当地开展一对一培训，还曾于 2019 年派遣 34 名埃塞俄比亚职工赴华接受汉语培训、铁路理论知识和专业实训。[2] 这种企业主导的技术培训从市场需求和项目要求出发，针对性较强，培训效率较高，同时也能够扩大中资企业在当地的影响力。

（二）政校企多方参与

中国与埃塞俄比亚的教育合作有两国政府、高校、企业等多主体参与，各主体之间的合作日益密切。如今，中国与埃塞俄比亚的合作模式正在从以国家为主导向以市场为导向、以企业为主导转变，并正在从由政策驱动转向由劳动力市场需求驱动。[3]

在中埃教育合作中，两国政府统筹主导，负责共建合作项目、签订合作协议、互派留学生、教育部门官员互访等事宜。政府主导合作比较典型的案例就是埃塞联邦职教学院。在政府主导框架下，各高校可以发挥自主性，开展校际交流，包括考察学习、互派教师、项目合作等。比如埃塞联邦职教学院的教学事务就是由天职师大作为牵头单位负责的，天职师大通过该项目为埃塞俄比亚培养出了一批既掌握汉语又掌握技术的复合型人才。

随着中资企业数量的增加和在当地影响力的不断扩大，埃塞俄比亚高校逐渐认识到校企合作对于提高学生竞争力的重要性。其中，亚大孔院积极开展校企合作，与多家企业建立了合作关系。为了加强孔子学院与企业之间的联系，目前亚大孔院已与多家企业单位建立了包括岗位实习、就业

---

[1] 周瑾艳. 中、德在埃塞俄比亚职业教育领域开展三方合作的新机遇 [J]. 德国研究，2018，33（4）：18-34.

[2] 新华网. 来郑学开火车 非洲"洋徒弟"出师 [EB/OL].（2020-06-14）[2021-05-15]. http://m.xinhuanet.com/ha/2020-06/14/c_1126111881.htm.

[3] 周瑾艳. 中、德在埃塞俄比亚职业教育领域开展三方合作的新机遇 [J]. 德国研究，2018，33（4）：18-34.

推荐、企业专项奖学金等多种形式的合作关系。2017 年 4 月 18 日，亚大孔院组织了汉语本科专业 3 年级学生进行为期 10 天的在中资企业深圳地铁埃塞俄比亚分公司的实习活动。孔院学生在行政部、人事部、调度信号处等部门进行实习，协助中方员工工作，并了解了企业文化和运营情况。[1]

第三节 案例与思考

在中埃教育交流合作的历程中，最具代表性，也是相对而言体系和管理模式最为成熟的案例就是中埃合作办学的两所孔子学院。这两所学校一方面借鉴了中国独特的职业教育模式，取得了较好的培训效果；另一方面创新了中埃合作方式，将汉语推广与技术培训有机结合，对今后中国与其他"一带一路"沿线国家的教育合作都有借鉴意义。

一、案例：孔子学院

埃塞俄比亚国内现有 2 所孔子学院，第一所为建于 2009 年 5 月的埃塞职教孔院，第二所为 2014 年 12 月正式挂牌的亚大孔院，其前身是埃塞职教孔院在亚的斯亚贝巴大学设立的孔子课堂。[2] 虽然都是孔子学院，但埃塞职教孔院以"汉语＋职业技术培训"为办学特色，亚大孔院则以语言文化教育为主。除了这两所孔子学院外，孔子学院总部还在马克雷大学、阿瓦萨

---

[1] 天津职业技术师范大学. 亚的斯亚贝巴大学孔子学院学生走进中资企业实习 [EB/OL].（2017-05-02）[2021-05-15]. http://gjjlc.tute.edu.cn/info/1039/1338.htm.

[2] 天津职业技术师范大学. 我校亚的斯亚贝巴孔子学院获批全国示范孔子学院建设项目 [EB/OL].（2017-02-24）[2021-05-15]. http://gjjlc.tute.edu.cn/info/1039/1322.htm.

大学等高校设立了汉语教学点，致力于推动汉语在埃塞俄比亚的普及，扩大其影响。

（一）埃塞职教孔院

2009 年，埃塞俄比亚的第一所孔子学院在埃塞–中国职业技术学院（该学院于 2011 年改名为埃塞联邦职教学院）的基础上建立。这所孔子学院从建立之初就具有"汉语 + 职业技术培训"的特色，将汉语教学融入工科专业知识教学中，让学生在汉语环境中提高技术水平和实践能力。埃塞职教孔院开创性地发展了"汉语 + 车身材料技术""汉语 + 机电一体化""汉语 + 重型汽车技术"等一系列"汉语 +"培训项目。毕业后，学生一般能够熟练使用汉语对技术实践进行讲解，并能同时获得相关专业技能证书和汉语水平等级证书。2011 年 10 月 23 日，埃塞职教孔院成功举办了埃塞俄比亚首届汉语水平考试（HSK），有 48 名考生参加了考试，其中既包括学生也包括当地教师和政府部门中参与汉语培训的官员。在参加一级考试的 29 名考生中，24 人达到合格线，通过率达到 83%。参加二级考试的有 19 名考生，15 人达到合格线，通过率达到 79%。[1]

除日常教学工作外，埃塞职教孔院还积极举办各种推广中国文化的活动。例如，仅 2018—2019 学年，孔子学院就举办了 21 场文化活动，其中包括文艺表演、中国文化体验活动、中国文化作品展览、孔子学院日纪念活动、春节庆祝活动等。这些活动吸引了大量学生和校外人员的参与，调动了校内外人员感受中国文化的积极性。[2]

---

[1] 天津职业技术师范大学. 我校亚的斯亚贝巴学院首届汉语 HSK 考试成绩喜人 [EB/OL].（2011-12-28）[2021-05-15]. http://gjjlc.tute.edu.cn/info/1039/1070.htm.

[2] 罗小如. 埃塞俄比亚孔子学院发展特色及影响因素研究 [J]. 天津职业技术师范大学学报，2020，30（3）：69-78.

（二）亚大孔院

亚大孔院是中国在埃塞俄比亚设立的第二所孔子学院，开设有汉语本科专业。截至 2016 年 8 月，亚大孔院有中方院长 1 名，公派教师 5 名，志愿者教师 7 名，培养汉语专业毕业生两届共 25 人。由于当地中资企业较多，对于汉语人才的需求量较大，因此亚大孔院毕业生就业率非常理想，薪资水平是同届其他专业学生的 2—3 倍。2017 年，亚大孔院成功获批"全球示范孔子学院建设项目"。

除了为汉语专业学生提供本科课程外，亚大孔院还设有孔子课堂和汉语教学点，为本校其他专业的学生提供汉语课程，每年报名的学员人数高达五六百人。亚大孔院还为有需要的社会人士提供商务汉语课程，并与埃塞俄比亚政府部门、商业机构以及非盟总部合作，开展了汉语教学项目，为各国驻埃代表和企业领导、服务人员提供相关汉语课程。亚大孔院还是 CATTI 国际版 [1] 的海外考点之一。2021 年 3 月 8 日，中国外文局 CATTI 项目中心与埃塞俄比亚亚的斯亚贝巴大学举行了线上签约仪式，正式在亚大设立考点，并推进将该考试纳入埃塞俄比亚国民教育体系。[2]

此外，亚大孔院多次组织各类汉语比赛和文化活动，对于宣传中国文化起到了积极作用。[3] 例如，2019 年 5 月 30 日，亚大孔院组织举办了第十八届"汉语桥"世界大学生中文比赛埃塞俄比亚赛区的预赛，比赛分演讲、即时问答和才艺展示三个环节，15 名优秀选手参加了最后的决赛，来

---

[1] CATTI 国际版（CATTI International）全称为国际中文翻译通用能力测试，是一项测试普通翻译和应用外语从业人员的考试，于 2020 年推出。下文提到的中国外文局 CATTI 项目中心是中国专门从事翻译资格考试国际化的机构。

[2] 中国网. 中国外文局 CATTI 项目中心与埃塞俄比亚亚的斯亚贝巴大学举行合作签约仪式 [EB/OL].（2021-03-08）[2021-05-15]. http://www.china.org.cn/chinese/2021-03/08/content_77287552.htm.

[3] 柴婧姣. 埃塞俄比亚亚的斯亚贝巴大学孔子学院教学现状调查与研究 [D]. 青岛：青岛大学，2017：11-12.

自亚大孔院的学生灵心获得冠军，并代表埃塞俄比亚赴华参加决赛。[1] 亚大孔院举办的一系列活动受到了广泛好评，为展示汉语魅力、推广中国文化起到了积极作用。

二、思考

中国在埃塞俄比亚的两所孔子学院数年来的发展经验表明，结合当地发展情况，开展特色化办学是教育合作的可行之道。根据埃塞俄比亚当前的发展特点，埃塞职教孔院突破性地将汉语教学与面向平民、促进工业化发展的职业教育相结合，既符合埃塞俄比亚经济发展对技术型人才的需求，有助于促进就业、改善民生，也推动了中国职业教育模式和中国文化走出国门，扎根当地。亚大孔院近些年的教学实践凸显出汉语和中国文化优势，不仅从实用角度提供短期汉语课程，也成功使得越来越多的埃塞俄比亚人对汉语和中国文化产生兴趣，深化了两国的文化合作和两国人民之间的友谊。

不过，埃塞俄比亚作为一个较落后的发展中国家，基础设施不完善、师资缺乏等客观条件大大限制了教育的发展，孔子学院项目也不例外。同时，由于早期经验不足，项目规划设计不完善，孔子学院的可持续发展面临着以下挑战。

首先，埃塞俄比亚孔子学院面临着基础设施不完善问题，这严重限制了教育质量和效率的提高。以亚大孔院为例，当地生活条件非常艰苦，供电供水无法得到保证，公共交通极不便利，教师和志愿者们的日常生活面临着诸多不便。因资金有限，教学设备比较落后，网络信号较差，大部分

---

[1] 中华人民共和国驻埃塞俄比亚联邦民主共和国大使馆. 中国驻埃塞俄比亚大使谈践出席第十八届汉语桥世界大学生中文比赛埃塞俄比亚预赛 [EB/OL].（2019-06-04）[2021-05-15]. http://et.chineseembassy.org/chn/zagx/t1669466.htm.

课程只能在缺乏多媒体教具的条件下进行。虽然有投影仪等教学设备，但这些设备往往也会因为供电不稳定而无法使用，甚至在 HSK 听力和口语考试中，也会出现录音播放设备不能正常运转的情况。在教材和图书资料方面，汉语课程教材有限，无法保证每个学生人手一本，部分科目教材只能由教师为学生复印，这大大增加了教师的工作量并降低了学生的学习体验。虽然亚大校内有图书馆，但很多书籍内容陈旧，有些阅读材料的新闻甚至是 10 年前的，严重缺乏时效性。[1]

其次，相比于面向汉语专业学生的本科汉语教学，孔院为其他专业学生、教职工提供的汉语课程和为社会人士提供的短期汉语培训效果不尽如人意，导致学员流失严重。2015 年春季，亚大孔院提供的初级汉语课有 549人报名，这些学员中仅有 186 人参加了期末考核，仅占报名人数的 30% 左右。究其原因，这部分接受培训的学员主要是出于工作需要或者对陌生文化的好奇来参加汉语课程的，一旦进入难度较大的中高级课程就很难坚持学习下去。[2]

最后，也是目前孔子学院共同面临的挑战，就是师资问题。孔子学院的教师主要是由国内合作院校选派，此外还有相关专业的高校学生以志愿者的身份赴埃从事教学。[3] 然而，公派教师和志愿者的任教时间通常为 1—2 年，任期较短，难以形成长期稳定的师资队伍，不利于教学水平的提高。针对这种现象，孔子学院也尝试了在埃塞俄比亚培养本土师资的方式。然而根据学者调查，由于埃塞俄比亚教师地位不高，孔子学院汉语师范专业的学生中只有不到 1/10 的人愿意留在国内从事教育行业。而目前孔院已有的本土师资的教学能力和素质也很难令人满意，这些教师大多是兼职，自

[1] 柴婧姣. 埃塞俄比亚亚的斯亚贝巴大学孔子学院教学现状调查与研究 [D]. 青岛：青岛大学，2017：10-11.

[2] 柴婧姣. 埃塞俄比亚亚的斯亚贝巴大学孔子学院教学现状调查与研究 [D]. 青岛：青岛大学，2017：8-10.

[3] 柴婧姣. 埃塞俄比亚亚的斯亚贝巴大学孔子学院教学现状调查与研究 [D]. 青岛：青岛大学，2017：12-13.

身汉语能力就不达标，教学方法也缺乏系统训练。[1] 不过，虽然现阶段本土师资还存在着一定问题，但本土师资的稳定性和可持续性仍然是外来师资不可与之相比的，毕竟要求外籍教师长期留在埃塞俄比亚任教是不现实的。因此，培养一支汉语能力过关、理解中国文化、具备职业素养的本土汉语教师队伍仍然是孔子学院未来发展的方向之一。

总体来看，埃塞俄比亚的两个孔子学院可以称得上是中埃教育交流合作中的成功案例。它们为埃塞俄比亚贡献了一批高素质劳动力，向埃塞俄比亚传递了中国在职业教育方面的先进经验和特色发展模式，有助于两国不断深化合作，强化战略合作伙伴关系。两所孔子学院建设与运行的过程中暴露出的师资短缺、基础设施不完善等一些共性问题也为今后的中埃合作提供了经验与教训。在今后的援助中，中国应当从以派遣师资、援助物资为主要手段的"输血型"援助逐渐向"造血型"的本土化发展模式转变：通过在当地开展本土汉语师资培养项目，为孔子学院输送一批高素质稳定师资；探索建设出更高效、更科学的管理体系和教学运行机制，同时更新教学方法，编写本土化教材，增加汉语培训项目的文化吸引力，促进中埃文化交流。[2]

由于埃塞俄比亚正处于快速工业化时期，国家建设和经济发展都需要大量技术人才，因此中国与埃塞俄比亚的合作呈现出务实的特点，合作领域集中在能直接向市场输送劳动力的职业教育。近年来，随着"一带一路"倡议的提出和相关工程项目的发展，中埃教育交流正在从单向援助逐渐向双向交流过渡，从政府主导向多主体参与转变。在未来的中埃教育合作

[1] 赵屹青. 非洲汉语教学师资本土化培养的思考——以埃塞俄比亚职业教育孔子学院为例 [J]. 吉林广播电视大学学报，2018（5）：77-79.

[2] 罗小如. 埃塞俄比亚孔子学院发展特色及影响因素研究 [J]. 天津职业技术师范大学学报，2020，30（3）：69-78.

中，中国应当充分发挥高校和企业的主体作用，鼓励校际合作和校企合作。对于孔子学院等重点合作项目，应当认真总结反思发展过程中的经验与问题，对管理体系和教学模式进行本土化改革，从"授人以鱼"走向"授人以渔"。

结　语

　　自 20 世纪 90 年代以来，埃塞俄比亚重新获得了和平与稳定，综合国力快速提升，各项社会事业都得到了一定发展，重新成为非洲强国。其中，埃塞俄比亚在教育领域取得的成就尤其令人瞩目。在基础教育方面，政府为全体国民提供免费的基础教育，基础教育毛入学率连年增长，在部分地区甚至达到了 100%。在职业教育和高等教育方面，埃塞俄比亚取得的成就更为突出：20 世纪末，全国仅有两所公立高等大学，职业教育和高等教育几乎处于发展停滞状态；而如今，国内高等院校和职业培训机构（包括公立和私立）已经达到数百所，入学人数也在持续增长。

　　埃塞俄比亚仍然属于人均收入较低的发展中国家，教育发展始终面临着经验不足、资源短缺的问题。因此，其教育发展呈现出务实应需的特点，教育的主要目的是为国家经济建设培养人才。政府在教育发展中发挥了主导作用，在保证教育发展规模和效率的同时力促教育公平。进入 21 世纪以来，埃塞俄比亚与中国的教育交流合作越来越频繁，中国通过援助物资、派遣师资、援建学校等方式对埃塞俄比亚教育予以援助，中埃通过互派留学生、开展校际合作项目等方式展开教育交流。随着埃塞俄比亚教育体制发展趋向成熟，对教育质量、公平性和国际化程度越来越重视，中埃两国将迎来更多合作契机。

一、埃塞俄比亚教育特点和经验

作为一个教育基础薄弱的发展中国家，埃塞俄比亚能够在几十年的发展中取得如此成就，政府的高度重视、符合本国国情的教育战略以及对教育公平的关注都是十分重要的原因。在埃塞俄比亚现代教育事业的发展过程中，政府的主导起到了相当关键的作用。

（一）政府主导

现在的埃塞俄比亚仍属于低收入发展中国家，且全国大部分国民仍然生活在农村地区，而政府却在 21 世纪初提出了于 2025 年跻身中等收入国家行列的发展目标。为了实现这一目标，改善国家的贫困现状，为发展经济社会事业培养出一批高素质人才，埃塞俄比亚政府一直秉持教育优先的战略，通过发展教育开发人力资源，推动国家发展。埃塞俄比亚现代教育发展起步较晚，国内大部分公民受教育水平较低，要在短时间内实现全民素质的提升需要政府的统筹规划。政府认为，为了确保教育能够为促进经济社会发展、消除贫困快速培养大量人才，政府干预是必不可少的。因此，埃塞俄比亚在过去的几十年中高度重视教育事业的发展，在政策和管理上对教育的发展起到了主导作用。

在政策层面，埃塞俄比亚联邦政府先后出台了多项政策性文件，其中包括 1994 年发布的《教育与培训政策》、从 1996 年起连续发布的五个教育发展五年规划、2003 年颁布的《高等教育宣言》等。通过这些政策性文件，联邦政府得以确立各阶段教育发展的原则、目标、评价体系，对教育发展做出连续性的统筹规划。

在政府的高度重视下，埃塞俄比亚各教育阶段，尤其是高等教育、职业教育的院校规模快速扩大、入学人数连年递增、师资队伍逐渐壮大，政府在教育领域与时俱进的改革使得人才培养框架、教育质量评估体系以及各级教育的管理体制都逐步得到完善。在基础教育方面，政府高度重视基础教育，尤其是小学教育，并将其视为其他教育的基础。埃塞俄比亚政府将基础教育纳入义务教育范畴，并主导制定了基础教育课程方案。同时，政府根据不同年级的现实情况设计了不同的教育方案和教育理念，并根据实践情况不断做出调整，致力于普及基础教育，提高教育质量。在政府的重视下，埃塞俄比亚小学教育规模的扩张速度是各阶段教育中最为突出的。截至 2020 年，全国小学数量相比现政府刚上台时增长了近 2 倍，而近几年小学的毛入学率一度超过 100%。在职业教育和高等教育方面，政府不仅通过一系列政策性文件促进了教育的发展，还成立了专门的管理机构。2018年之前，埃塞俄比亚的教育事务主要由联邦教育部负责，2018 年，原属于联邦教育部管辖的高等教育和职业教育事务由新成立的科学和高等教育部负责，这一新部门与联邦教育部相对独立，主要负责职业教育和高等教育的教育发展规划、监管以及教育质量评估。这一调整实际上使得政府能够更高效地对职业教育和高等教育的发展进行管理和监督，而职业教育和高等教育正是现阶段埃塞教育发展的重点。在成人教育方面，政府近些年主导开展的成人教育和其他非正规教育对于降低文盲率、提高公民素质也起到了显著效果。此外，在联邦政府的社会改革和宏观调控下，私立教育也得到了一定发展，在第五个教育发展五年规划中，埃塞俄比亚政府特别提到加强私立高等院校的发展，鼓励公立大学和私立大学开展合作。

由于埃塞俄比亚现代教育起步晚，整体水平较低，且基础设施条件较差，在这种条件下，教育事业如果要快速发展就不得不依赖于政府的支持和宏观管理。在埃塞俄比亚现代教育事业的发展过程中，政府的主导起到了相当关键的作用。

（二）符合国情的教育发展战略

由于教育发展基础较为薄弱，经验不足，埃塞俄比亚在教育发展的过程中立足本国国情和经济社会发展需要，确立了比较实际的发展目标及策略，同时在许多领域都做出了创新，以节省资金、最大化利用现有资源，提高人才培养效率。

在宏观教育发展战略上，埃塞俄比亚基于国家经济较落后、公民整体文化素质较低、发展需要紧迫的现实，确立了优先发展职业教育的总体教育发展方向。作为经济基础较为薄弱的发展中国家，埃塞俄比亚的经济发展和国家建设需要大量技术型人才，因此，能够直接向工业化输送人才的职业教育成了教育发展的当务之急。政府希望通过发展职业教育满足社会经济发展对人力资源的需求，以提高就业率，促进经济社会发展，进而实现综合国力的提升。

此外，基于教育发展基础薄弱、资源匮乏、基础设施不完善的国情，埃塞俄比亚在学前教育领域做出了形式上的创新。2003 年起，针对农村地区土地稀缺、基础设施不完善的问题，政府在教育条件较差的农村地区推广"零年级"项目。"零年级"项目一般附属于公立小学，不额外占用土地建立校舍，能够最大限度地高效利用教育资源，帮助农村低收入家庭的儿童做好小学入学准备。同时，针对学前教育的师资匮乏问题，埃塞俄比亚同联合国儿童基金会合作，开展了"儿童对儿童"入学准备计划，即采用跨年龄的同伴互助模式，让较年长的儿童成对或成组辅导年幼儿童。这一项目的实施不仅得到了学生家长的称赞，也得到了联合国的认可。

受 20 世纪 70—80 年代的饥荒、战争和社会动荡的影响，现政府执政初期埃塞俄比亚国内成人文盲率居高不下。过高的文盲率为经济发展和社会进步带来了严峻的挑战，在此背景下，政府提高了对成人教育，尤其是扫盲工作的重视程度，力求建立一个现代化的成人教育体系，全面提高公民素质。教育部制定了"成人综合实用读写能力"计划,计划中将写作、阅读、算术等基本技能与其他基本职业技能培训联系起来,作为成人教育的基本内容。在第四、第五个教育发展五年规划中,政府将文盲率降低程度作为衡量成人教育发展成果的重要指标,并将降低文盲率作为成人教育发展的主要目标。在基本扫盲任务以外,埃塞俄比亚的成人教育系统还计划在为期两年的综合教育中将基础的算术、识字技能同实践技能培训相结合,满足所有公民多样化的学习需求,并为接受成人教育的学生提供转学至职业教育机构的机会,从而提高公民素质和就业竞争力。

随着教育实践的推进和社会发展状况的变化,埃塞俄比亚政府也与时俱进,对已有的教育政策和战略不断进行修改与完善。例如,1994 年发布的《教育与培训政策》就经历了多次修改,最近一次修改在 2020 年 11 月。最新版本的《埃塞俄比亚技术与职业教育培训政策与战略》着重强调了科技创新在职业教育中的重要作用,革新了陈旧的执业资格评价标准,要求职业教育的培训内容不仅要与国内市场紧密结合,更要提升职业教育的国际化水平。自新冠肺炎疫情暴发以来,埃塞俄比亚教育部还着力发展信息技术,以发挥其在推动教育发展中的作用,并于 2020 年 12 月发布了《高等教育与职业教育国家 ICT 政策》,定下了在 2030 年让职业教育以及高等教育能够全面运用最新的信息通信技术的目标。

总体来看,埃塞俄比亚在教育发展的过程中既立足现实,也具备创新精神。政府基于本国国情制定并调整教育战略,创新教育形式,与时俱进,致力于建立起一个符合国家发展需要的现代教育体系。

(三)积极开展国际合作

在教育发展的过程中,埃塞俄比亚十分注重国际合作。一方面,埃塞俄比亚通过与各国政府、非政府组织的合作获得了教育援助和先进的教育发展经验；另一方面，埃塞俄比亚在教育领域表现出了大国应有的国际担当，连续多年接纳邻国难民，并为难民儿童提供与本国国民同等水平的教育。

在高等教育领域，包括挪威、荷兰、意大利在内的多国政府和联合国教科文组织、世界银行和欧盟等国际组织都曾向埃塞俄比亚高等教育部门提供财政和技术援助，政府也大力推动埃塞俄比亚各高等教育机构开展国际交流与合作。在过去几十年里，埃塞俄比亚高等教育机构与外国高校、政府、非政府组织和跨国公司等合作了包括联合研究计划、联合考核及合作研究等多种项目。在职业教育领域，埃塞俄比亚与中国、德国等国均有深入合作。德国从 20 世纪 90 年代就开始对埃塞俄比亚的职业教育进行资金援助，并对埃塞俄比亚职业教育的体系设计产生了深远的影响。而中国与埃塞俄比亚的职业教育合作开始于 21 世纪初，中国为其农业职业教育的发展提供了先进的经验，并在埃塞俄比亚援建了职业院校，中国驻埃工程项目也为当地培养了一批铁路工程相关的技术人才。随着教育事业的发展，埃塞俄比亚在最新的教育政策中强调了教育走向国际化的重要性。可以预见，未来其在教育领域的国际合作还会进一步深化。

在接受国际援助的同时，埃塞俄比亚政府也在难民问题上表现出了地区大国的国际担当。由于长期的动乱，难民问题一直是非洲地区的顽疾。自 20 世纪下半叶以来，埃塞俄比亚开始接纳周边国家的难民。2019 年 2 月，政府颁布公告，提出为难民提供与本国国民同条件的学前教育与小学教育，并表示将努力让更多难民纳入国家教育体系。埃塞俄比亚积极与有关各方合作解决难民问题，已经取得了一定成果，在国际上得到了广泛认可。

（四）关注教育公平

从闻名世界的阿克苏姆古国，到后来的阿比西尼亚帝国，埃塞俄比亚在数千年的历史中创造了璀璨的文化，但也形成了不少至今仍禁锢着部分埃塞俄比亚人的落后习俗和传统。尽管现代化改革破除了一些封建思想和陋习，但仍有相当一部分埃塞人深受重男轻女的传统观念影响，这导致许多女童没有机会接受基础教育，或者即使能够完成基础教育也无法进一步深造。在现政府开始执政时，全国有超过一半人处于文盲状态，而文盲群体中女性比例远高于男性，性别不平等十分严重，弱势群体的受教育权利难以得到保障。此外，虽然目前官方没有发布相关数据，但埃塞俄比亚国内还存在着相当数量的有特殊需求（残疾或有学习障碍等）的公民，如何保障这部分人群的受教育权也是一个难题。政府深谙教育公平对教育可持续发展的重要性，在教育发展五年规划和教育年鉴中多次提到上述问题，并且已经采取了相关措施，力求在发展教育的过程中实现公平教育、全民教育。

在性别公平问题上，近年来政府加大了性别平等的社会宣传力度，免费为国民提供基础教育，鼓励女童入学，在各个重要的教育政策文件中都强调消除性别歧视，并开展了推动性别平等的发展项目，采取了包括改善基础设施、为女性学生提供咨询服务等措施为女性接受教育提供便利条件。2008年，埃塞俄比亚政府将搁置了数年的成人教育再次重视起来，推出识字与基本技能相结合的成人教育项目。此后，成人的文盲率快速下降，平均国民素质有了一定提升。在第五个教育发展五年规划中，政府特别强调加强女性在成人教育中的参与，降低女性文盲率。

埃塞俄比亚政府在教育发展中尤其注重保障弱势群体的受教育权利。针对贫困地区的教育落后状况，政府近年来不断扩大基础教育，尤其是小学教育的普及程度，并采取了在偏远地区就近办学、建立非正式教育中心、加强扫盲工作等方式为原来无法接受教育的弱势群体提供受教育的机会。当前，政府致力于提供全纳教育，即埃塞俄比亚全体公民不分性别、种族、语言、身体状况以及财产状况都能够接受教育。政府在《埃塞俄比亚特殊教育／全纳教育总体规划》中明确提出，将保障弱势群体学生与其他学生享有平等的受教育权。在难民教育方面，埃塞俄比亚近年来正与国际组织基金会和其他非政府组织展开合作，计划逐步将难民儿童纳入本国的学前教育与小学教育系统。

虽然目前埃塞俄比亚的教育领域仍然存在男女比例失调、弱势群体入学难、辍学率高的问题，但这些问题已经呈现持续改善趋势。以性别平等问题为例，近几年女性学生在职业教育和高等教育本科中占比持续提升，根据埃塞俄比亚教育部发布的教育年鉴，2017 年，高等教育毕业生中女性占比达到了 33%，职业教育毕业生中女性占比更是达到了 54%。

近 20 年，埃塞俄比亚的教育经历了跨越式发展，这与政府立足国情、与时俱进的教育规划是分不开的。埃塞俄比亚在数十年的发展中探索出了适合本国国情的教育发展模式，并在实践中根据具体情况不断进行革新，保证政策的时效性。同时，埃塞俄比亚教育发展过程中一直非常重视教育的公平性，注重保障女性等弱势群体的受教育权。此外，埃塞俄比亚积极开展与其他国家的深度教育合作，学习他国的先进经验，从而不断提高本国教育的国际化水平。对于人口基数大、经济水平较落后、教育基础薄弱的发展中国家来说，埃塞俄比亚的教育发展和改革经验有很强的参考借鉴意义。

二、中埃教育合作现状和前景

作为"一带一路"沿线重要国家，中国高度重视与埃塞俄比亚的关系。中国与埃塞俄比亚在教育方面的交流在 20 世纪 70 年代就已经开始，在 21 世纪迎来了快速发展。自埃塞俄比亚现政府上台以来，中埃关系全面发展，中埃合作不断深入，中埃两国在教育方面的交流也越来越频繁。在两国政府主导下，中埃教育合作取得了一定成就，然而，在新的时代背景下，中埃合作也面临着挑战。

（一）中埃教育合作的现状和特点

在两国开展教育合作的数十年中，中方积极响应埃塞俄比亚在教育方面的需求，向其提供了教育发展必需的资源。同时，基于埃塞俄比亚教育发展现状和优先发展职业教育的战略，中埃的教育合作也主要集中在职业教育方面。自2001年起，中国就开始向埃塞俄比亚的农业职业教育院校派遣师资，向农业职教领域传授农业发展的先进经验。中国援建的第一所孔子学院也以"汉语＋职业技术培训"为特色，培养了一批既掌握汉语又具备技术能力的"双证书"人才。近20年来，中国的援助为埃塞俄比亚带去了先进的教学经验和教学模式，改善了埃塞俄比亚师资短缺的状况，不仅对埃塞俄比亚的教育发展起到了重要的作用，还成功将具有中国特色的教育教学模式推广到了非洲。具有中国文化特色的孔子学院项目更是有力推广了中国文化，在很大程度上促进了两国之间的文化交流，深化了两国友谊。

中埃教育合作由两国政府主导，但随着越来越多的中资企业进入埃塞俄比业，以及中埃两国民间交流的日益频繁，两国的企业、高校也积极加入到教育合作事业中来。在埃中资企业，如中国铁建公司、华坚集团等，通过在埃成立培训学校、校企合作、派遣员工赴华培训等方式，为埃塞俄比亚培养了一批专业性较强的职业技术人才。中埃两国高校的校际合作也日益频繁，其中较典型的是天职师大与埃塞俄比亚高校的合作。天职师大不仅与埃塞俄比亚多所高校开展过交流项目，为赴华师生提供培训，还作为牵头单位负责了中国援建的第一所孔子学院的教学事务。如今，中国与埃塞俄比亚的教育合作呈现多领域、多样化的发展趋势。

不过，由于中埃教育之间的交流历史较短、经验不足，中埃教育合作项目面临着师资缺乏、基础设施不完善等问题。以孔子学院为例，本土师资匮乏及驻埃中国教师轮换频繁导致孔子学院的师资不稳定，教学质量难以得到保障。此外，由于当地基础设施的严重不完善，教师的工作环境较差，学生的学习体验、学习效果都大打折扣。这些问题一定程度上阻碍了中埃教育合作项目的可持续发展。

（二）"一带一路"倡议下中埃教育合作的前景

2016 年，中国教育部发布了《推进共建"一带一路"教育行动》。该文件指出，中国将继续加大对外教育援助力度，加强与"一带一路"沿线国家的教育交流合作，扩大与相关国家的人文交流，从而培养大批共建"一带一路"急需人才，促进沿线各国教育事业发展。[1] 未来，在"一带一路"教育行动框架下，中埃教育合作将迎来更多机会与挑战。

作为"一带一路"非洲沿线的重要国家，埃塞俄比亚与中国的教育合作是"一带一路"下中非教育合作的缩影。"一带一路"沿线的非洲国家普遍教育基础薄弱、资源缺乏且经验不足，迫切需要教育发展资金、一流师资和先进的教育经验。自两国开展教育合作以来，中国采取援建学校、派遣教师等多种方式向以埃塞俄比亚为首的非洲国家提供了必要的援助，中埃两国通过互派留学生、开展校际合作项目等方式增进了教育和文化交流。然而，中国对外援助的内容仍然以改善教育条件和教学环境的"输血式"援助为主，少有制度性的改革方案和教育问题解决方案。近年来陆续有学者指出，虽然中国在对外教育援助上取得的成就得到了普遍认可，但在对外援助中应当更加注重向受援国提供教育改革经验、解决方案，建立更加完善的对外教育援助治理结构和反馈机制。[2] 在新冠肺炎疫情暴发后，埃塞

[1] 中华人民共和国中央人民政府. 教育部关于印发《推进共建"一带一路"教育行动》的通知 [EB/OL].（2016-07-13）[2021-05-27]. http://www.gov.cn/gongbao/content/2017/content_5181096.htm.

[2] 康乐，李福林. "一带一路"教育行动中教育援助可持续模式探析 [J]. 高校教育管理，2018，12（2）：17-24.

俄比亚政府意识到信息通信技术在教育中的重要作用，因此在最新的职业教育和高等教育政策中特别强调要将信息技术融入教学之中，并且在 2021 年与中国开展了以人工智能技术为主要内容的"鲁班工坊"合作项目。可以预见，未来的教育发展以及中埃合作可能会呈现出科技与教育深度融合的发展趋势。中国可以以此为契机，将对外教育援助的内容和机制进行全面升级，从"授人以鱼"逐步向"授人以渔"转变，帮助埃塞俄比亚利用信息技术革新其教育体系，为其提供中国经验、中国方案，在"一带一路"的倡议下与之进一步深入合作。

在援助主体方面，尽管近年有越来越多的高校、企业以及非政府组织开始参与到对外教育援助中来，但中国对外教育援助仍然是以政府为主导的。虽然有部分中资企业在埃塞俄比亚开展校企合作，但实际上埃塞俄比亚政府主导的职教培训模式和中国援建的职教学院及企业培训仍是相对独立的，而且中资企业提供的培训虽然与工程建设需要相对应，但培训内容几乎完全在埃塞俄比亚职教体系以外，校企合作并没有广泛开展。换言之，中国对埃援助各主体尚未形成共商共建的多元化格局，同时中国在埃援助项目本地化程度也较低，这些问题都限制了中埃合作的进一步发展。因此，中埃两国一方面应当发挥政府统筹作用，合理利用各方资源，另一方面也应当鼓励各非政府主体在教育合作中的参与，赋予其相应的权力，形成政府、社会多元合作的可持续发展模式。此外，中国在对外援助的过程中应当对教育本地化提起重视，加强对当地经济政治制度、社会文化背景的全面了解，通过培养一批优秀的本地师资，加强与当地政府部门的沟通协调，与当地企业进行校企合作等方式实现对口援助。

同作为人口众多的发展中国家，埃塞俄比亚过去几十年的教育快速发展与中国的教育发展历史有相通之处，其发展经验值得中国借鉴，其发展过程中出现的一些共性问题也应当引起中国的注意。作为"一带一路"沿线国家，充分了解埃塞俄比亚的教育现状和特点对于中埃两国进一步开展各项合作有着重要意义。随着"一带一路"倡议的不断推进，中国近些年提出的"走出去"战略与埃塞俄比亚加快经济转型的国家战略不谋而合，中埃进一步深化经贸合作，提升合作伙伴关系符合两国的共同利益。在教育和文化领域，中埃两国在互相理解、互相尊重的基础上进一步深化合作既符合埃塞俄比亚提高教育水平的需要，也有利于中国教育国际影响力的提升。近几十年来，中埃两国在教育合作交流过程中取得了一定成就，但也面临着一些挑战。未来，中国应当抓住机遇，在教育合作与交流中重视援助项目的本地化，加快中国经验、中国方案的"走出去"，着力形成政府主导、社会各界积极参与的有机格局，推动科技创新、文化互通，将中埃教育交流与合作上升到新高度。

参考文献

一、中文文献

阿德朱莫比. 埃塞俄比亚史 [M]. 董小川，译. 北京：商务印书馆，2009.

本书编写组. 习近平总书记教育重要论述讲义 [M]. 北京：高等教育出版社，2020.

陈逢华，靳乔. 阿尔巴尼亚文化教育研究 [M]. 北京：外语教学与研究出版社，2021.

陈公元，唐大盾，原牧. 非洲风云人物 [M]. 北京：世界知识出版社，1989.

陈明昆. 埃塞俄比亚高等教育研究 [M]. 北京：中国社会科学出版社，2009.

范塔洪. 非中关系：新殖民主义还是战略伙伴？——以埃塞俄比亚为案例分析 [M]. 北京：世界知识出版社，2018.

冯增俊，陈时见，项贤明. 当代比较教育学 [M]. 2 版. 北京：人民教育出版社，2015.

顾明远. 顾明远教育演讲录 [M]. 北京：人民教育出版社，2014.

国家信息中心"一带一路"大数据中心. "一带一路"大数据报告（2017）[M]. 北京：商务印书馆，2017.

贺国庆，朱文富，等. 外国职业教育通史 [M]. 北京：人民教育出版社，2014.

黄雅婷. 塔吉克斯坦文化教育研究 [M]. 北京：外语教学与研究出版社，2021.

教育部课题组. 深入学习习近平关于教育的重要论述 [M]. 北京：人民出版社，2019.

李洪峰，崔璨. 塞内加尔文化教育研究 [M]. 北京：外语教学与研究出版社，2021.

刘辰，孟炳君. 阿联酋文化教育研究 [M]. 北京：外语教学与研究出版社，2021.

刘迪南，黄莹. 蒙古国文化教育研究 [M]. 北京：外语教学与研究出版社，2021.

刘捷. 教育的追问与求索 [M]. 北京：人民出版社，2021.

刘捷. 专业化：挑战 21 世纪的教师 [M]. 北京：教育科学出版社，2002.

刘进，张志强，孔繁盛. "一带一路" 高等教育研究（2019）：国际化展望 [M]. 北京：北京理工大学出版社，2020.

刘生全. 教育成层研究 [M]. 北京：教育科学出版社，2011.

刘欣路，董琦. 约旦文化教育研究 [M]. 北京：外语教学与研究出版社，2021.

卢晓中. 比较教育学 [M]. 北京：人民教育出版社，2020.

陆有铨. 教育的哲思与审视 [M]. 北京：人民教育出版社，2016.

秦惠民，王名扬. 高等教育与家庭流动 [M]. 北京：科学出版社，2019.

秦惠民. 教育法治与大学治理 [M]. 北京：人民出版社，2021.

任钟印. 东西方教育的覃思 [M]. 北京：人民教育出版社，2017.

石筠弢. 学前教育课程论 [M]. 2 版. 北京：北京师范大学出版社，2014.

孙有中. 跨文化研究论丛 [M]. 北京：外语教学与研究出版社，2019.

滕大春. 教育史研究与教育规律探索 [M]. 北京：人民教育出版社，2019.

王承绪，顾明远. 比较教育 [M]. 5 版. 北京：人民教育出版社，2015.

王定华，秦惠民. 北外教育评论：第 2 辑 [M]. 北京：外语教学与研究出版社，2021.

王定华，杨丹. 人类命运的回响——中国共产党外语教育 100 年 [M]. 北京：外语教学与研究出版社，2021.

王定华. 教育路上行与思 [M]. 北京：人民出版社，2020.

王定华. 美国高等教育：观察与研究 [M]. 2 版. 北京：人民教育出版社，2021.

王定华. 美国基础教育：观察与研究 [M]. 2 版. 北京：人民教育出版社，2021.

王定华. 新时代高品质学校建设方略 [M]. 长春：东北师范大学出版社，2019.

王定华. 中国基础教育：观察与研究 [M]. 北京：人民教育出版社，2021.

王定华. 中国教师教育：观察与研究 [M]. 北京：人民教育出版社，2020.

王吉会，车迪. 刚果（布）文化教育研究 [M]. 北京：外语教学与研究出版社，2021.

王晶，刘冰洁. 摩洛哥文化教育研究 [M]. 北京：外语教学与研究出版社，2021.

王名扬. 美国公立研究型大学内部质量改进的实证研究 [M]. 北京：中国社会科学出版社，2020.

吴式颖，李明德. 外国教育史教程 [M]. 3 版. 北京：人民教育出版社，2015.

习近平. 论坚持推动构建人类命运共同体 [M]. 北京：中央文献出版社，2018.

习近平. 习近平谈"一带一路" [M]. 北京：中央文献出版社，2018.

谢维和. 我的教育觉悟 [M]. 北京：人民教育出版社，2016.

许中杰. 中外历史人物词典 [M]. 西安：陕西人民出版社，1993.

杨汉清. 比较教育学 [M]. 3 版. 北京：人民教育出版社，2015.

杨鲁新，王乐凡. 北马其顿文化教育研究 [M]. 北京：外语教学与研究出版社，2021.

苑大勇. 国际高等教育协同创新与人才培养比较研究 [M]. 北京：知识产权出版社，2020.

张方方，李丛. 安哥拉文化教育研究 [M]. 北京：外语教学与研究出版社，2021.

张弘，陈春侠. 乌克兰文化教育研究 [M]. 北京：外语教学与研究出版社，2021.

郑通涛，方环海，陈荣岚."一带一路"视角下的教育发展研究 [M]. 广州：世界图书出版广东有限公司，2017.

钟伟云. 埃塞俄比亚 [M]. 北京：社会科学文献出版社，2016.

二、外文文献

BYFIELD J A, BROWN C A, PARSONS T, et al. Africa and World War II[M]. New York: Cambridge University, 2015.

WALLIS B E A. A history of Ethiopia: Nubia and Abyssinia[M]. New York: Routledge, 2014.